市场营销实验实训教程

王 亮 主编

北京师范大学出版集团
BEIJING NORMAL UNIVERSITY PUBLISHING GROUP
安 徽 大 学 出 版 社

图书在版编目(CIP)数据

市场营销实验实训教程/王亮主编. —合肥:安徽大学出版社,2013.9
应用型高等院校规划教材
ISBN 978-7-5664-0655-2

Ⅰ.①市… Ⅱ.①王… Ⅲ.①市场营销学—高等学校—教材 Ⅳ.①F713.50

中国版本图书馆 CIP 数据核字(2013)第 140030 号

市场营销实验实训教程 **王 亮 主编**
SHICHANG YINGXIAO SHIYAN SHIXUN JIAOCHENG

出版发行: 北京师范大学出版集团
安 徽 大 学 出 版 社
(安徽省合肥市肥西路 3 号 邮编 230039)
www.bnupg.com.cn
www.ahupress.com.cn
印　　刷: 中国科学技术大学印刷厂
经　　销: 全国新华书店
开　　本: 184mm×260mm
印　　张: 16.25
字　　数: 345 千字
版　　次: 2013 年 9 月第 1 版
印　　次: 2013 年 9 月第 1 次印刷
定　　价: 27.90 元
ISBN 978-7-5664-0655-2

策划编辑:朱丽琴　龚婧瑶
责任编辑:朱丽琴　龚婧瑶
责任校对:程中业
装帧设计:陈　耀　李　军
美术编辑:李　军
责任印制:陈　如

编委会

主　编　王　亮

副主编　雷勋平　陈兆荣　欧海燕

编　委（以姓氏笔画为序）

王　亮　王翠翠　华欢欢

陈兆荣　陈忠明　欧海燕

赵　娣　雷勋平

前　言

市场营销学是一门建立在经济科学、行为科学和现代管理理论基础上的新兴应用科学，是教育部高教司指定的高等院校工商管理类专业核心课程之一。市场营销学的研究对象是企业市场营销活动过程及其规律。当前，越来越多的企业、非营利组织，乃至政府部门，正以空前的热情，创新、开拓企业营销、行业营销、城市营销甚至国家营销等领域。在这个充满机遇和挑战的时代，系统地学习和掌握现代市场营销理论知识，娴熟地运用市场营销实践技能，对于经济管理类专业人才及事业开拓者显得尤为重要。

本教材从本科高校的市场营销专业的培养目标出发，以市场营销专业应用基础知识为先导，以职业综合素质为要求，以岗位实践技能为主线。由安徽省应用型高校联盟经管类专业资深教师，总结多年市场营销实践经验编写而成。全书按照市场营销实践应知应会的基础应用知识与基本技能设计编排，共分为 6 章 19 个模块。第一章为营销认知，包括营销理念认知写作和营销重要性认识交流 2 个训练模块；第二章为营销环境，包括营销调研立项及拟订调研计划、调查问卷设计、调查问卷分析、SPSS 软件模拟训练及撰写市场调查报告 5 个训练模块；第三章为营销战略，包括市场细分表设计及分析、市场定位图设计及分析和撰写市场开发分析报告 3 个模块；第四章为营销策略，包括商品感官质量审评、CIS 设计、广告创意设计、分销策略设计及模拟商务谈判 5 个训练模块；第五章为营销管理，包括撰写营销计划报告和撰写营销总结报告 2 个训练模块；第六章为营销综合，包括撰写营销策划方案和 ERP 沙盘模拟对抗训练 2 个训练模块。

本教材涵盖现行市场营销职业岗位群所需掌握的主要基础知识与适用实践技能，力图使学生在理、实一体的岗位情景中，主动学习、合作学习，提高自己发现、分析、解决问题能力，知识整合能力及创新应用能力。本教材的特色主要体现在全面性、系统性和应用性 3 个方面。

1.全面性

本教材按照市场营销实践的基本逻辑进行设计，兼顾实验和实训，涵盖了市场营销职业岗位群所需要掌握的主要实践技能，满足了当代高校经管类专业学生市场营销实验实训的需要。而且，全面介绍了市场营销的基本思想、基本原理和基本方法，抓住在现代科学技术飞速发展条件下市场营销的发展趋向，展现了学科的前沿知识。

2.系统性

本教材在内容和章节安排上，力求系统严密、条理清楚、层次清晰。每个训练项目包括准备、实施、示范及评价等，力图符合市场营销实践操作的内在逻辑。在内容安排上，首先，每个训练开篇均安排“实训任务”及“实训要求”，有助于教师及学生明确实训目标；其次，每个训练开始前安排“理论指导”，撷取相关理论基础知识，帮助学生温故知新，有助于为实训夯实基础；再次，每个训练中安排“实训操作”及“实训范例”，为实训的科学开展提供可以参考的模板；最后，在每个训练中编撰“实训评价”，为评估实训结果及评定学生成绩提供科学的依据。

3.应用性

教材编写团队为安徽省高校联盟经管类专业资深教师，这些实训项目是广大教师长期教学实践的经验体会，也是长期开展校企合作的结晶。更是在教师指导、学生团队配合，并依靠现实企业营销活动的背景下完成的，全书力图做到学以致用，理论联系实践，培养学生不断强化自我学习能力、思维能力、创造性解决问题的能力，以及自我更新知识的能力，同时，培养学生的团队协作意识和能力。

本教材简明实用、通俗易懂，可作为高等院校相关课程的实验实训教材，也可作为市场营销人员培训教材及有意进入营销职业人员的自学用书。

编　者

2013年6月

目　录

第一章 营销认知

内容简介

市场营销学自20世纪初在美国诞生以来，随着经济形势和科学技术的发展、企事业单位市场营销实践的不断丰富而逐步完善。

本章通过营销理念认知写作和营销重要性认识交流2项训练，引导学生重视市场营销学课程的学习，提高对营销重要性的认识，增强自己的学习、写作和交流技能。

训练一　营销理念认知写作

一、实训任务

1. 帮助学生树立正确的市场营销观念

要求学生通过市场营销学课程的理论学习，掌握市场营销的含义与作用、企业营销观念及营销管理的方法，了解市场营销学的形成与发展等基本内容。

要求学生查阅资料，对于各种营销观念及其实现方式进行拓展学习，并结合企业实际案例加深理解，形成营销理念的认知，树立正确的市场营销观念。

2. 帮助学生掌握“认识体会”写作技能

学生应在全面、正确理解“市场营销”、“营销观念”、“营销管理”概念和基本内容的基础上，通过查阅资料，联系企业实际，完成一篇1000字左右关于营销理念认知的“认识体会”。“认识体会”的写作，要求结构合理、内容完整；理论联系实际，以实例论证观点（要上升为自我认识）；观点正确、鲜明；分析紧扣主题，条理清楚。

学生应通过“营销理念认识”的写作训练，更好地理解市场营销观念，掌握“认识体会”文章写作的基本技能。通过本项目训练，使学生懂得文章的写作要有合理的结构，要有鲜明的论点（要上升为自我观点），要有合乎逻辑的科学分析并提出解决问题的方案与措施。掌握文章写作技能对学生独立撰写各类营销报告非常重要，也是学生将来从事管理或创业所必须的基础技能。

二、实训要求

第一，要求教师对学习《市场营销学》的实践应用价值给予说明，调动学生学习的积极性。

第二，要求学生根据要求，收集有关营销理念及其表现形式的资料，结合企业营销的实例，完成“认识体会”写作。

第三，要求教师对学生市场营销、营销观念、营销管理及其实践意义和“认识体会”写作进行具体指导。

三、理论指导

（一）市场营销及相关概念

1. 市场

（1）市场的传统概念。

①市场是商品交换的场所，也就是买主和卖主发生交易的地点或地区。这种从空间形式来考察的市场是个地理概念，也就是人们通常所说的“狭义市场”。

②市场是指某种或某类商品需求的总和。

③市场是买主、卖主力量的集合，是商品供求双方的力量相互作用的总和（以上 2 种理解是从供求关系的角度提出来的）。

④市场是指商品流通领域交换关系的总和，这是从交换关系的角度提出的一个“广义市场”的概念。

（2）市场的现代概念。现代市场营销观点认为，现代市场已超出了时空和地域，由传统的交换场所演变为某种营销行为。从经营者的角度看，“市场是具有现实需求和潜在需求的消费者群”；从消费者的角度看，“市场是经营者为满足消费需求所提供的一切营销行为的总和”。

2. 市场要素

市场＝人口＋购买力＋购买动机

3. 市场分类

（1）生活资料市场。它是指为了生活需要而购买或准备购买生活资料的消费者群体。

（2）生产资料市场。它是指为了生产或再生产的需求而购买或准备购买生产资料的消费者群体。

4. 市场营销的基本概念

市场营销有 2 层含义，一是指企业依据消费者需求，生产适销对路的产品，扩大市场销售所进行的一整套经营活动；二是指一门研究营销活动、营销规律的学科。

市场营销是企业以消费者需求为出发点，有计划地组织各项经营活动，为消费者提供令其满意的商品或服务从而实现企业目标的过程。市场营销研究的不仅仅是流通环节的经营活动，还包括产品进入流通市场前的活动（如市场调研、市场机会分析、市场细分、目标市场选择、产品定位等），以及产品退出流通市场后的许多营销活动（如产品使用状况追踪、售后服务、信息反馈等）。可见，市场营销活动涉及生产、分配、交换、消费的全过程。

随着市场经济的不断发展、经营者指导思想的不断演变，营销方式也在不断变革。这里介绍几种新的营销方式：

（1）绿色营销。“绿色营销”是指企业在绿色消费的驱动下，从保护环境、充分利用资源的角度出发，通过研制、开发绿色产品、保护自然、变废为宝等措施，来满足消费者的绿色需求，从而实现营销目标的全过程。

（2）直复营销。“直复营销”，源于英文“Direct Marketing”，即“直接回应的营销”。它是以盈利为目标，通过个性化的沟通媒介向目标市场成员发布信息，以寻求对方直接回应的营销过程。

（3）合作营销。“合作营销”是指 2 个或 2 个以上相互独立的企业为增强竞争力，实现企业营销战略目标，在资源或项目上开展一系列互利合作的营销活动方式。

（4）网络营销。“网络营销”的实质是以计算机互联网技术为基础，通过顾客在网上直接订购的方式，向顾客提供产品和服务的营销活动。

（5）关系营销。“关系营销”是指企业与其顾客及中间商等建立、保持并加强关系，通过互利交换及共同履行诺言，使有关各方实现各自目标的营销活动。企业与顾客之间的长期关系是关系营销的核心。

还有一些方式，诸如“整合营销”、“定制营销”等，它们都是企业经营者指导思想演变的产物，今后还会出现一些新的方式，但其核心都是市场营销。

5. 与市场营销相关的概念

有些概念与市场营销紧密相关，了解这些概念，对于学好市场营销是十分必要的。

（1）企业、公司与营销者。

①企业。英文原意为“合伙”。在西方国家包括个人合伙和企业合伙 2 种形式。企业是以盈利为目的而参与市场竞争的组织。

②公司。它是从事生产或流通等经营活动，为社会提供商品或劳务，从而获取利润的独立核算、自负盈亏的法人。营销学中的公司与企业区别不大，都是营销者。

③营销者。营销者是指希望从别人那里取得资源并愿意以某种有价之物作为交换的人，主要指盈利性的企业、公司或个人。

（2）用户、顾客、客户与消费者。用户、客户、顾客与消费者是指对某种商品或劳务占有、使用并从中受益的团体或个人，都是营销者的营销对象。因为他们对商品的使用和接受形式不同，所以使用时要注意区别。用户是产品或服务的使用者；顾客是购买产品或服务的人；客户也是购买产品或服务的人，但更加强调未来长远的交易和合作；消费者是产品或服务的最终使用者，可以兼具多种身份，即消费者可以是用户、顾客或客户。

(3)需要、欲望和需求。

①需要。所谓“需要”，是指没有得到某些满足的感受状态。如人们需要食品、空气、衣服等以求生存，人们还需要娱乐、教育和文化生活。

②欲望。所谓“欲望”，是指想得到某种东西或想达到某种目的的要求。如当一个美国人需要食品时，欲望是想得到一个汉堡包、一块法国烤肉和一杯可口可乐；而在我国，人们需要食品时，欲望是想得到馒头、米饭和炒菜。

③需求。所谓“需求”，是指对于有购买能力并且愿意购买某个具体产品的欲望。如许多人都想拥有一辆奔驰轿车，但只有少数人能够并且愿意购买，也就是说，只有少数人有购买奔驰车的需求。

区分需要、欲望和需求的意义在于：第一，人类的需要在一定层次上是有限的，但其欲望却很多。当具有购买能力时，欲望才能转化成需求；第二，市场营销者并不创造需要，需要早就存在于市场营销之前；第三，市场营销活动可以影响人们的欲望，因而在某种程度上可以引导并创造需求。

(4)交换和交易。

①交换。所谓“交换”，是指通过提供某种东西作为回报，从对方取得所需物品的行为。交换的发生必须具备3个条件：每一方都能沟通信息和传送物品；每一方都可以自由接受或拒绝对方的物品；每一方都认为双方交换是适当的或称心如意的。

②交易。交易是交换活动的一种形式，而且是基本形式，是由双方之间的价值交换所构成的行为。一次交易包括3个实质性内容：2个及以上有价值的实物；交易双方所同意的条件；能为双方所接受的时间和地点。

(二)营销理念的基本知识

1. 什么是营销理念

营销理念(Marketing Philosophy)是指企业在组织和筹划企业的经营管理实践活动中所依据的指导思想和行为准则，是企业经营哲学和思维方法的体现。

2. 营销理念的特征

(1)营销理念具有历史性特征。营销理念来源于长期的营销实践，一种营销理念的形成有其历史的必然性。在20世纪20年代以前，由于社会生产力水平的限制，产品的供给不能完全满足社会的需求，社会经济生活处在卖方市场的境况下，企业只需要大规模地生产产品并降低成本，就能获取满意的利润。在这种情况下，“以企业利润为中心”的营销理念应运而生。自20世纪20年代以来，尤其是二战以来，由于科学技术的迅猛发展，社会生产条件有了极大的改变，社会提供产品的能力较过去增大了许多倍，企业之间的竞争日趋激烈。所以，许多企业逐渐认识到，顾客的需求是企业的利润源泉。研究、发现顾客的需求，设法去满足这个需求，企业才能获得生存与发展。否则，它将在残酷的竞争中被淘汰。于是，一种崭新的"以消费者利益为中心"的营销理念产生了。

(2)营销理念具有时代性特征。在某个时代只能产生某类营销理念，某类营销理念一定会出现在某个时代。在当今的世界经济一体化与中国社会市场经济化的时代，社会经济运行的各项因素必然形成"以消费者利益为中心"的营销理念。所以，这个"以消费者利益为中心"的营销理念也是现代营销者应把握的根本营销理念。

(3)营销理念具有共存性特征。现代企业经营者把握"以消费者利益为中心"的营销理念是历史的必然。但并非每个企业都已把握了此营销理念。这里有两方面的原因：一是客观原因，中国社会幅员辽阔，地理、人文条件差异很大，尤其是经济发展有着很大的不平衡性，在某些地区，市场发育程度低，某些产品仍然存在供不应求的现象。因而，有的企业仍然用"以企业利润为中心"的理念来指导营销；二是主观原因，处在某些垄断行业中的一些企业，还有一些在完全买方市场上的企业，仍然沿袭"以企业利润为中心"的理念来进行营销(特别是某些国有企业更为典型)。在同一时间与空间层面上，两类不同的营销理念并存着，这就是营销的共存性。

3. 营销理念的作用

营销理念对营销实践的作用是举足轻重的。这种作用可以概括为：从市场营销的整体来看，它具有"灵魂"的功能；从市场营销过程来看，它处在"龙头"的位置。

(1)营销理念在营销实践中决定了企业的价值导向，也决定了企业经营的方向。

(2)营销理念是全部营销实践过程的龙头。

(3)营销理念对企业员工的思想和行为具有指导作用。

(4)营销理念在市场营销学理论中同样具有龙头的地位。

4. 营销理念的实施

我们必须使用系统方法来实施营销理念，企业的所有部门都应协调一致，所有员工必须领悟市场营销准则，并通过以下途径来实施营销理念。

(1)注重商誉。应该经常了解客户方面所反映出来的企业商誉。应该问自己：客户能得到他们想要的东西吗？他们什么时候需要，在哪里需要，竞争价格如何？

(2)用户至上。客户关心的问题是商品是否安全、能否充分了解和自由选择商品，这就要求企业对他们负责，给予合理、公平的处理。企业可以通过完善产品质量检测、制定明确的销售条款和承诺、做真实守信的广告宣传等措施来维护客户利益。

(3)寻找危险信号。当营销理念不能被遵守时，就会出现许多危险信号。如果企业出现了预示销售问题的危险信号时，就应该意识到企业已经出现了问题。对企业没有兴趣的员工或管理者会把客户赶走。

5. 营销理念的演变历程

从历史与现实看，企业和其他组织无不是在以下理念的指导下从事营销活动的。

(1)生产导向型——生产观念。生产观念产生于19世纪末20世纪初。由于社会生产力水平还比较低,商品供不应求,市场经济处于卖方市场状态,所以企业生产什么产品,市场上就销售什么产品。在这种营销观念指导下,企业的经营重点是努力提高生产效率、增加产量、降低成本,生产出让消费者买得到和买得起的产品。因此,生产观念也称为"生产中心论"。生产观念是指导企业营销活动最古老的观念。当年,美国汽车大王亨利·福特为增加T型车的生产,采取流水线的作业方式,以扩大市场占有,至于消费者对汽车款式、颜色等主观偏好,他全然不顾,车的颜色一律是黑色。这就形成了企业只关心生产而不关心市场的营销理念。

(2)产品导向型——产品观念。该理念认为,消费者或用户最喜欢质量好、性能佳、有特色的产品,只要质量好,顾客就会上门,顾客也愿意为高质量付出更高的价钱。"酒香不怕巷子深"、"皇帝女儿不愁嫁"就是这种指导思想的生动写照。这一理念概括为一句话就是"只要产品好,不怕卖不掉"。

(3)推销导向型——推销观念。第二次世界大战后,资本主义工业化大发展,使社会产品日益增多,市场上许多商品开始供过于求。企业为了在竞争中立于不败之地,纷纷重视推销工作,如:组建推销组织,培训推销人员,研究推销术,大力进行广告宣传等,以诱导消费者购买产品。这种营销观念是"我们会做什么,就努力去推销什么"。由生产观念、产品观念转变为推销观念,是企业经营指导思想上的一大变化。但这种变化没有摆脱"以生产为中心"、"以产定销"的范畴。前者强调生产产品,后者强调推销产品。不同的是,前2种观念是等顾客上门,而推销观念是加强对产品的宣传和推广。

(4)营销导向型——营销理念。该种理念认为,实现企业目标的关键是切实掌握目标顾客的需要和愿望,并以顾客需求为中心集中企业的一切资源和力量,设计、生产适销对路的产品,安排适当的市场营销组合,采取比竞争者更有效的策略,满足消费者的需求,取得利润。

营销理念与推销理念的根本不同是:推销理念以现有产品为中心,以推销和销售促进为手段,刺激销售,从而达到扩大销售、取得利润的目的。市场营销理念是以企业的目标顾客及其需要为中心,并且以集中企业的一切资源和力量、适当安排市场营销组合为手段,从而达到满足目标顾客的需要、扩大销售、实现企业目标的目的。

营销理念彻底颠覆了推销理念的思维逻辑,不是生产出什么就卖什么,而是首先发现和了解顾客的需要,顾客需要什么就生产什么、销售什么。顾客需求在整个市场营销中始终处于中心地位。它是一种以顾客的需要和欲望为导向的经营哲学,是企业经营思想的一次重大飞跃。

(5)大市场营销理念。20世纪70年代末期,企业跨国经营迅速发展,市场竞争波及全球,资本主义经济出现了不景气和持续性"滞胀"。一些主要西方国家政府为免遭外来产品冲击,纷纷采取贸易保护主义措施,政府对经济的干预致使贸易的政治色彩不断加重。为了突破目标市场的环境障碍,美国营销学家菲利普·科特勒在20世纪80年代初提出了大市场营销观念。这种观念认为，在贸易保护主义思潮日益增长的条件下，从事国际营销的企业为了成功进入待定市场从事经营活动，除了运用好产品、价格、渠道、促销等传统的营销策略外，还必须依靠权力和公共关系来突破进入市场的障碍。

依靠权力是指企业由自己或其代表国家采用政治或其他策略及技巧，从目标市场所在国政府、立法机构和企业那里取得进入该市场的特权，以及取得这种特权所采取的强制性手段。依靠公共关系是指企业通过各种方法和途径增强有利于企业的舆论力量以影响公众的态度并取得支持，从而树立良好的企业及产品形象，获得广泛而持久的支持。权力的运用是指一种“推”的硬策略，而公共关系的运用是一种“拉”的软策略，二者结合，可促使企业进入并保持某个特定市场。大市场营销理念，对于从事国际营销的企业来说，具有一定的现实意义，重视和恰当地运用这一观念，有益于企业突破贸易保护障碍，占据市场。

(6)社会营销导向——社会营销理念。当前，企业社会形象、企业利益与社会利益、顾客利益的冲突等问题越来越引起政府、公众及社会舆论的关注。环境污染、价格大战、畸形消费等不良现象，使近年来对“理性消费”、“回归俭朴”、“人类观念”的呼声越来越高。相应地，“绿色营销”、“从关心顾客到关心人类，从关注企业到关注社会”等一系列新的营销观念，也为越来越多的企业所接受，企业正从营销理念向社会营销理念转变。

四、实训操作

(一)学习营销原理，联系营销实践，提高“营销重要性”认识

1. 只有理解了营销的真正含义，企业才能开发市场、占领市场

市场营销实质是满足消费者需要，运用有效的营销策略来开发市场、占领市场。总结企业营销成败的经验教训都集中在能否真正理解“营销”两字。营销不是推销，更不是坑蒙拐骗。营销就是企业以满足消费者需求作为营销的出发和归宿点，准确确定自己的目标市场；生产出适销对路的产品，建立合理的分销渠道方便顾客购买；并制定适当的价格，运用有效的促销手段吸引消费者。

2. 只有树立了现代营销理念，企业才能赢得市场、引导市场

现代营销理念是企业有效开展市场营销活动的指导思想。现代营销理念的核心就是以消费者为中心，把“顾客满意”，实现“顾客让渡价值最大化”作为营销追求的目标。现代营销理念要求与时俱进，体现时代特征、迎合发展潮流。企业营销成败的事例，都证明了将正确的、积极的营销理念作为营销指导是至关重要的。只有树立了现代营销理念，企业才能在市场上立于不败之地。

3. 只有实施科学营销管理，企业才能真正实现营销目标

科学营销管理是制定正确营销策略，实现企业营销目标的保障。科学营销管理要求在对企业营销机会分析的基础上，正确选择目标市场，制定战略性市场营销规划。对

营销规划实行有效管理，也就是拟订营销计划、对计划的实施进行有效组织与控制。许多企业营销成败的事例，都证明了科学的营销管理对制定正确的营销策略，实现企业的营销目标是至关重要的。只有实施科学的营销管理，才能真正实现企业的营销目标。

（二）“营销理念认识”写作要求

要想写好一篇体会文章，掌握文章写作的结构和要求是非常重要的。一般来说，体会文章分为3个部分，即开头、正文和结尾。其基本写作要求如下：

1. 开头

文章的开头应该是提出问题，说明体会文章要解决的是什么问题，论述的观点是什么。如提出：“树立以消费者为中心的现代营销观念是实现企业营销目标的重要保障”，就是一个论点。这个论点提出的要求是：

（1）概念要准确。

（2）要符合客观事物的发展规律。

（3）符合人们对客观事物的认识习惯。

2. 正文

文章的正文应该是分析提出的问题，说明为什么文章要确立这样一个论点，也就是推理。如分析“树立以消费者为中心的现代营销观念是实现企业营销目标的重要保障”这一论点时，就可以结合理论与实践，以理论观点和实例资料为论据，来论述现代营销观念为什么能保障企业营销目标的实现。正文论述的要求是：

（1）紧扣主题（以论点为中心）。

（2）言之有序（分析条理分明）。

（3）言之有理（分析要正确，符合逻辑）。

（4）言之有据（理论依据和实例资料）。

3. 结尾

文章的结尾应该是文章的结论部分。其可以从正文论述中进行归纳和总结得出结论或联系现实存在的客观问题，提出自己的观点、见解与建议。结论表达了作者自己对论点的见解，是文章的精髓。结论要求：

（1）上升为自我认识。

（2）观点、见解与建议要鲜明。

（3）结论要概括、简短。

五、实训评价

表 1—1 "营销理念认知"实训评价表

评估标准 评估项目	训练任务基本完成 (40 分)	文章符合要求 (60 分)	考评成绩∑100
1."实践教学"认识和建议∑25	准时完成得 10 分 (没有准时完成酌情扣分)	1. 对实践教学的自我认识(8 分) 2. 对实践教学的坦诚建议(7 分) (没有达到酌情扣分)	
2."营销内涵"重要性认识∑25	准时完成得 10 分 (没有准时完成酌情扣分)	1. 联系企业实践(5 分) 2. 能上升为自我认识(5 分) 3. 认识观点的正确性(3 分) 4. 观点表达的条理性(2 分) (没有达到酌情扣分)	
3."营销观念"重要性认识∑25	准时完成得 10 分 (没有准时完成酌情扣分)	1. 联系企业实践(5 分) 2. 能上升为自我认识(5 分) 3. 认识观点的正确性(3 分) 4. 观点表达的条理性(2 分) (没有达到酌情扣分)	
4."营销管理"重要性认识∑25	准时完成得 10 分 (没有准时完成酌情扣分)	1. 联系企业实践(5 分) 2. 能上升为自我认识(5 分) 3. 认识观点的正确性(3 分) 4. 观点表达的条理性(2 分) (没有达到酌情扣分)	
评估考核总成绩∑100			

六、实训范例

(一)生产观念

美国福特汽车公司的创办人福特曾经说过:"不管顾客的需要是什么,我们的汽车就是黑色的。"因为,在那个时代,福特汽车公司通过采用流水线的生产组织形式,提高了汽车的生产效率,降低了汽车的生产成本,最终大大降低了福特汽车的售价,使福特汽车供不应求,清一色的黑色汽车畅销无阻,无需讲究市场需求特点和推销方法。显然,整个市场的需求基本上是被动的,消费者没有多大的选择余地。

（二）产品观念

美国爱尔琴钟表公司自1869年创立到20世纪50年代，一直被公认为美国最好的钟表制造商之一。该公司在市场营销管理中强调生产优质产品，并通过由著名珠宝商店、大百货公司等构成的市场营销网络分销产品。1958年之前，公司销售额始终呈上升趋势，但此后其销售额和市场占有率开始下降。造成这种状况的主要原因是市场形势发生了变化：这一时期的许多消费者对名贵手表已经不感兴趣，而趋于购买那些经济、方便、新颖的手表；而且，许多制造商为迎合消费者需要，已经开始生产低档产品，并通过廉价商店、超级市场等大众分销渠道积极推销，从而夺走了爱尔琴钟表公司的大部分市场份额。爱尔琴钟表公司没有注意到市场形势的变化，依然迷恋于生产精美的传统样式手表，并且仍旧借助传统渠道销售，认为自己的产品质量好，顾客必然会找上门。结果，企业经营遭受重大挫折。

（三）推销观念

一家美国皮尔斯堡的面粉公司20年代以前的口号是："本公司旨在制造面粉。"30年代，它的口号改为："本公司旨在推销面粉。"这表明，一些存货待售的企业更加重视推销技巧。

（四）市场营销观念

美国的迪斯尼乐园，欢乐如同空气一般无所不在。它使来自世界各地的每一位儿童的美梦得以实现，使各种肤色的成年人产生忘年之爱。因为，迪斯尼乐园成立之时便明确了它的目标：它的产品不是米老鼠、唐老鸭，而是快乐。人们来到这里是享受欢乐的，公园提供的全是欢乐，公司的每一个人都要成为欢乐的灵魂。游人无论向谁提出问题，对方都必须用"迪斯尼礼节"回答，绝不能说"不知道"。因此，游人们一次又一次地重返这里，享受欢乐。

（五）大市场营销观念

美国一家制鞋公司正在寻找国外市场，公司总裁首先派出了自己的财务经理到非洲某国，让他去了解那里的市场。几天以后，该经理发回一封电报："这里的人根本不穿鞋，此地不是我们的市场。"于是，该公司又把自己最好的推销员派到那里以证实这一点。这位推销员在那里待了一个星期后，发回了电报："这里的居民没有一个人有鞋，这里是巨大的潜在市场。"该公司最后又把自己的市场营销副经理派去考察。他在非洲呆了3个星期，发回电报："这里的人不穿鞋，但有脚疾，需要鞋；不过我们现在生产的鞋太瘦，不适合他们，我们必须生产肥些的鞋。我们要教给他们穿鞋的方法并告诉他们穿鞋的好处。这里的部落首领不让我们做买卖，只有向他的金库里进一些贡，才能获准在这里经营。我们需要投入大约 1.5 万美元，他才能开放市场。他们没有钱，但这里盛产菠萝。我测算了 3 年内的销售收入以及我们的成本，包括把菠萝卖给欧洲的超级市场连锁集团的费用。我得出的结论是我们的资金回报率可达 30%。因此，我建议公司应开辟这个市场。”

（六）社会营销观念

汉堡包快餐行业提供了美味可口的食品，但却受到了批评。原因是它们的食品虽然可口却没有营养。汉堡包脂肪含量太高，餐馆出售的油煎食品和肉馅饼都被反映含有过多的淀粉和脂肪。其在出售时采用方便包装，还导致了很多的包装废弃物。在满足消费者需求方面，这些餐馆可能损害了消费者的健康，同时污染了环境，忽略了消费者和社会的长远利益。

训练二　营销重要性认识交流

一、实训任务

第一，每个学生在完成营销理念认知写作基础上体会营销的重要性，同时查阅企业案例，辅助说明营销的重要性，并在课堂上组织或参加“营销重要性认识”的交流活动。

第二，先组织小组讨论，小组成员把个人完成的体会文章、企业案例，在小组内交流；在组内交流的基础上，汇总出团队的体会文章。

第三，组织全班交流，各小组派出一名代表，交流小组体会文章；并对各小组交流情况进行点评考核，要求师生联手评出小组集体成绩。

第四，通过“认识体会”交流训练，更好地认识团队意识、合作能力的重要性，掌握人际交往和信息交流所需的沟通、表达技能与技巧。

二、实训要求

第一，要求教师对交流所需的“表达能力”、“沟通能力”培养的实践应用价值给予说明，调动学生参加交流训练的积极性。

第二，要求学生根据本项目训练要求，组织好小组讨论，发挥团队作用，完成全部学习交流任务。

第三，要求教师对学习交流所需的“表达能力”培养进行重点指导。

三、理论指导

（一）掌握学习交流的内容

交流效果首先来自于交流的内容。作为“认识体会”交流要掌握其内容有效性：

第一,要注重理论联系实践。

第二,交流观点要上升为自我认识。

第三,交流内容的表达要完整。

第四,交流观点的表达要准确。

(二)掌握学习交流的技巧

1. 交流表达

要有较强的语言能力作为基础。交流中要注意:

(1)表述清楚、声音响亮。

(2)表达流畅、内容熟悉。

(3)语速要控制。

(4)语音要动听。

2. 交流表情

面部表情表现如何,在很大程度上影响着交流效果。要注意:

(1)自然、舒展。

(2)富有表情。

(3)具有吸引力。

3. 交流姿态

交流的姿态也很重要,也会影响交流的效果。在交流中要注意:

(1)姿态要大方、得体。

(2)要善于表现自我。

(3)要具有感染力。

四、实训操作

(一)分组

按照教学班级学生人数、营销理念认识差异等因素合理确定若干小组,每一小组以5~8人为宜,注意小组成员在知识、性格、技能方面的互补性,并进行合理的分工。选举小组长,以协调小组的各项工作。

(二)教师指导

教师负责理论指导,统一认识,统一口径,基本统一判断标准。每完成一个环节,指导教师应及时检查学生完成的进度和实际完成情况,提供必要的指导和建议,针对共性问题在交流活动结束后于课堂上进行专门的讲解。

(三)小组交流

组织小组讨论,小组成员把个人完成的体会文章、企业案例在小组内交流。在小组内部交流的基础上,汇总出团队的体会文章,说明营销的重要性。

(四)全体交流

组织全班交流,要求各小组派出一名代表,交流小组体会文章。要求师生联手对各小组交流情况进行点评考核,评出小组集体成绩。

(五)指导教师进行归纳总结

通过"营销重要性"交流训练,使学生了解如何组织小组讨论,如何将个人体会汇总为团队文章。掌握交流的表达、表情和姿态技巧,使交流更富有吸引力、感染力,更具有效果。指导老师还应针对学生交流中比较典型的问题进行针对性指导,引导学生树立正确的营销观念,加深学生对于营销重要性的认知。

五、实训评价

表 1—2 "营销重要性"交流训练评价表

评估标准 / 评估项目	训练任务基本完成(60 分)	训练任务中表现突出(40 分)	考核成绩∑100
1. 内容(合计 50 分)	1. 内容基本完整(15 分) 2. 观点正确(15 分) (总分 30 分,没有达到酌情扣分。)	1. 理论联系实际(10 分) 2. 能够上升为自我认识(10 分) (总分 20 分,没有达到酌情扣分。)	
2. 表述能力(合计 30 分)	1. 内容基本表述清楚(10 分) 2. 声音洪亮(5 分) (总分 15 分,没有达到酌情扣分。)	1. 条理清晰(5 分) 2. 流畅、熟练(5 分) 3. 语速适中、语言动听(5 分) (总分 15 分,没有达到酌情扣分。)	
3. 交流表情(合计 10 分)	表情基本自然(5 分) (总分 5 分,没有达到酌情扣分。)	1. 富有表情(3 分) 2. 具有吸引力(2 分) (总分 5 分,没有达到酌情扣分。)	
4. 交流姿态(合计 10 分)	姿态基本得体(5 分) (总分 5 分,没有达到酌情扣分。)	1. 善于表达(3 分) 2. 具有感染力(2 分) (总分 5 分,没有达到酌情扣分。)	
个人成绩		小组总评成绩	

六、实训范例

熊猫他爸绝对是生意高手

熊猫他爸是一只鸭子，这是2008年美国动画大片《功夫熊猫》带给我们的笑料。但是，这个出镜率不高、台词很少的面汤家族CEO兼首席厨师，有着极其丰富的生意技巧，特别是对消费者心理的分析以及把握，在影片中十分出彩，台词不多却深藏机锋，闪亮智慧，绝对是做生意的高手。

一个面汤馆生意很好的话，原因或者是服务员很漂亮并且微笑很迷人，或者是价格便宜东西又好吃，或者是管理者有过人的营销手段。

熊猫他爸很看重自己的面汤馆，年轻时也曾想过要去做豆腐，但很快就发现那只是一个无聊的梦，因为他发觉自己血液里流淌的是面汤。对自己准确的定位和对职业深厚的感情，为熊猫他爸做好生意打下了坚实的基础。

1. 老字号招牌的应用

为什么熊猫他爸不去做豆腐，只热衷于经营面馆呢？因为，他通过分析，知道消费者对品牌老字号有着独特的情结。一个百年老店能生存下来，说明其口碑和信誉都不会太差，因此，消费者愿意到这样的地方消费。熊猫他爸很好地抓住了消费者的这种特性，在他面馆墙上的显眼位置，挂着熊猫他爷爷、太爷爷还有面汤馆创始人的照片，按照剧中熊猫阿宝的说法，为了看玉殿选龙斗士，大家已经等了1000年了，再说已经是3代相传，因此，这个面汤馆的历史肯定不会太短，这样的老字号招牌，是生意兴隆的一个主要支撑点。

熊猫他爸对这个老字号招牌也非常看重，尽管时代在进步，做面汤的技术也在不断改进，但当他告诫阿宝要来继承面汤馆生意的时候，首先强调的是：这是一个老字号招牌，是由阿宝的太爷爷打麻将从一个朋友手中赢过来的，有着很长的历史。因为，他明白，老字号招牌对消费者的吸引力是多么强大。

2. 消费者心理的把握

在所有顾客都要去玉殿看类似于超男超女的龙斗士选秀时，熊猫他爸很快地从这热闹当中发现了商机，当然，这也是他长期观察和分析消费者的结果。他告诉阿宝，在这种热闹的地方，一定要把面汤车带上，因为，这种场合，除了摆地摊不用收税之外，消费的需求也是相当大的，是一个做生意的好场所。而且，在这种地方，就算把面汤的价格提高一倍，也没有太多的人有异议。因为，这是一个相对垄断性的生意，大家都把精力集中到超男超女的海选和PK中，没有多少人来参与生意的竞争和在意价钱的高低。在这种形势下，粉丝们的消费心理防线是相当低的，他们或许会为心中的偶像而当选，花上比平时更高的价钱，买一点食物来庆祝；又或者，当看不到自己心中的偶像当选龙斗士时，会像熊猫阿宝一样，不开心的时候就吃点东西。

这种对消费者心理的分析，在现实中我们很容易捕捉到一些影子，最为人知的案例就是那个淘金者的故事。当别人都在淘金时，应该去赚淘金者的钱，在那种情形下，没有人对你有心理防线，这是一个很好的企业营销案例教材，从这一点上，可以看出熊猫他爸有着敏锐的商机洞察能力以及过人的消费者分析能力。

这一迹象，在后来的和平谷集体逃难中，可以得到印证。和平谷的村民，拖儿带女，浩浩荡荡，但并没有看到任何人带有什么家当，但是，熊猫他爸却带上了他的面汤车。或许，你会认为他是一个守财奴，但我并不这么认为，他是通过自己正当的手段来赚取合理的利润。在逃难的情况下，为什么熊猫他爸会带上自己的面汤车呢？或许他是这样想的，在逃难过程中，人们唯一方便、能带上的东西就是钱，但是，有钱并不一定能够解决未来的生活问题，如果在这样的情况下做生意，那么，生意能有不好的道理吗？

3. 绝密配方的魅力

对消费者的分析，确实是一个企业发展的有力手段，也是一个面汤馆CEO市场战略眼光所在。为什么熊猫他爸的面汤馆生意会这么好，那是因为他家有独特的食材配方，这一点，熊猫阿宝也一直深信不疑，他甚至在给幻影螳螂等人做面汤的时候，还不忘推销一下自家的面汤馆，说有空一定要去试试他家面汤馆的真正手艺，因为那儿有绝密的食材配方，就像云南白药有国家保密配方一样。但是，这个配方到底是什么，没有摆明出来的时候，谁也不知道。可口可乐也一直强调自己有绝密的配方，尽管市场上汾煌可乐、非常可乐等碳酸饮料不少，也都做到了可乐那种口感，但是由于可口可乐一再声明自己有绝密配方，所以大家喝起来感觉也就不一样了。

在这里，我们也可以推断出，和平谷村里绝对不止熊猫他爸开的一家面汤馆，但是，其他面汤馆的生意肯定没有这儿好，为什么呢？其一，这是一个老字号的招牌；其二，他有绝密的食材配方，消费者感觉非常神秘、非常好奇，因此，吃起这儿的面汤，就像喝起可口可乐一样，感觉比非常可乐口感更好。

在非常时刻，熊猫他爸终于和阿宝爆出了绝密食材配方的秘密，“我私家汤的绝密食材，就是……什么都没有”。石破天惊，连阿宝都不相信，但是熊猫他爸一语点破天机：“只要你认为它特别，它就特别了。”这绝对不是熊猫他爸自己创造出来的，而是经过长期对消费者分析、积累产生的结果，或许这是他们上一辈子留下来的经验，但不管如何，这一点，确实是把握住了消费者的心理。这让我想起一则小笑话，一个老总问资深顾问，如何把这条企业新闻快速传播出去？资深顾问告诉他，马上封锁现场，杜绝一切新闻记者采访。第二天，果然新闻传遍大街小巷。在此，我们可以看出熊猫他爸城府有多深。

4. 无处不在的品牌建设

在影片临近结束的时候，熊猫阿宝打败了黑豹太郎，使和平谷村民无需再逃难。大家非常高兴，把阿宝当成了最大的英雄。这个时候，熊猫他爸再次显示了他抓住消费者，建设品牌的功底，在喧哗的人群中，他貌似自言自语却又非常大声地喊道：这个又高又帅的大英雄，就是我的儿子。对于别人来说，这或许是出自内心的一声惊喜慨叹，但对精于商道的熊猫他爸来说，这绝对是一次别有用心抓住消费者心理的机会，他在向消费者传播这样一则信息：最大的英雄产生于我们的面汤馆，他是吃这个面汤长大的！所有人都可到我们这儿来喝面汤，长成大英雄。这是一个免费的品牌代言人策略，代言人的目的是什么？不就是分析出消费者的心理需求，把他们牢牢绑定在自己的消费场所。

世事无巧合。熊猫他爸，绝对是一个生意高手。

（资料来源：豆丁网）

第二章 营销环境

内容简介

市场营销环境是存在于企业营销系统外部不可控制或难以控制的因素和力量，它包括宏观环境和微观环境，这些因素和力量是影响企业营销活动及其目标实现的外部条件，充分把握市场营销环境是企业营销战略设计和营销策略实施的重要前提。本篇包括 5 个训练项目，分别为营销调研立项及拟订调研计划、调查问卷设计、调查问卷分析、SPSS 软件模拟训练和撰写市场调查报告。

训练一 营销调研立项及拟订调研计划

一、实训任务

第一，掌握市场营销活动的内容。
第二，掌握市场调查的基本步骤。
第三，掌握市场调查计划书的含义。
第四，掌握市场调查计划书的基本内容。

二、实训要求

根据班级人数给定若干选题，首先，让学生根据自己的兴趣选择题目并分组。各组就选择的题目设计项目调查方案，具体包括：调查目的、研究方法、调查设计、资料分析、成果提交、经费预算、调查时间及进度安排、调查的组织实施计划等；然后，让每组代表讲述该组所设计的方案；最后，其他各组成员就上一组讲解的方案评点优点与不足，从而培养学生根据市场调研目的撰写立项单和调研计划书的能力。

三、理论指导

理论知识一　市场营销活动调查及营销立项

(一)市场营销活动调查

市场营销活动调查要围绕营销组合活动展开。其内容主要包括:竞争对手状况调查、商品实体和包装调查、价格调查、销售渠道调查、产品寿命周期调查和广告调查等,现分述如下:

1. 竞争对手状况调查

调查内容主要包括:

第一,有没有直接或间接的竞争对手,如果有,是哪些?

第二,竞争对手的所在地和活动范围;

第三,竞争对手的生产经营规模和资金状况;

第四,竞争对手生产经营商品的品种、质量、价格、服务方式及在消费者中的声誉和形象;

第五,竞争对手技术水平和新产品开发经营情况;

第六,竞争对手的销售渠道;

第七,竞争对手的宣传手段和广告策略;

第八,现有竞争程度(市场占有率、市场覆盖面等)、范围和方式;

第九,潜在竞争对手状况。

通过调查,可将本企业的现有条件与竞争对手进行对比,为制定有效的竞争策略提供依据。

2. 商品调查

市场营销中的商品是一个整体的概念,不仅包括商品实体,还包括包装、品牌、装潢、商标、价格以及和商品相关的服务等。例如,我国许多出口商品质量过硬,但往往由于式样、工艺、装潢未采用国际标准,或未用条形码标价等原因,所以在国际市场上的售价远低于具有相同内在质量和使用价值的外国商品的价格,造成了严重的经济损失。

(1)商品实体调查。商品实体调查是对商品本身各种性能的好坏程度所作的调查,它主要包括以下几个方面:

①商品性能调查。商品的有用性、耐用性、安全性、维修方便性等方面都是人们在购买商品时经常考虑的因素。通过调查可以了解哪些问题是最主要的,是生产经营中应该解决的重点。

②商品的规格、型号、式样、颜色和口味等方面的调查。通过调查,了解消费者对上述方面的意见和要求。例如,在国际市场上,各国对颜色有各种喜厌。在法国和德国,人们一见到墨绿色就会联想起纳粹,因而许多人厌恶墨绿色;而在利比亚、埃及等伊斯兰

国家则将绿色视为高贵色；在我国，红色象征着欢快、喜庆。可见，消费者对商品属性的偏好是有差异的，企业只有在对此了解的基础上，投其所好，避其所恶，才能使商品为消费者接受。

③商品制作材料调查。主要是调查市场对原料或材料的各种特殊要求。如近年来美国许多年轻人喜欢穿纯棉制作的衬衫，而不喜欢穿化纤类衬衫；我国的不少消费者喜欢喝不含任何添加剂的饮料等。

(2)商品包装调查。

表 2—1　商品包装调查

包装种类		调查内容
销售包装	消费品包装	①包装与市场环境是否协调；②消费者喜欢什么样的包装外形；③包装应该传递哪些信息；④竞争产品需要何种包装样式和包装规格。
	工业品包装	①包装是否易于储存、拆封；②包装是否便于识别商品；③包装是否经济，是否便于退回、回收和重新利用等等。
运输包装		①包装是否能适应运输途中不同地点的搬运方式；②是否能够保证防热、防潮、防盗以及适应各种不利的气候条件；③运输的时间长短和包装费用为多少等等。

(3)产品生命周期调查。任何产品从开始试制、投入市场到被市场淘汰，都有一个诞生、成长、成熟和衰亡的过程，这一过程称为“产品的寿命周期”，它包括导入期、成长期、成熟期和衰退期 4 个阶段。因此，企业应通过对销售量、市场需求的调查，判断和掌握自己所生产和经营的产品处在什么样的寿命周期阶段，并作出相应的对策。

3. 价格调查

从宏观角度看，价格调查主要是对市场商品的价格水平、市场零售物价指数和居民消费价格指数等方面进行调查。居民消费价格指数与居民购买力成反比，当居民的货币收入一定时，价格指数上升，购买力就相对下降。

从微观角度看，价格调查的内容可包括：其一，国家在商品价格上有何控制和具体规定；其二，企业商品的定价是否合理，如何定价才能使企业增加盈利；其三，消费者易于接受什么样的价格以及接受程度如何，消费者的价格心理状态如何；其四，商品需求和供给的价格弹性有多大、影响因素是什么等等。

4. 销售渠道调查

企业应善于利用原有的销售渠道，并不断开拓新的渠道。对于企业来讲，目前可供选择的销售渠道有很多，虽然有些工业产品可以对消费者采取直销方式，但多数商品要由一个或更多的中间商转手销售(如批发商、零售商等)；对于销往国际市场的商品，还要选择进口商。为了选好中间商，有必要了解以下几方面的情况：

第一，企业现有销售渠道能否满足销售商品的需要？

第二，企业是否有通畅的销售渠道？如果不通畅，则阻塞的原因是什么？

第三，销售渠道中各个环节的商品库存是否合理？能否满足随时供应市场的需要？有无积压和脱销现象？

第四，销售渠道中的每个环节对商品销售提供哪些支持？能否为销售提供技术服务或开展推销活动？

第五，市场上是否存在经销某种或某类商品的权威性机构？如果存在，则他们促销的商品目前在市场上所占的份额是多少？

第六，市场上经营本商品的主要中间商，对经销本商品有何要求？

上述调查有助于企业评价和选择中间商，开辟合理的、效益最佳的销售渠道。

5. 促销调查

(1)广告调查。广告调查是用科学的方法了解广告宣传活动的情况和过程，为企业和广告制作者作出决策、达到预定的广告目标提供依据。广告调查的内容包括广告诉求调查、广告媒体调查和广告效果调查等。

广告诉求调查也是消费者动机调查，包括消费者收入情况、知识水平、广告意识、生活方式、情趣爱好以及结合特定产品了解消费者对产品接受程度等。只有了解消费者的喜好，才能制作出打动人心的好广告。

广告媒体调查的目的是使广告宣传能达到理想的效果，广告媒体是广告信息传递的工具，目前各种媒体广告种类繁多，大致可归纳为以下 4 类：

①视听广告。包括广播、电视和电影等。

②阅读广告。包括报纸、杂志和其他印刷品。

③邮寄广告。包括商品目录、说明书和样本等。

④户外广告。包括户外广告牌、交通广告、灯光广告等。

同时，每一类媒体中又有许多具体的媒体机构，如目前全国电视台就有上百家，有覆盖全国的，也有地区的，其声望、可靠性、覆盖面等各不相同。广告约有 2/3 的费用要花在媒体机构上。因此，如何能以最低的广告费用求得最大的媒体影响力，是企业和广告制作者密切关注的问题，这就需要通过调查了解情况，将各种媒体的优劣点进行比较，包括各种媒体的经济性、各种媒体相互组合的广告效果变化等。

(2)人员推销调查。

①人员推销基本形式的调查。

上门推销：这是一种向顾客靠拢的积极主动的"蜜蜂经营法"，也是被企业和公众广泛认可和接受的一种推销方式。在进行调查时，应重点进行这一促销方式的调查。

柜台促销：营业员在与顾客当面接触和交谈中，介绍商品、回答询问、促成交易，这也是一种"等客上门"的促销形式。

会议推销：它是指利用各种会议的形式介绍和宣传产品，开展推销活动，如推销会、订货会、物资交流会、展销会等。这种推销形式具有接触面广、推销普及、成交额大的特点。在各种推销会议上，往往会有多家企业同时参加推销活动，买卖双方能够广泛接触。

②推销人员的调查。推销人员应该具备的素质:热忱、坚定、勤劳、无畏;服务精神好、富有进取心;求知欲强;良好的个性、娴熟的技巧。

推销人员的选拔:通过表格筛选,由应征人员先填写应征表格;经过表格筛选出来的符合基本条件的人员,由企业的销售主管或人事经理与其面谈,这样可以了解其语言能力、仪表仪态、面临困境的处理方法以及知识的深度和广度等。

进行心理测验:包括智力和特殊资质测验、态度个性兴趣测验和成就测验等。

(3)营业推广调查。营业推广是指企业通过直接显示、利用产品、价格、服务、购物方式与环境的优点、优惠或差别性,以及通过推销、经销奖励来促进销售的一系列方式方法的总和。它能迅速刺激需求,鼓励购买。主要包括以下两方面调查:

①营业推广对象的调查。企业营业推广的对象主要有3类:消费者或用户、中间商和推销人员。

②营业推广形式的调查。包括赠送产品、有奖销售、优惠券、俱乐部制和"金卡"、附赠产品、推销奖金、竞赛、演示促销、交易折扣、津贴、红利提成、展销会、订货会等。

(4)公共关系调查。公共关系促销是企业的一种"软推销术",它在树立企业形象和产品形象时,能促进产品的销售,满足消费者高层次的精神需要,从而赢得新老顾客的信赖。因此,在进行市场调查时应重点调查公共关系的作用以及哪种公共关系形式对企业产品销售所起的作用最大。通常所用的公共关系促销形式有:创造和利用新闻、举行各种会议、参与社会活动和建设企业文化等。

(二)营销活动立项

针对营销活动任何一项内容都可根据需要进行市场调研。市场营销调查活动如果在企业内部进行,一旦项目确认就可由本企业的调研部门制定立项报告。而如果市场营销调研活动由专业的市场调研公司进行,调研公司人员就要与营销客户不断洽谈,对于委托客户的基本需求有一定的了解与掌握,同时与高层做实质性的接触,使客户认识到营销调查的价值,愿意与调研项目人员共同进入下个环节。进一步探讨解决方案后,与客户正式签订营销调研活动合同,最后由市场调研公司研究部门制定立项单。

营销活动立项单的内容主要包括:项目名称、项目编号、客户方负责人、预计签约金额、项目毛利率估计、销售费用预算、项目分类、预计签约时间等。也可根据公司内部的固定格式制定简要立项单。

立项单的意义主要在于:

第一,规范营销调研项目管理,明确立项程序和执行流程。

第二,保证调研活动前技术力量和商务人员的有效投入,确保资源的合理配置和公司风险的有效控制。

第三,规范和考核销售步骤和行为,做好项目跟踪,降低执行风险,提高项目成功率。

理论知识二　市场调查计划书

（一）市场调查含义及步骤

市场调查是以提高营销效益为目的，有计划地收集、整理和分析市场的信息资料，提出解决问题建议的一种科学方法。市场调查也是一种以顾客为中心的研究活动。

市场调查的全过程可划分为调查准备、调查实施和结果处理3个阶段，每个阶段又可分为若干具体步骤。

1. 调查准备阶段

本阶段主要解决调查目的、范围和调查力量的组织等问题，并拟订出切实可行的调查计划。具体工作步骤是：

(1)确定调查目标，拟订调查项目。

(2)确定收集资料的范围和方式。

(3)设计调查表和抽样方式。

(4)拟订调查计划。

2. 调查实施阶段

这个阶段是整个市场调查过程中最关键的阶段，对调查工作能否满足准确、及时、完整及节约等基本要求有直接的影响。

这个阶段有2个步骤：

一是对调查人员进行培训。让调查人员理解调查计划，掌握调查技术及同调查目标有关的经济知识。

二是实地调查。调查人员按照计划规定的时间、地点及方法收集有关资料，不仅要收集第二手资料(现成资料)，而且要搜集第一手资料(原始资料)。实地调查的质量取决于调查人员的素质、责任心和组织管理的科学性。

3. 结果处理阶段

这个阶段的工作可以分为以下几个步骤：

(1)资料的整理与分析。对收集的资料进行“去粗取精、去伪存真、由此及彼、由表及里”的处理。

(2)撰写调查报告。市场调查报告一般由引言、正文、结论及附件4个部分组成。其基本内容包括开展调查的目的、被调查单位的基本情况、所调查问题的事实材料、调查分析过程的说明及调查的结论和建议等。

(3)追踪与反馈。提出了调查的结论和建议，不能认为调查过程就此完结，而应继续了解其结论是否被重视和采纳、采纳的程度和采纳后的实际效果以及调查结论与市场发展是否一致等，以便积累经验，不断改进和提高调查工作的质量。

（二）市场调查计划书的意义

市场调查是一项复杂的、严肃的、技术性较强的工作，一项全国性的市场调查往往要组织成千上万人参加。为了在调查过程中统一认识、统一内容、统一方法、统一步调，圆满完成调查任务，必须事先拟订一个科学、严密、可行的工作计划和组织措施，使所有参加调查工作的人员都依此执行。这就需要市场调研计划书来作为指导，拟订市场调研计划书的过程又称"市场调查方案设计"。市场调查方案设计的意义有以下 3 点：

第一，从认识上讲，市场调查方案设计是从定性认识过渡到定量认识的开始阶段。虽然市场调查所搜集的许多资料都是定性资料，但应该看到，任何调查工作都是先从对调查对象的定性认识开始的，没有定性认识就不知道应该调查什么和怎样调查，也不知道要解决什么问题和如何解决问题。例如，要研究某一工业企业的生产经营状况，就必须先对该企业生产经营活动过程的性质、特点等有详细的了解，设计出相应的调查指标以及搜集、整理调查资料的方法，然后再去实施市场调查。可见，调查设计正是定性认识和定量认识的连接点。

第二，从工作上讲，调查方案设计起着统筹兼顾、统一协调的作用。现代市场调查可以说是一项复杂的系统工程(对于大规模的市场调查来讲尤为如此)。在调查中会遇到很多复杂的问题，其中一些是调查本身的问题，但还有一些并非是调查的技术性问题，而是与调查相关的问题。例如，抽样调查中样本量的确定，按照抽样调查理论，可以根据允许误差和把握程度大小，计算出相应的必要抽样数目，但这个抽样数目是否可行，要受到调查经费、调查时间等多方面条件的限制。如果在调查方案设计时就预先考虑可能出现的问题，并在方案中提出相应的解决办法，就可以有效规避问题出现的风险。因此，一个好的调查方案设计可以有效兼顾调查中出现的问题，协调工作的开展。

第三，从实践要求上讲，调查方案设计能够适应现代市场调查发展的需要。现代市场调查已由单纯的搜集资料活动发展到把调查对象作为整体来反映的调查活动。与此相适应，市场调查过程也应被视为市场调查设计、资料搜集、资料整理和资料分析的一个完整工作过程，调查设计正是这个全过程的第一步。

(三)市场调查方案设计的主要内容

市场调查方案设计是对调查工作各个方面和全部过程的通盘考虑，包括整个调查工作过程的全部内容。调查方案是否科学、可行，是整个调查成败的关键。市场调查方案设计主要包括下述几个内容。

1. 确定调查目的

明确调查目的是调查设计的首要问题，只有确定了调查目的，才能确定调查的范围、内容和方法，否则就会列入一些无关紧要的调查项目，而漏掉一些重要的调查项目，无法满足调查的要求。例如，1990 年我国第 4 次人口普查的目的就规定得十分明确，即"准确地查清第 3 次人口普查以来我国人口在数量、地区分布、结构和素质方面的变化，为科学地制定国民经济和社会发展战略与规划，统筹安排人民的物质和文化生活，检查人口政策执行情况提供可靠的依据"。可见，确定调查目的，就是明确在调查中要解决哪些问题，通过调查要取得什么样的资料，取得这些资料有什么用途等问题。衡量一个调查设计是否科学的标准，主要是看方案的设计是否体现调查目的的要求，是否符合客观实际。

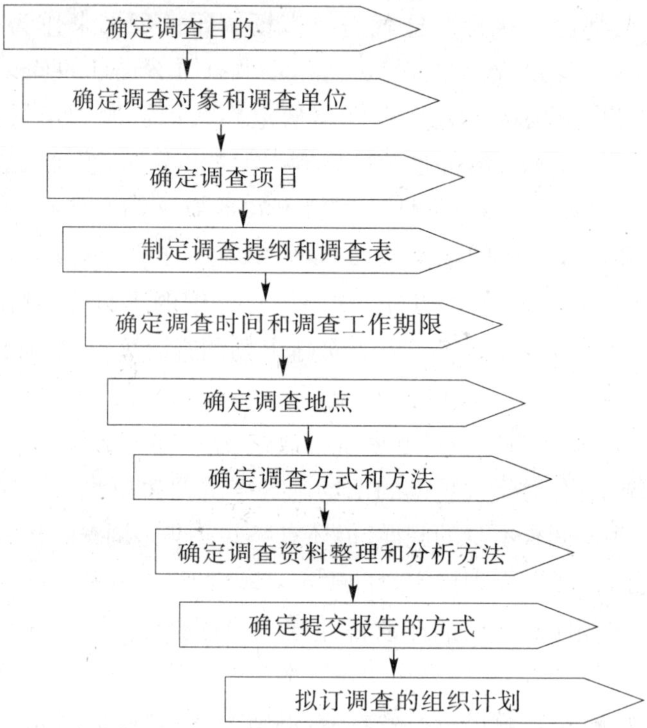

图 2－1　市场调查方案设计的主要内容

2. 确定调查对象和调查单位

明确了调查目的之后，就要确定调查对象和调查单位，这主要是为了解决向谁调查和由谁来具体提供资料的问题。调查对象就是根据调查目的、任务，确定调查范围以及所要调查的总体(它是由某些性质上相同的许多调查单位所组成的)。调查单位是所要调查的社会经济现象总体中的个体，即调查对象中的一个个具体单位，它是调查中要调查登记的各个调查项目的承担者。例如，为了研究某市各广告公司的经营情况及存在的问题，需要对全市广告公司进行全面调查，那么，该市所有广告公司就是调查对象，每一个广告公司就是调查单位。又如，在某市职工家庭基本情况一次性调查中，该市全部职工家庭就是这一调查的调查对象，每一户职工家庭就是调查单位。

在确定调查对象和调查单位时，应该注意以下 4 个问题：

第一，由于市场现象具有复杂多变的特点，所以在许多情况下，调查对象也是比较复杂的，必须以科学的理论为指导，严格规定调查对象的含义，并指出它与其他有关现象的界限，以免造成调查登记时由于界限不清而出现的差错。如：以城市职工为调查对象，就应明确职工的含义，划清城市职工与非城市职工、职工与居民等概念的界限。

第二，调查单位的确定取决于调查目的和对象，调查目的和对象变化了，调查单位也要随之改变。例如，要调查城市职工本人基本情况时，这时的调查单位就不再是每一户城市职工家庭，而是每一个城市职工了。

第三，调查单位与填报单位是有区别的，调查单位是调查项目的承担者，而填报单位是调查中填报调查资料的单位。例如，对某地区工业企业设备进行普查，调查单位为该地区工业企业的每台设备，而填报单位是该地区每个工业企业。但在有的情况下，两者又是一致的，例如，在进行职工基本情况调查时，调查单位和填报单位都是每一个职工。在调查方案设计中，当两者不一致时，应当明确从何处取得资料并防止调查单位的重复和遗漏。

第四，不同的调查方式会产生不同的调查单位。如果采取普查方式，则调查总体内所包括的全部单位都是调查单位；如果采取重点调查方式，则只有选定的少数重点单位是调查单位；如果采取典型调查方式，则只有选出的有代表性的单位是调查单位；如果采取抽样调查方式，则用各种抽样方法抽出的样本单位是调查单位。

3. 确定调查项目

调查项目是指对调查单位所要调查的主要内容。确定调查项目就是要明确向被调查者了解些问题，调查项目一般就是调查单位的各个标志的名称。例如，在消费者调查中，消费者的性别、民族、文化程度、年龄、收入等。标志可分为品质标志和数量标志，品质标志是说明事物质的特征，不能用数量表示，只能用文字表示，如上例中的性别、民族和文化程度；数量标志表明事物的数量特征，它可以用数量来表示，如上例中的年龄和收入。标志的具体表现是指在标志名称之后所表明的属性或数值，如上例中消费者的年龄为30岁或50岁，性别是男性或女性等。

在确定调查项目时，除要考虑调查目的和调查对象的特点外，还要注意以下几个问题：

第一，确定的调查项目应当既是调查任务所需，又是能够取得答案的。凡是调查目的需要又可以取得的调查项目要充分满足，否则不应列入。

第二，项目的表达必须明确，要使答案具有确定的表示形式，如数字式、是否式或文字式等，避免由于被调查者理解差异而作出不同类别的答案，造成汇总时的困难。

第三，确定调查项目应尽可能做到项目之间相互关联，使取得的资料相互对照，以便了解现象发生变化的原因、条件和后果，便于检查答案的准确性。

第四，调查项目的含义要明确、肯定，必要时可附以调查项目解释。

4. 制定调查提纲和调查表

当调查项目确定后，可将调查项目科学地分类、排列，构成调查提纲或调查表，方便调查登记和汇总。调查表一般由表头、表体和表脚3个部分组成。

表头包括调查表的名称、调查单位（或填报单位）的名称、性质和隶属关系等。表头上填写的内容一般不作统计分析之用，但它是核实和复查调查单位的依据。

表体包括调查项目、栏号和计量单位等，它是调查表的主要部分。

表脚包括调查者或填报人的签名和调查日期等，其目的是为了明确责任，一旦发现问题，便于查寻。

调查表分单一表和一览表 2 种。单一表是每张调查表只登记一个调查单位的资料，常在调查项目较多时使用。它的优点是便于分组整理，缺点是每张表都注有调查地点、时间及其他共同事项，造成较大人力、物力和时间的耗费。一览表是一张调查表可登记多个单位的调查资料，它的优点是当调查项目不多时，应用一览表能使人一目了然，有利于调查表中各有关单位资料的相互核对，其缺点是对每个调查单位不能登记更多的项目。

调查表拟好后，为便于正确填表、统一规格，还要附填表说明。内容包括调查表中各个项目的解释，有关计算方法以及填表时应注意的事项等，填表说明应力求准确、简明扼要、通俗易懂。

5. 确定调查时间和调查工作期限

调查时间是指调查资料所属的时间。如果所要调查的是时期现象，就要明确规定调查时间从何时起到何时止。如果所要调查的是时点现象，就要明确规定统一的标准调查时点。

调查期限是规定调查工作的开始时间和结束时间，包括从调查方案设计到提交调查报告的整个工作时间，也包括各个阶段的起始时间，其目的是使调查工作能及时开展、按时完成。为了提高信息资料的时效性，在可能的情况下，调查期限应适当缩短。

6. 确定调查地点

在调查方案中，还要明确规定调查地点。调查地点与调查单位通常是一致的，但也有不一致的情况，当不一致时，有必要规定调查地点。例如，人口普查，规定调查登记常住人口，也就是人口的常住地点。若登记时不在常住地点，或不在本地常住的流动人口，则均须明确规定处理办法，以免调查资料出现遗漏或重复。

7. 确定调查方式和方法

在调查方案中，还要规定采用什么组织方式和方法取得调查资料。搜集调查资料的方式有普查、重点调查、典型调查、抽样调查等。具体调查方法有文案法、访问法、观察法和实验法等。在调查时，采用何种方式、方法不是固定和统一的，而是取决于调查对象和调查任务。在市场经济条件下，为准确、及时、全面地取得市场信息，应注意多种调查方式的结合运用。

8. 确定调查资料整理和分析方法

采用实地调查方法搜集的原始资料大多是零散、不系统的，只能反映事物的表象，无法深入研究事物的本质和规律性，这就要求对大量原始资料进行加工汇总，使之系统化、条理化。目前，这种资料处理工作一般由计算机进行，因此，对于采用何种操作程序以保证必要的运算速度、计算精度及特殊目的等，也应在设计中予以考虑。

随着经济理论的发展和计算机的运用，越来越多的现代统计分析手段可供我们在分析时选择，如回归分析、相关分析、聚类分析等。每种分析技术都有其自身的特点和适用性，因此，应根据调查的要求，选择最佳的分析方法并在方案中加以规定。

9. 确定提交报告的方式

主要包括报告书的形式和份数、报告书的基本内容、报告书中图表量的大小等。

10. 拟订调查的组织计划

调查的组织计划，是指为确保实施调查的具体工作计划。主要是指调查的组织领导、调查机构的设置、人员的选择和培训、工作步骤及其善后处理等。必要时，还必须明确规定调查的组织方式。

四、实训操作

本实训为集体团队讨论实训，在理论课讲授的前提下开设此实训课程，使学生能够将理论与实践相结合，从而更好地训练学生理论联系实际并解决现实问题的能力。

本实训采用集中授课形式进行，每人一台电脑，在收集相关选题资料的基础上就方案设计展开讨论。

具体步骤：

第一步，根据班级人数给出若干个选题，让学生根据自己的兴趣爱好自由选择题目并分组，选出组长负责协调整个项目的分工。

第二步，就每组选择的题目，收集相关的资料，确定调查方案中要涉及的所有内容，并撰写市场调查方案书。

第三步，各组派出代表讲解自己小组撰写的市场调查方案书。

第四步，其他组在听取上组讲解的市场调查方案书后就其优点和缺点展开讨论。

五、实训范例

根据上述理论知识的介绍及实训任务要求，给出调研项目的案例，根据案例来理解调研计划书的撰写。

市场调研计划书，在实际市场应用中表现为项目提案书、项目申报书和正式市场调查方案等类型。下面主要介绍两种：

（一）项目提案书

在市场经济条件下，公司企业要进行某项市场调查经常采用招标的方式。委托方先向有关市场调查机构或咨询公司提出“项目提案书”，再由各相关机构根据“提案书”的要求进行竞标。下面列出的是一份“提案书”的样式。

A市度假村市场调查提案书

1. 提案背景说明

A市度假村国际有限公司计划和A市鲸鱼沟旅游公司合作在A市建立合资公司，从而进入中国旅游市场。为深入了解当地市场环境，探讨现有市场营销发展机会，希望系统地进行市场咨询和市场观察，以协助日后决策和营销策略的制定。

2. 调查目的

此项市场调查计划要达到下列 3 个目标：

(1)收集 A 市度假村的基本情况。

(2)收集各层次度假村的典型案例。

(3)A 市消费者的收入状况和消费结构。

3. 调查工作应包括的内容

(1)A 市度假村基本情况调查。

①度假村的数量、规模。

②度假村的分布、高中低档次结构。

③客房出租率。

④经济效益。

(2)各层次度假村典型案例调查。

①各度假村的设计接待能力与实际接待能力。

②各度假村的服务设施与服务功能。

③不同时间段(星期一至星期四、星期五至星期日)的客源结构。

④客房出租率、出租价格。

⑤品牌竞争分析。

(3)消费者的收入状况和消费结构调查。

①度假消费情况。

②消费者的评价和要求。

③媒体接触行为。

4. 提交详细的调查方案及所需费用方案

(1)调查方法以及质量控制方法。

(2)数据收集及处理。

(3)提交报告形式。

(4)实施计划、时间表。

(二)正式市场调查计划书

正式市场调查计划书是指调查研究的正式文本，它主要包括调查课题的具体操作、调查内容及问卷设计、抽样方案、资料分析方法、调查人员组织与培训、工作计划、经费预算等。项目申报书与正式市场计划书的内容基本上是相似的。但前者常带有论证性质，调查者的某些设想都是基于文献资料，认识也较抽象；后者则将设想和假设具体化，计划也更为周密，更具操作性。而且在正式调查方案中，有时还必须根据实际情况对原先项目申报书的设想进行修正。

下面介绍国外某市场调查中心为克里斯托银行所提供的正式市场调查计划书的文

本，以供读者结合实例了解正式市场调查计划书。

给克里斯托银行(Crystal Bank)的调查提案

1. 调查目的

本次调查的目的是分析与奥斯汀市(Austin，Texas)消费者的信用需求有关的各种问题，这些消费者居住的地区都有克里斯托银行的分支机构。克里斯托银行一直致力于提高顾客满意度，希望能通过开展一次调查，进一步提高顾客满意度。调查目标包括：

(1)衡量消费者对各个金融机构提供的服务的喜恶。

(2)找出这些金融机构提供的服务中已经得到改进的地方。

(3)找出消费者最需要的贷款类型。

(4)找出不同类型贷款中重要并具有吸引力的属性。

(5)找出最受消费者欢迎的贷款机构类型。

(6)识别出那些使贷款机构在消费者中间受到欢迎的重要特点。

(7)提供消费者的人口统计数据。

2. 调查设计

本次调查将通过邮寄问卷给 300 名消费者，这些消费者居住在克里斯托银行 15 个奥斯汀地区分支机构所服务的地区里。调查问题覆盖的范围广泛，其中包括：

(1)找出消费者使用的各类账户，无论该消费者对服务满意与否。

(2)了解该被调查者在未来申请某一类型贷款的可能性。

(3)确定该被调查者认为重要的贷款申请表和贷款偿还方式的特点。

(4)找出出借机构的特点中能影响被调查者选择的特点。

最后，调查将设法获取被调查者的人口统计特征和生活方式信息。

3. 调查问题举例

(1)你现在是否在与某个金融机构有业务往来？(　　)

①是　　　　②否

(2)如果回答了“是”，那么是哪些类型的金融机构？请选出所有适合的选项。(　　)

①存款和贷款　②银行　③信用联盟　④其他(请指明)

(3)在过去 5 年里，你申请过贷款吗？(　　)

①是　　　　②否

(4)如果回答了“是”，那么你在哪里申请贷款？请选出所有适合的选项。(　　)

①存款和贷款　②信用联盟　③抵押贷款银行　④银行　⑤其他(请指明)

(5)你申请的是哪些类型的贷款？请选出所有适合的选项。(　　)

①购买住宅　②汽车　③住宅维修/改建　④教育　⑤购买大家电　⑥个人　⑦其他(请指明)

(6)按照重要性为下列可能在申请贷款时会影响你对出借机构进行选择的因素排序,把最重要的因素排在第1位。(1——最重要;2——第二重要;以此类推)(　　)

①机构名声　②机构所在地点　③目前与该机构的关系　④所提供服务的层次

⑤其他(请指明)

4. 样本选择

本调查项目所用的取样方法为分层取样法,这种技术被广泛地应用在同类调查中。分层取样法能保证从消费者中取出的样本能代表居住在克里斯托银行15个分行附近的人口。邮寄名单的质量将决定分层取样法能否成功实施。

5. 数据收集

将使用电话调查来收集信息。

6. 统计分析

根据回复类型,将运用适当的统计方法并从中得出统计推断。然而,考虑到将要使用的衡量尺度类型,这一分析的很大一部分将集中在频率、相对频率和交叉制表上。

7. 项目报告

将呈交一份书面报告,并由我公司就调查发现作口头陈述。

8. 项目成本和时间表

本项目将在自克里斯托银行把信息要求交给我公司之日起的12周内完成。然而,其先决条件是数据收集过程能在4周内完成。项目的开支经费预计为1万美元整。

训练二　调查问卷设计

一、实训任务

第一,掌握问卷的基本结构。

第二,掌握问卷的答案设计形式以及问题答案设计技巧。

第三,根据调研目的,在调研计划书的基础上设计出完整的问卷。

二、实训要求

根据班级人数给定若干选题,让学生根据自己的兴趣选择题目并分组,各组就选择的题目展开项目调查方案设计。也就是在上一个实训的基础上设计出调研问卷,然后让每组代表讲述该组所设计的方案,最后其他各组成员就上一组讲解的方案分析优点与不足,从而让学生能够根据市场调研目的撰写出完整合理的问卷。

三、理论指导

理论知识一 问卷的基本结构

一份完整的调查问卷通常包括标题、问卷说明、被调查者基本情况、调查内容、编码、调查者情况等内容。

1. 问卷的标题

问卷的标题是概括说明调查研究主题，使被调查者对要回答什么方面的问题有一个大致的了解。标题应简明扼要，易于引起回答者的兴趣。例如，“大学生消费状况调查”，“我与广告——公众广告意识调查”等。应避免采用“问卷调查”这样的标题，它容易引起回答者的怀疑甚至拒答。

2. 问卷说明

问卷说明旨在向被调查者说明调查的目的、意义。有些问卷还有填表须知、交表时间、地点及其他事项说明等。问卷说明一般放在问卷开头，可以使被调查者了解调查目的，消除顾虑，并按一定的要求填写问卷。问卷说明既可采取比较简洁、开门见山的方式，也可在问卷说明中进行一定的宣传，以引起调查对象对问卷的重视。下面举 2 个实例加以说明：

“同学们：

为了了解当前大学生的学习、生活情况，并作出科学的分析，我们特制定此项调查问卷，希望广大同学予以积极配合，谢谢。”

“女士/先生：

加入 WTO 以来，我国广告业蓬勃发展，已成为社会生活和经济活动中不可缺少的一部分。我们进行这次公众广告意识调查，其目的是加强社会各阶层人士与国家广告管理机关、广告用户和经营者等各方的沟通和交流，进一步加强和改善广告监督管理工作，促进广告业的健康发展。本次问卷调查并非知识性测验，只请求您根据自己的实际态度选答，不必进行讨论。根据统计法的有关规定，我们对您个人情况实行严格保密。”

3. 被调查者基本情况

这是指被调查者的一些主要特征，如在消费者调查中，消费者的性别、年龄、民族、家庭人口、婚姻状况、文化程度、职业、单位、收入、所在地区等等。又如，对企业调查中的企业名称、地址、所有制性质、主管部门、职工人数、商品销售额（或产品销售量）等情况。通过这些项目，便于对调查资料进行统计分组、分析。在实际调查中，列入哪些项目，列入多少项目，应根据调查目的、调查要求而定，并非多多益善。

4. 调查主题内容

调查的主题内容是调查者所要了解的基本内容，也是调查问卷中最重要的部分。它主要是以提问的形式提供给被调查者，这部分内容设计的好坏直接影响整个调查的质量。

主题内容主要包括以下几方面：

(1)对人们的行为进行调查。包括对被调查者本人行为进行了解或通过被调查者了解他人的行为。

(2)对人们的行为后果进行调查。

(3)对人们的态度、意见、感觉、偏好等进行调查。

5. 编码

编码是将问卷中的调查项目编成一定的代码的工作过程，大多数市场调查问卷均需加以编码，以便分类整理，也易于计算机处理和统计分析。所以，在问卷设计时，应确定每一个调查项目的编号和为相应的编码做准备。通常是在每一个调查项目的最左边按顺序编号。如：您的姓名；您的职业……而在调查项目的最右边，根据每一调查项目允许选择的数目，在其下方划上相应的若干短线，以便编码时填上相应的数字代号。

6. 作业证明的记载

在调查表的最后，附上调查员的姓名、访问日期、时间等，以明确调查人员完成任务的性质。如有必要，还可写上被调查者的姓名、单位或家庭住址、电话等，以便审核和进一步追踪调查。但对于一些涉及被调查者隐私的问卷，上述内容则不宜列入。

理论知识二　市场调查问卷设计技术

(一)问句的答案设计

在市场调查中，无论是何种类型的问题，都需要事先对问句答案进行设计。在设计答案时，可以根据具体情况采用不同的设计形式。

1. 二项选择法

二项选择法也称“真伪法”或“二分法”，是指对提出的问题仅有 2 种答案可以选择，如，“是”或“否”，“有”或“无”等。这 2 种答案是对立的、排斥的，被调查者的回答非此即彼，不能有更多的选择。例如，“您家里现在有吸尘器吗?”答案只能是“有”或“无”。又如，“您是否打算在近 5 年内购买住房?”回答只有“是”或“否”。

这种方法的优点是：易于理解和可迅速得到明确的答案，便于统计处理，分析也比较容易。但回答者没有进一步阐明理由的机会，难以反映被调查者意见与程度的差别，了解的程度也不够深入。这种方法，适用于互相排斥的两项择一式问题及询问较为简单的事实性问题。

2. 多项选择法

多项选择法是指所提出的问题事先预备好 2 个以上的答案，回答者可任选其中的 1 项或几项。例如：

您喜欢下列哪一种牌号的牙膏?（在您认为合适的“□”内画“√”）

佳洁士□　中华□　芳草□　高露洁□　康齿灵□　美加净□　黑妹□

由于所设答案不一定能表达出填表人所有的看法，所以在问题的最后通常可设“其他”项目,以便使被调查者表达自己的看法。

这个方法的优点是比二项选择法的强制选择有所缓和,答案有一定的范围,也比较便于统计处理。但采用这种方法时,设计者要考虑以下 2 种情况:

(1)要考虑到全部可能出现的结果及答案可能出现重复和遗漏。

(2)要注意供选择答案的排列顺序。因为,有些回答者常常喜欢选择第一个答案,从而使调查结果发生偏差。此外,答案较多,使回答者无从选择或产生厌烦。一般这种多项选择答案应控制在 8 个以内,当样本量有限时,多项选择易使结果分散,缺乏说服力。

3. 顺位法

这种方法适用于要求答案有先后顺序的问题。

顺位法是列出若干项目,由回答者按重要性决定答案的先后顺序。顺位方法主要有 2 种:一种是对全部答案排序;另一种是只对其中的某些答案排序。究竟采用何种方法,应由调查者来决定;具体的排列顺序,则由回答者根据自己所喜欢的事物和认识事物的程度等进行排序。例如:

您选购空调的主要条件是(请将所给答案按重要顺序 1、2、3……填写在“□”中)

价格便宜□　　外形美观□　　维修方便□　　牌子有名□　　经久耐用□
噪音低□　　制冷效果□　　其他□

顺位法便于被调查者对其意见、动机、感觉等做衡量和比较性的表达,也便于对调查结果加以统计。但调查项目不宜多,过多则容易分散,很难取得最终的统计结果,同时所询问的排列顺序也可能对被调查者产生某种暗示影响。

4. 回忆法

回忆法是指通过回忆,了解被调查者对不同商品质量、品牌等方面印象的强弱。例如:“请您举出最近在电视广告中出现的电冰箱有哪些牌子”,调查时可根据被调查者所回忆牌号的先后和快慢以及各种牌号被回忆出的频率进行分析研究。

5. 比较法

这是采用对比提问方式,要求被调查者作出肯定回答的方法。例如:

请比较下列不同牌号的可乐饮料,哪种更好喝?(在各项您认为好喝的牌子方格“□”中画“√”)

黄山□　　天府□　　天府□　　百龄□
百龄□　　奥林□　　奥林□　　可口□
可口□　　百事□　　百事□　　黄山□

比较法适用于对质量和效用等问题作出评价。应用比较法要考虑被调查者对所要回答问题中的商品品牌等项目是否相当熟悉,否则将会导致空项发生。

6. 自由回答法

自由回答法是指提问时可自由提出问题,回答者可以自由发表意见,并无已经拟好的答案。例如,“您觉得软包装饮料有哪些优、缺点?”“您认为应该如何改进电视广告?”等等。

这种方法的优点是涉及面广，灵活性大，回答者可充分发表意见，可为调查者搜集到某种意料之外的资料，缩短问者和答者之间的距离，迅速营造一个调查气氛。缺点是由于回答者提供答案的想法和角度不同，在答案分类时往往会出现困难，资料较难整理，还可能因回答者表达能力的差异形成调查偏差。同时，由于时间关系或缺乏心理准备，被调查者往往放弃回答或答非所问，所以此种问题不宜过多。这种方法适用于那些不能预期回答或不能限定答案范围的问题。

7. 过滤法

过滤法又称"漏斗法"，是指最初提出的是离调查主题较远的广泛性问题，再根据被调查者回答的情况，逐渐缩小提问范围，最后有目的地引向要调查的某个专题性问题。这种方法询问及回答比较自然、灵活，被调查者能够在活跃的气氛中回答问题，从而增强双方的合作，获得回答者较为真实的想法。但要求调查人员善于把握对方心理，善于引导并有较高的询问技巧。此方法的不足是不易控制调查时间。

这种方法适合于被调查者在回答问题时有所顾虑，或者一时不便于直接表达对某个问题的具体意见时所采用。例如，对那些涉及被调查者自尊或隐私等问题，如收入、文化程度、妇女年龄等，可采取这种提问方式。

（二）问卷设计应注意的几个问题

对问卷设计总的要求是：问卷中的问句表达要简明、生动，注意概念的准确性，避免似是而非的问题，具体应注意以下几点：

1. 避免提一般性的问题

一般性问题对实际调查工作并无指导意义。例如，"您对某百货商场的印象如何？"这样的问题过于笼统，很难达到预期效果，可具体提问："您认为某百货商场商品品种是否齐全、营业时间是否恰当、服务态度怎么样？"等。

2. 避免用不确切的词

例如，"普通"、"经常"、"一些"等，以及一些形容词，如"美丽"等。这些词语，每人理解往往不同，在问卷设计中应避免或减少使用。例如："你是否经常购买洗发液？"回答者不知经常是指一周、一个月还是一年，可以改问："你上月共购买了几瓶洗发液？"

3. 避免使用含糊不清的句子

例如，"你最近是出门旅游，还是休息？"出门旅游也是休息的一种形式，它和休息并不存在选择关系，正确的问法是："你最近是出门旅游，还是在家休息？"

4. 避免引导性提问

如果提出的问题不是"中立"的，而是暗示出调查者的观点和见解，力求使回答者跟着这种倾向回答，则这种提问就是"引导性提问"。例如："消费者普遍认为××牌子的冰箱好，你的印象如何？"引导性提问会导致 2 个不良后果：一是被调查者不加思考就同意所引导问题中暗示的结论；二是由于引导性提问大多是引用权威或大多数人的态度，所以被调查者考虑到这个结论既然已经是普遍的结论，就会产生心理上的顺向反应。此外，对于一些敏感性问题，在引导性提问下，被调查者不敢表达其他想法等。因此，这种提问是调查的大忌，常常会引出和事实相反的结论。

5. 避免提断定性的问题

例如，“您一天抽多少支烟?”这种问题为断定性问题，被调查者如果根本不抽烟，就会无法回答。正确的处理办法是此问题可加一条“过滤”性问题，即：“您抽烟吗?”如果回答者回答“是”，可继续提问，否则就可终止提问。

6. 避免提令被调查者难堪的问题

如果有些问题非问不可，也不能只顾自己的需要、穷追不舍，应考虑回答者的自尊心。

例如，“您是否离过婚? 离过几次? 谁的责任?”等。又如，直接询问女士年龄也是不太礼貌的，可列出年龄段为：20 岁以下，20～30 岁，30～40 岁，40 岁以上，由被调查者挑选。

7. 问句要考虑时间性

时间过久的问题易使人遗忘，如“您去年家庭的生活费支出是多少元? 用于食品、衣服分别为多少元?”除非被调查者连续记账，否则很难回答出来。一般可问：“您家上月生活费支出是多少元?”显然，这样缩小的时间范围可使被调查者回忆起来较容易，答案也比较准确。

8. 拟定问句要有明确的界限

对于年龄、家庭人口、经济收入等调查项目，通常会产生歧义的理解，如年龄有虚岁、实岁；家庭人口有常住人口和生活费开支在一起的人口；收入是仅指工资，还是包括奖金、补贴、其他收入、实物发放折款收入在内。如果调查者对此没有很明确的界定，则调查结果很难达到预期要求。

9. 问句要具体

一个问句最好只问一个要点，如果包含过多询问内容，就会使回答者无从答起，也给统计处理带来困难。例如：“您为何不看电影而看电视?”这个问题包含了“您为何不看电影?”“您为何要看电视?”和“什么原因使您改看电视?”等。防止出现此类问题的办法是分离语句中的提问部分，使一个语句只问一个要点。

10. 要避免问题与答案不一致

所提问题与所设答案应做到一致，例如：

您经常看哪个栏目的电视?

经济生活；电视红娘；电视商场。

四、实训操作

在问卷设计前，应对所确定的调查主题进行探索性研究。由于问卷设计人员不可能都是实践经验丰富的实际工作者或者该方面的专家，所以无论从实践的角度还是从理论的角度来看，问卷设计人员都不可能对所涉及的主题问题有比较深刻、全面的理解。即使一份很成功的问卷，也不是一制定好就是成功的，必须要经历实践的考验，所以在问卷初步设计完成之后，应该设置相似的环境，进行小范围的试调查，只有这样，才能形成最后的正式问卷。故本实训按照下面的形式完成。

本实训为集体团队讨论实验，在理论课讲授的前提下开设此实训课程，使学生能够将理论与实践相结合，从而更好地训练学生理论联系实际并解决实际问题的能力。

本实训采用集中授课形式进行，每人一台电脑，在收集相关选题资料的基础上就方案设计展开讨论。具体步骤为：

第一步，在上一市场调研计划书撰写的实训基础上收集选题的相关资料，确定调查项目。

第二步，就选择的调查项目进行组内讨论，确定下来之后根据问卷设计的理论知识撰写问卷，并注意问卷的基本结构、问句和答案设计的基本技巧等问题。

第三步，各组派出代表讲解自己小组撰写的问卷。

第四步，其他组在听取上组讲解的问卷后就其优点和存在的不足展开讨论。

第五步，在吸取各组成员意见的基础上修改完善问卷，并在组内设置相似的环境，进行小范围的试调查，及时对反馈结果进行修改，反复多次，确保问卷逻辑合理、语句通顺、句意清晰。

五、实训范例

一份成功的问卷，不设置一个多余的问题，最大限度地减轻实际调查的工作量，也不遗漏一个必不可少的问题；同时，还要有利于调查完成后的资料审核、整理和分析比较。所以，问卷设计不仅仅是一门科学，更是一门艺术。在实际的市场调研操作中，根据调研的需要和经费的安排情况，问卷长短不等。因本教材篇幅限制，下面设计完整的问卷小案例，仅供参考。

MP3 播放器市场调查问卷

女士/先生：

您好！

我是上海师范大学康博市场研究有限公司的访问员。我们目前正在进行一项有关 MP3 播放器产品的调查研究，诚挚恳请您抽空参加我们的访问。根据我国《统计法》的相关规定，我们将对您提供的个人信息严格保密。

多谢您的支持和配合！

1. 过滤问卷

(1)请问您或您的家人及亲朋好友在以下哪些地方工作(可多选)：(　　)

A. 市场研究/广告公司

B. 社情民意调查机构/咨询公司

C. 电视台/电影/报纸/杂志等媒介机构

D. 服装生产/销售/研究部门

E. 以上均无继续访问

(2)请问您最近 6 个月内是否接受过数码产品的市场研究访问？(　　)

A. 是　　　　　　——终止访问

B. 否　　　　　　——继续访问

(3)请问您知道 MP3 吗？(　　)

A. 知道　　　　　——继续访问

B. 不知道　　　　——终止访问

2. 正式问卷

(1)请问您现在拥有以下哪些电子产品？(可多选)(　　)

A. 台式电脑(品牌机/组装机)

B. 笔记本电脑

C. 数码相机

D. 数码摄像机

E. MP3 播放器

F. 移动硬盘

G. 闪存盘

H. 数码学习机

(2)请问您是通过什么途径知道 MP3 播放器产品的？(可多选)(　　)

A. 电视

B. 报纸杂志

C. 网络

D. 户外广告

E. 他人介绍

F. 其他____________

(3)请问您选购 MP3 播放器时优先考虑哪些因素？(可多选,不超过 3 项)(　　)

A. 价格

B. 品牌

C. 服务

D. 功能

E. 性能

F. 赠品

G. 外观

H. 其他____________

(4)请问您购买过 MP3 播放器吗？(　　)

A. 是　　　B. 否——不必回答 Q5～Q8

(5)请问您(最近一次)购买和使用的 MP3 播放器的品牌和型号是什么?(填空题)

A. 品牌____________

B. 型号____________

(6)请问您(最近一次)购买和使用的 MP3 播放器的容量是多少?(　　)

A. 64M

B. 128M

C. 256M

D. 512M

E. 512M 以上

(7)请问您对目前正在使用的 MP3 播放器的总体满意度如何?(　　)

A. 非常不满

B. 比较不满

C. 一般

D. 比较满意

E. 非常满意

(8)请问针对以下(表 2—2)具体的指标,您对目前使用的 MP3 播放器的满意度评价如何?

表 2—2　MP3 播放器满意度评分表

评价指标	非常满意	比较满意	一般	比较不满	非常不满
外观造型	5	4	3	2	1
工艺质感	5	4	3	2	1
音　质	5	4	3	2	1
产品功能	5	4	3	2	1
产品价格	5	4	3	2	1
售后服务	5	4	3	2	1

(9)请问您认为在国内市场,最知名的 MP3 播放器品牌是什么?(　　)

A. 爱国者

B. 苹果

C. 三星

D. 艾利和

E. 索尼

F. 联想

G. 创新

H. 其他____________

(10)请问您认为在国内市场,品质最好的 MP3 播放器产品是哪一种?(　　)

A. 爱国者(aigo)U 时腕表 MP3

B. 苹果(apple)iPod(mini)
C. 三星(samsung)YP－520
D. 艾利和(iriver)iEP－380T
E. 爱国者(aigo)“波波”车载 MP3
F. 索尼(sony)NW－50
G. 联想(lenovo)F830
H. 创新(creative)NOMAD－muvo2
I. 三星(samsung)55H
J. 其他____________
(11)请问您认为在国内市场,性价比最满意的 MP3 播放器品牌是什么?(   )
A. 爱国者
B. 苹果
C. 三星
D. 艾利和
E. 索尼
F. 联想
G. 创新
H. 其他____________
(12)请问您认为在国内市场,您最依赖的 MP3 播放器品牌是什么?(   )
A. 爱国者
B. 苹果
C. 三星
D. 艾利和
E. 索尼
F. 联想
G. 创新
H. 其他____________
(13)请问您认为在国内市场,您最喜爱的 MP3 播放器产品是哪一种?(   )
A. 爱国者(aigo)月光宝盒 F008
B. 爱国者(aigo)U 时腕表 MP3
C. 苹果(apple)iPod(mini)
D. 三星(samsung)YP－520
E. 艾利和(iriver)iEP－380T
F. 爱国者(aigo)“波波”车载 MP3
G. 索尼(sony)NW－50

H. 联想(lenovo)F830

I. 创新(creative)NOMAD—muvo2

J. 三星(samsung)55H

K. 其他____________

(14)请问如果您购买(再次购买)或向别人推荐 MP3 播放器,会选择哪一个品牌?(　　)

A. 爱国者

B. 苹果

C. 三星

D. 艾利和

E. 索尼

F. 联想

G. 创新

H. 其他____________

3. 背景资料

(1)您的性别:(　　)

A. 男　　　　B. 女

(2)您的年龄(周岁):(　　)

A. 25 岁以下

B. 25～35 岁

C. 35～45 岁

D. 45～55 岁

E. 55 岁以上

(3)您的职业:(　　)

A. 单位负责人

B. 专业技术人员

C. 办事人员

D. 商业、服务业人员

E. 工人

F. 农业人员

G. 无业

(4)您的受教育程度:(　　)

A. 大学本科及以上

B. 大学专科

C. 高中、中技、中专

D. 初中及以下

(5)您的家庭人均月收入(元):(　　)

A. 1500 以下

B. 1500～2000

C. 2000～2500

D. 2500～3000

E. 3000～3500

F. 3500～4000

G. 4000 以上

训练三　调查问卷分析

一、实训任务

第一,要求学生根据实地调查收集到的问卷资料,进行整理和统计。根据实践教学条件,问卷调查资料一般采用人工统计方法。

第二,要求学生对问卷的调查资料进行统计分析。问卷收集的调查资料是大量的、凌乱的,需要对其进行整理统计并进行定量分析。一是审核其问卷的真实性和准确性;二是将问卷的资料进行分类并汇总成统计数据,制成统计图表,以备调查报告撰写使用。

第三,要求通过"调查问卷分析"实践操作,更好地理解调查问卷整理分析的重要性,掌握对调查资料进行统计分析的基本技能。

二、实训要求

通过训练,帮助学生正确认识调查问卷资料整理统计分析在市场调查中的重要作用。在市场调查中,通过问卷调查可以搜集到大量的调查资料,但是这些资料往往是零散的、杂乱的,需要审核调查资料的真实性和准确性;需要把资料分类、分组、汇总成可以使用的统计数据,制成相应的统计图表。只有处理后的资料,才能获得可靠的信息,并以此作为市场调查与预测的分析依据。因此,训练可以帮助学生掌握问卷调查资料处理的基本技能。通过调查问卷统计分析,学生能够了解调查问卷资料如何审核整理、分类编码、汇总、统计制表,从而掌握调查问卷资料整理统计分析的方法和技巧。掌握这一技能对学生将来胜任市场调查工作是必不可少的。具体要求如下:

第一,要求教师对课堂组织的问卷统计进行现场指导,如对调查问卷分析的步骤、方法、技巧进行具体指导等。

第二,要求学生对"调查问卷分析"的实践应用价值给予充分认识,并调动开展现场问卷资料统计分析操作的积极性。

第三，要求学生能够根据调查问卷分析的步骤、操作方法等要求，完成问卷统计分析任务，并能够根据数据制作图表，为调查报告的撰写准备资料。

第四，要求教师提供调查问卷统计分析课业范例，供学生操作参考。

三、理论指导

(一)问卷调查资料的审核

问卷调查资料的审核必须遵守资料整理的一般要求，强调资料的真实性、准确性、完整性。

1. 资料的真实性

调查资料来源的客观性问题，即来源必须是客观的；调查资料本身的真实性问题，即要辨别出资料的真伪，把那些违背常理的、前后矛盾的资料舍去。

2. 资料的准确性

准确性的审核是指要着重检查那些含糊不清的、笼统的以及互相矛盾的资料。

3. 资料的完整性

资料的完整性指调查资料总体的完整性以及每份调查资料的完整性。

在对问卷调查资料的审核过程中，如发现问题可以针对不同的情况予以处理：一是对于在调查中已发现并经过认真核实后确认的错误，可以由调查者代为更正；二是对于资料中可疑之处或有错误与出入的地方，应进行补充调查；三是对于无法进行补充调查的有错误的资料应坚决剔除，以保证资料的真实、准确。

(二)问卷调查资料整理的分组汇总

1. 单分组处理

单分组处理是指对总体各单位或样本各单位只按一个标志或标准进行分组处理。分组的标志或标准一般可以区分为品质属性、数量属性。

(1)品质属性分布数列。它是以被调查者的职业、所属行业、性别、文化程度等品质属性作为分组标志而形成的简单品质数列。

(2)数量属性分布数列。它是以被调查者的年龄、收入、消费支出、家庭人口、就业人口等数量属性作为分组标志形成的变量数列。有如下 2 种形式：一是单项式变量数列，适应于离散型变量(如家庭人口、就业人口、耐用品拥有量、需求量等)的分组处理，也就是直接以变量的不同取值作组别而编制的变量数列。二是组距式变量数列，适应于连续变量(如年龄、收入、消费支出等)的分组处理，就是以变量的不同取值区间作为分组的组别而编制的变量数列。

2. 平行分组处理

平行分组处理是对总体各单位或样本各单位同时采用 2 个或 2 个以上的标志或标准进行平行排列的分组，所编制的分组数列称为“平行分组数列”。

(1)两变量(项目)平行分组数列。它是将2个有联系的调查项目按相同选项分组的结果并列在一起而编制的平行分组数列。

(2)多变量(多项目)平行分组数列。它是将2个以上有联系的调查项目按相同选项分组的结果并列在一起而编制的平行分组数列。常用于产品或服务满意度测评、被调查者态度测量等原始资料的加工开发。

3. 交叉分组处理

交叉分组处理是对总体各单位或样本各单位采用2个或2个以上的标志或调查项目进行交叉分组,所编制的数列一般表现为相关分组数列或复合分组数列。

(1)基本项目之间的交叉分组处理。它是利用反映被调查者基本情况的基本调查项目之间的关联性进行交叉分组处理。

(2)基本项目与主体项目之间的交叉分组处理。它是利用问卷中的基本项目与主体项目之间的关联性进行交叉分组处理,用以揭示不同性别、不同年龄、不同行业、不同职业、不同文化程度、不同居住区域、不同家庭人口的被调查者对所要研究的主体项目选项回答的差异性、相关性等深层次的问题。

4. 开放式问题的分类归纳

(1)集中所有同一个开放式问题的全部文字性答案,通过阅读、思考和分析,把握被调查者的思想认识。

(2)将被调查者的全部文字性答案,按照其思想认识不同归纳为若干类型,并计算各种类型出现的频数,最后制成全部答案分布表。

(3)对全部答案分布表中的答案进行挑选归并,确定可以接受的分组数。一般来说,应在符合调研项目的前提下,保留频数多的答案,把频数很少的答案尽可能归并到含义相近的组。考虑调研的目的和答案类型的多少,通常应控制在10组之内。

(4)为确定的分组,选择正式的描述词汇或短语。不同组别的描述词汇或短语应体现质的差别,力求中肯、精炼、概括。

(5)根据分类归纳的结果,制成正式的答案分布表。例如,在一项关于居民空调购买行为的调研中,问卷设置了"你对'静音空调'这个产品概念有何看法?"的开放式问题,被调查者的回答是多种多样的,通过分类归纳得到的答案分布表,如表2—3所示。

表2—3 被调查者对"静音空调"的看法分布

看法分类	答案人数	比重(%)
符合环保需求	325	16.25
符合发展趋势	286	14.30
符合消费需求	316	15.80
希望尽快推出	198	9.90
有可能实现	312	15.60
不可能实现	350	17.50
难以评价	213	10.65
合 计	2000	100.00

（三）统计表与统计图

1. 统计表

统计表是把大量的统计数字资料，按一定顺序和格式列在表上，包括调查表、汇总表、计算表以及各种各样容纳资料的统计表。

（1）统计表的构成。常见的统计表外形结构一般包括4个主要部分：总标题、横行标题、纵栏标题、数字资料等。

（2）统计表的内容结构。统计表的内容结构包括：主词和宾词两部分。主词是统计表所要说明的总体及其主要分组情况，通常列在横行标题的位置，所以该栏也叫"主栏"。宾词用以说明主词各组的其他标志或综合特征的具体表现，通常列在纵标题的位置，所以该栏也叫"宾栏"。但有时为了编制的合理和阅读方便，二者也可以互换。

2. 统计图

统计图能够将统计资料展示得更为生动、具体，便于人们直观地认识事物的特征。随着计算机技术的不断发展，电脑制图功能日益强大，统计图的制作也更加方便和精确。

用统计图表示调研数据具有"一图抵千字"的表达效果，因为图形能给人以深刻而明确的印象，能揭示现象发展变化的结构、趋势、相互关系和变化规律，便于表达、宣传、讲演、广告和辅助统计分析。但统计图能包含的统计项目较少，且只能显示出调查数据的概数，故统计图常配合统计表、市场调研报告使用。

（1）条形图。条形图是用宽度相同的条形的高度或长度来表示数据变动的图形。当各类别放在纵轴时，称为"条形图"，如图2－2所示；当各类别放在横轴时，称为"柱形图"。

广告类型	人数（人）	比例	频率（%）
商品广告	112	0.560	56
服务广告	51	0.255	25.5
金融广告	9	0.045	4.5
房地产广告	16	0.080	8
招生招聘广告	10	0.050	5
其他广告	2	0.010	1

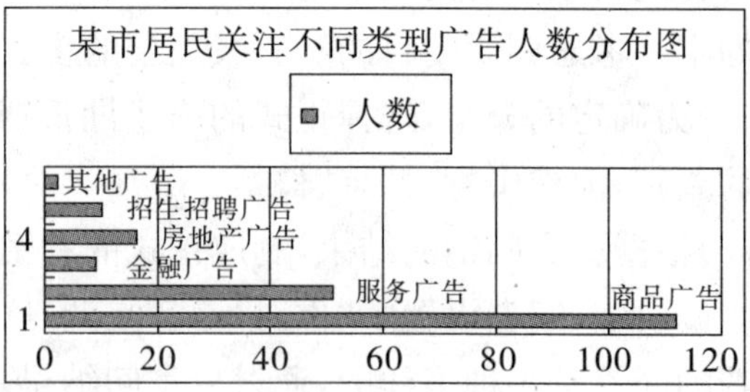

图2－2　条形图

（2）圆形图（或称饼图）。用圆形和圆内扇形的面积来表示数值大小的图形，主要用于表示总体中各组成部分所占的比例，对研究结构性问题十分有用。在绘制圆形图时，总体中各部分所占的百分比用圆内的各个扇形面积表示，这些扇形的中心角度是按各部分百分比占360度的相应比例确定的。如根据上表，绘制出相应的圆形图。如图2－3所示：

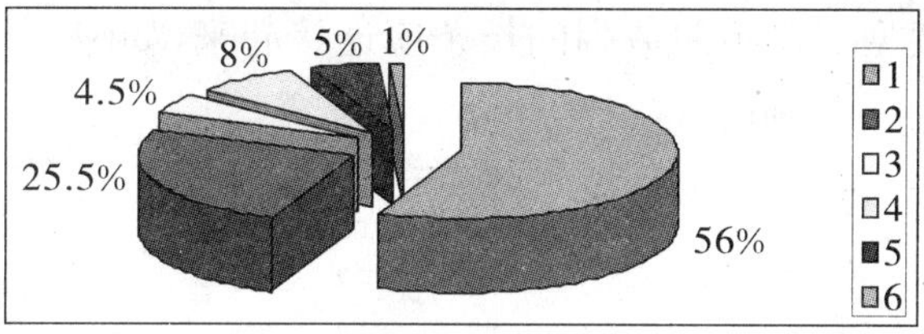

图2-3 饼图

(3)环形图。环形图与圆形图有区别:环形图中间有一个空洞,总体中的每一部分数据用环中的一段表示;圆形图只能显示出每一个总体中各部分所占的比例,而环形图则可以同时绘制出多个总体的数据系列,每一个总体的数据系列为一个环。因此,环形图可以显示出多个总体中各部分所占的相应比例,从而更有利于进行比较研究。

例如:在一项有关住房问题的研究中,调查人员在甲、乙两个城市各抽样调查300户家庭,其中一个调查问题是:“您对您的家庭目前的住房状况是否满意?”备选答案有:非常不满意;不满意;一般;满意;非常满意。调查结果如表2—4所示。

表2—4 住房满意度调查结果

回答类别	甲城市家庭		乙城市家庭	
	户数	比例(%)	户数	比例(%)
非常不满意	24	8	21	7
不满意	108	36	99	33
一般	93	31	78	26
满意	45	15	64	21.3
非常满意	30	10	38	12.7
合计	300	100	300	100

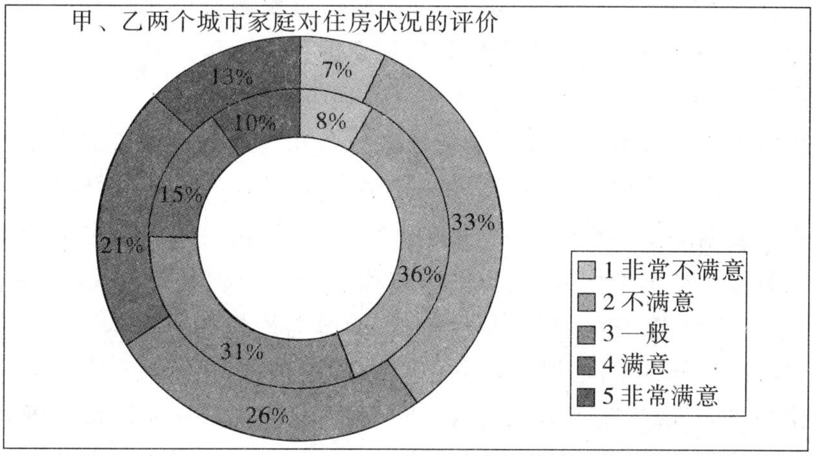

图2-4 圆环图

(4)直方图。直方图是以若干等宽的直方长条的长短来表示各组的频数或频率的大小,常用于表现组距数列的次数分布或频率分布。在直方图中,离散型变量组距数列的长条应间断开来，连续型变量组距数列的长条应连接起来，如图 2—5 所示。

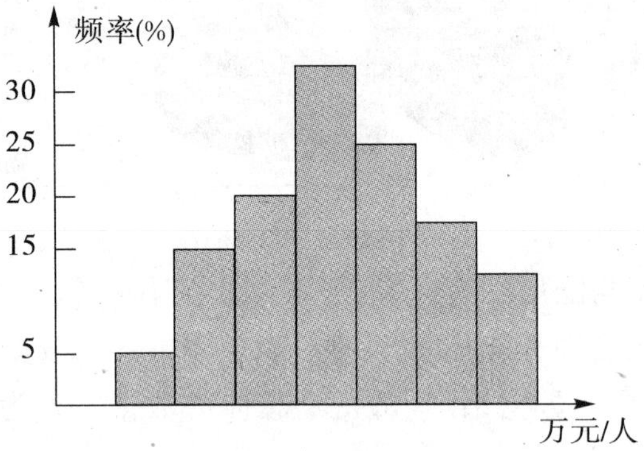

图 2-5 某市居民家庭年人均可支配收入分布直方图

(5)散点图。散点图主要用于显示因变量(y)与自变量(x)之间是否具有相关关系，以及相关关系的形式是直线相关还是曲线相关、是正相关还是负相关。在散点图中，通常以横轴代表自变量(x)，纵轴代表因变量(y)，如图 2—6 所示。

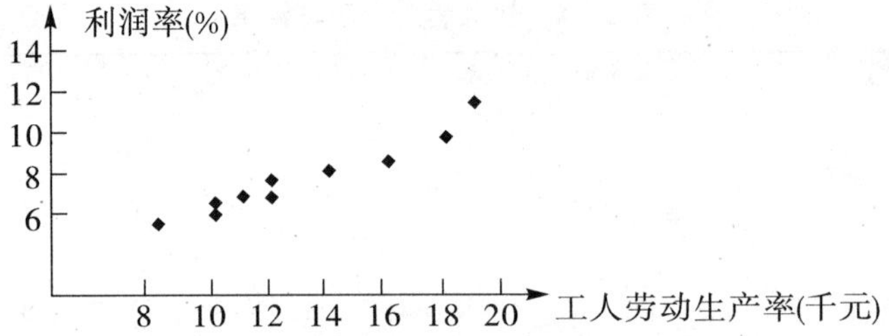

图 2-6 劳动生产率与利润率散点图

(四)描述性统计分析

描述性统计分析是指对被调查总体所有单位的有关数据进行搜集、整理以及计算综合指标等，进而描述总体特征的统计分析方法。市场调查分析中最常用的描述性统计分析主要包括对调查数据的集中趋势分析和离散程度分析。

1. 数据的集中趋势分析

对调查数据显示的数量规律及集中特征进行分析是对被调查总体的相关特征进行准确描述的重要前提。数据集中趋势分析的对象包括数据的均值、中位数和众数。

均值是表现数据的偶然性和随机性的一个特征值，它反映了一些数据必然性的特点。平均数一般包括算术平均数、调和平均数和几何平均数 3 种形式，其中算术平均数是最简单、最基本的形式，它又视数据分组与否而分为简单算术平均数和加权算术平均数。利用均值可以将处在不同地区、不同单位的某种现象进行空间对比分析，以反映一般水平的变化趋势或规律，还可以分析现象间的依存关系等，从而拓宽分析的范围。

设原始数据被分成 K 组，各组的组中值为 x_1、x_2、x_3、……、x_K，各组的变量个数为 f_1、f_2、f_3、……、f_K。则其均值为：

$$\bar{x}=\frac{x_1f_1+x_2f_2+\cdots\cdots+x_nf_n}{f_1+f_2+\cdots\cdots+f_n}=\frac{\sum xf}{\sum f}$$

$$\text{或}\bar{x}=\sum x\cdot\frac{f}{\sum f}$$

注：①f_i：权数——起权衡轻重的作用。如果某一组的权数较大，则说明该组的数据较多，那么该组数据的大小对均值的影响就越大，反之则越小。

②均值受各组变量值大小和各组权数大小的影响。

③单变量分组时为精确值，组距分组时为近似值。

调和平均数也称"调和均值"，它是均值的另一种表现形式。在实际工作中，由于所获得的数据有时不能直接采用算术平均数的计算形式来计算平均数，所以就需要使用调和平均数的形式进行均值的计算。

$$H=\frac{1}{\left(\frac{m_1}{x_1}+\frac{m_2}{x_2}+\cdots\cdots+\frac{m_n}{x_n}\right)\Big/(m_1+m_2+\cdots\cdots+m_n)}$$

$$=\frac{m_1+m_2+\cdots\cdots+m_n}{\frac{m_1}{x_1}+\frac{m_2}{x_2}+\cdots\cdots+\frac{m_n}{x_n}}=\frac{\sum m}{\sum\frac{m}{x}}$$

几何平均数（Geometric Mean）也称"几何均值"，它是 N 个变量值乘积的 N 次方根，计算公式为：

$$G=\sqrt[\sum f]{x_1^{f_1}\cdot x_2^{f_2}\cdot x_3^{f_3}\cdot\cdots\cdots\cdot x_n^{f_n}}$$

该种形式的应用条件为：所掌握的变量值本身是以比率的形式来表达；各比率的乘积等于总比率。

几何平均数是适用于特殊数据的一种平均数，它主要用于计算比率或速度的平均值。几何平均数也可以看作是均值的一种变形。对几何平均数的计算公式取对数，我们可以看出，几何平均数的对数是各变量值对数的算术平均数。

众数是总体中出现次数最多的单位的标志值。这也是测定数据集中趋势的一种方法，而且，它可以克服平均数指标会受数据中极端值影响的缺陷。众数反映了数据中出现次数最多的单位的代表值，它可以使我们在实际工作中抓住事物的主要矛盾，从而有针对性地解决问题，但若出现了双众数现象，则可能说明调查总体不具有同质性，资料可能来源于两个不同的总体。这类结果既可以用来检查方案设计中的总体一致性问题，也可以用来帮助验证数据可靠与否。

根据组距式数列确定众数，则需按公式计算近似值。众数的计算有下限公式和上限公式两种：

（1）下限公式。

$$m_0=L+\frac{f_{m_0}-f_{m_0-1}}{(f_{m_0}-f_{m_0-1})+(f_{m_0}-f_{m_0+1})}\cdot d$$

(2)上限公式。

$$m_0=U-\frac{f_{m_0}-f_{m_0+1}}{(f_{m_0}-f_{m_0-1})+(f_{m_0}-f_{m_0+1})}\cdot d$$

上述两式中：

L与U分别表示众数所在组的下限和上限；

d为众数所在组的组距；

f_{m_0}、f_{m_0-1}和f_{m_0+1}分别为众数所在组、前一组和后一组的次数。

中位数的确定既可以以未分组资料为基础，也可以由分组资料而得到。中位数同样不受资料中少数极端值大小的影响。在某些情况下，用中位数来反映现象的一般水平比用算术平均数更具有代表性，对于两极分化严重的数据更是如此。

根据分组数据计算中位数有以下步骤：

第一步，确定中位数所在组(采用向上或向下累计方法)；

第二步，根据下列公式确定中位数的近似值。即：

$$M_e=L+\frac{\frac{\sum f}{2}-S_{m-1}}{f_m}\times d=U-\frac{\frac{\sum f}{2}-S_{m+1}}{f_m}\times d$$

式中：

L：中位数所在组的下限；$\sum f$：数列的频数总和；

$\frac{\sum f}{2}$：中位数的位次；f_m：中位数所在组的频数；

S_{m-1}：中位数所在组之前那组的向上累计频数；S_{m-1}：中位数所在组之前那组的向下累计频数。

均值、众数和中位数都是反映总体一般水平的平均指标，彼此之间存在着一定的关系。根据调查数据的不同类型应采用不同的指标分析，以期最准确地将被调查总体数据的集中趋势描述出来。

2. 数据的离散程度分析

对一组数据的规律性进行研究，集中趋势是数据所具有的重要数量特征的一个方面，离散程度则是数据所具有的数量特征的另一方面。集中趋势反映的是数据所具有的一般水平，因此，我们常用均值等单个数值来代表全部数据。但若要较全面地掌握这组数据所体现的数量规律，还需要计算反映数据差异程度的数值，如极差、平均差、方差和标准差离散系数等。

极差也称“全距”，它是数据中的两个极端值之差。极差不能反映数据的变化规律，受极端值的影响较大。一般来说，极差越大，平均值的代表性越小。所以，极差可以一般性地检验平均值的代表性大小。

平均差是总体中各单位标志值与其算术平均数离差绝对值的算术平均数。平均差与平均数代表性的关系与极差基本一致。不同的是，由于平均差的计算涉及总体中的全部数据，所以它能更好地反映总体数据的离散程度。方差与标准差是幂的关系，前者是后者的平方。标准差的计算公式也视资料的分组情况而分为简单平均式和加权平均式。这两个指标均是反映总体中所有单位的标志值对平均数的离差关系，是测定数据离散程度最重要的指标，其数值的大小与平均数代表性的大小呈反方向变化。

平均差的计算方法：

(1)简单平均差：$MD=\frac{\sum|x-\bar{x}|}{n}$（未分组数据）

(2)加权平均差：$MD=\frac{\sum|x-\bar{x}|f}{\sum f}$（分组数据）

标准差的计算方法：

(1)简单标准差：$\sigma=\sqrt{\frac{\sum(x-\bar{x})^2}{n}}$（未分组数据）

(2)加权标准差：$\sigma=\sqrt{\frac{\sum(x-\bar{x})^2 f}{\sum f}}$（分组数据）

离散系数是为两组数据之间进行比较而设计的，是一组数据的标准差与其均值相比较而得到的相对值。在不同情况的两组数据间直接用标准差进行离散程度的比较是不科学的，甚至还会得出相反的结论。

极差系数：$V_R=\frac{R}{\bar{x}}\times100\%$

平均差系数：$V_{AD}=\frac{A\cdot D}{\bar{x}}\times100\%$

标准差系数：$V_\sigma=\frac{\sigma}{\bar{x}}\times100\%$

四、实训操作

（一）问卷统计操作

1. 检查问卷

检查已经完成的问卷是否是废卷，不符合问卷调查要求的问卷不能列入统计对象的范围；对有些问卷中存在的疏忽和小问题可以根据情况进行校正，并以不同的颜色笔来标出，以示区别；计算有效问卷。

2. 个人统计

个人统计自己的调查问卷。统计采用累计方法，累计好的数据填写到其中一张问卷上，数据填写要求规范、清楚。对于开放式的问卷，需要将所有答案经小组现场讨论、归类后进行统计。

3. 小组统计

在个人统计的基础上进行小组统计，统计方法与个人统计方法相同，最后把所有统计数据填写在统计表上。问卷数据的填写要求准确、规范、清楚，以便使用。

（二）问卷分析操作

1. 统计表与统计图

根据调查问卷的汇总情况，把该项目的调查结果用统计表和统计图反映出来。

2. 描述性统计分析

对调查资料根据调查研究的目的和要求进行描述性统计分析，计算数据的集中趋势或离散趋势。

五、实训评价

“调查问卷统计分析”课业的评估分值占第二单元“营销环境篇”基本技能评估考核总分的 20%，即 20 分。本课业的评估标准及其评估分值为：

参加问卷统计分析得 5 分，没有参加的不得分。

完成规定问卷统计数量得 5 分，没有达到要求的酌情扣分。

问卷的统计分析数据达到事先要求的得 10 分，没有达到事先要求的酌情扣分。

六、实训范例

2002 年温州市区卷烟市场调查报告

温州大学市场调查研究中心

为及时把握卷烟市场的动态，了解广大消费者的卷烟消费特征，受浙江省烟草公司温州分公司的委托，温州大学市场调查研究中心于 2002 年 7 月 10 日至 8 月 25 日对温州市区（鹿城、瓯海、龙湾）的居民进行了随机抽样调查，共获得了 2346 份本地市民问卷和 774 份外来人口问卷，取得了大量的数据。此调查为温州市区的烟草行业发展提供了具体而有效的分析依据。

（一）温州市卷烟消费结构

1. 户籍居民的卷烟消费结构

（1）产地情况。从产地来看，浙江省内烟占 52.65%，省外烟占 36.48%，进口烟占 10.87%。省内烟中杭产烟占 46.82%；省外烟中沪产烟以 31.30%的比重占绝大多数，湘产烟占 2.41%，云产烟仅占 0.93%。与 1999 年温州市的卷烟市场占有情况相比较，主要的变化是省内烟所占比重有很大的提高，从 28.2%增加到 56.5%，增幅达 86%，这显示出温州卷烟市场已从以省外烟为主转到以省内烟为主的态势。进口烟在温州市区仍占有相当的比重，超过一成，但比 1999 年的 12.80%减少了 2 个百分点。

（2）省产烟的价格情况。卷烟消费中，省产烟价格在 8 元以上的超过一半，达 63.2%，比 1999 年的 47.90%提高了 15.3 个百分点；4 元以下的占 8.8%，比 1999 年的2.00%提高了 6.8 个百分点；价格在 4～8 元的占 63.4%，与 1999 年的 9.50%

相比，有了很大的提高。结果显示，与1999年的情况相比，省产烟的市场占有率有了大幅度的提高，而且档次有所提升，在8元以上的卷烟市场中占有近2/3的市场；但在中低价位市场上还是以省外烟为主。

表2—5 户籍居民消费的各档次卷烟的产地 （单位：%）

	合计	省产烟	省外烟	进口烟
合计	100	52.65	36.48	10.87
8元以上	100	63.20	20.70	16.10
4～8元	100	63.40	36.60	0.00
4元以下	100	8.80	91.20	0.00

（3）消费档次。卷烟消费量中，8元以上的高档烟达67.30%，4～8元的中档烟占13.40%，低档烟仅占19.30%。与1999年相比，高档烟增加了13.5个百分点，中档烟减少了13.8个百分点，低档烟仅增加了0.3个百分点。由此可以看出，温州市区的卷烟消费价位一直处于上升的趋势而且目前处在比较高的水平。各产地卷烟的价格分布情况如表2—6所示：

表2—6 户籍居民消费的卷烟产地及其价格分布 （单位：%）

	合计	省产烟	省外烟	进口烟
合计	100	100	100	100
8元以上	67.30	80.70	38.70	100
4～8元	13.40	16.10	13.70	0.00
4元以下	19.30	3.20	47.60	0.00

根据上表，我们还可以对目前市区各消费档次的卷烟在不同产地的分布情况有比较明确的了解。数据表明，省内各烟厂所产烟品已逐步上档次，将近97.00%的省内烟为中高档次，只有约3.00%的省内烟为低档次的卷烟。

2. 外来人口卷烟消费结构

（1）产地情况。从产地来看，省内烟仅占45.06%，而省外烟占51.51%，进口烟只占3.43%。省内烟中杭产烟占28.4%，甬产烟占16.65%；省外烟中沪产烟占10.38%，湘产烟占9.92%，云产烟占10.45%，湖北烟占5.41%，江西烟占1.15%，北京烟占6.11%，国内其他地方的烟占8.13%。与1999年温州市的卷烟市场占有情况相比较，主要的变化是省内烟所占比重有很大的提高，从12.5%增加到45.06%，增幅达260%，这一变化显示出外来人口在温州的卷烟消费已从以省外烟为主转到以省内烟、省外烟并重的态势。外来人员吸食进口烟的比重相比1999年的6.6%减少了近一半。

表2—7 外来人口消费各档次卷烟的产地构成 （单位：%）

		省产烟	省外烟	进口烟
合计	100	45.06	51.51	3.43
8元以上	100	76.00	8.30	15.70
4～8元	100	65.94	34.06	0
4元以下	100	21.40	78.60	0

(2)消费档次。卷烟消费量中,8元以上的高档烟所占比重达21.77%,4~8元的中档烟占26.43%,低档烟占据大部分,达51.80%。与1999年相比,高档烟增加了11个百分点,中档烟减少了13个百分点,低档烟增加了2个百分点。由此可以看出,外来人口的卷烟消费价位有上升的趋势,而且有两极分化的可能。越来越多的外来人员,特别是一些高收入的外来人员正逐渐融入温州社会,他们的消费模式也趋同于本地居民的消费模式。

表2—8 外来人口所消费卷烟产地按价格分布 (单位:%)

		省产烟	省外烟	进口烟
合计	100	100	100	100
8元以上	21.77	36.71	3.51	100
4~8元	26.43	38.68	17.47	0
4元以下	51.80	24.61	79.03	0

从上述分析我们可以看出,外来人员所消费的高中档烟的将近3/4是省产烟,但他们消费的低档烟中却有近80%是外省生产的。

(二)吸烟者的特征分析

1.吸烟率及吸烟者的特征

在被调查的9017人中,抽烟的人有1624人,故全体人口的抽烟率为18.0%,与1999年的18.2%的吸烟率基本保持一致,甚至略有降低。按第5次人口普查结果,本市常住人口中,15岁以下人口所占比重为13.5%,考虑市区的759480位外来人口基本上均为15岁以上,可以推及15岁以上的本地居民吸烟率为24.5%,与1999年的23.60%基本持平。全体居民的吸烟率降低,而15岁以上人群中吸烟率高的原因可能在于第5次人口普查的市区居民中15岁以上人口的比例在提高,从而导致15岁以上人口的吸烟率在提高。

表2—9 吸烟者按年龄分布情况 (单位:%)

	未填	15~20岁	20~30岁	30~40岁	40~50岁	50~60岁	60岁以上	合计
人数	5	13	278	369	381	190	130	1366
比例(%)	0.4	1.0	20.4	27	27.9	13.9	9.5	100

从吸烟者的年龄来看,卷烟消费者的年龄主要还是集中在20~50岁,占总数的75.3%,与1999年的75.10%几乎相等,他们构成了卷烟消费的主体,也是以后卷烟销售的主要对象。

表 2—10 吸烟者按职业分布情况 (单位:%)

职业	机关、企事业负责人	工人、职员	公务员	个体户、私企业主	农民	文教医卫人员	学生	退休人员	其他
人数	50	208	19	531	175	29	20	112	222
比例(%)	3.7	15.2	1.4	38.9	12.8	2.1	1.5	8.2	16.3

根据职业分布,吸烟者人数按从多到少的职业排序依次为个体户(私企业主)、工人或职员、农民、退休人员、机关(企事业)负责人、文教医卫人员、学生、公务员等,这基本反映了职业与吸烟的关系。

表 2—11 吸烟者按文化程度分布 (单位:%)

文化程度	小学或以下	初中	高中	中专	大专	本科或以上
人数	359	578	240	43	133	5
比例(%)	26.3	42.3	17.6	3.1	9.7	0.4

从吸烟者按文化程度的分布情况来看,明显可以看出文化程度越高的人,其吸烟人数所占的比例就越少,这也反映了随着全市区教育普及程度的提高,整个市区的吸烟率也将会有随之降低的趋势。

表 2—12 吸烟者按收入分布情况 (单位:%)

收入(元)	500 以下	500～1000	1000～1500	1500～2000	2000～3000	3000～5000	5000 以上
人数	129	279	349	169	189	112	81
比例(%)	9.4	20.4	25.5	12.4	13.8	8.2	5.9

从上表中我们可以发现吸烟者所占比例的高低与其经济收入区间之间并没有明显的联系。

2. 卷烟消费者的消费特征

(1)卷烟类型的偏好。

表 2—13 户籍居民消费者对卷烟类型的偏好 (单位:%)

	烤烟型	混合型	雪茄型	旱烟	未填
市区	93.3	3.8	0.1	0.3	2.6
城镇	92.8	4.7	0.20	0.2	2.3
农村	93.9	3.2	0.0	0.3	2.6

从上表可以看出,无论是城镇还是农村消费者,对卷烟的类型偏好几乎一致,主要还是以烤烟型为主,混合型等其他类型所占比例很低。

(2)日均吸烟量。根据调查结果,市区平均每人每天吸烟量为 15.78 支,基本接近1999 年15.25 支的水平。这个指标在 1999 年就在城镇和农村之间有比较大的差异,城镇居民平均为 14.73 支,而农村居民为 16.44 支。这反映出在农村地区抽烟人群的个人卷烟日均消费量比较多，城镇居民的日均消费量相对较少。

表 2—14　吸烟量与年龄之间的关系　　(单位:支)

	最少	最多	平均数	标准差
15 岁以下	3	3	3	0
15～20 岁	3	20	11.3	7.0
20～30 岁	1	60	12.8	8.5
30～40 岁	1	80	15.5	9.6
40～50 岁	1	75	16.5	10.7
50～60 岁	1	60	18.2	9.7
60 岁以上	2	60	18.2	11.0

从吸烟者的年龄分布来看，卷烟消费者的年龄主要还是集中在 20～50 岁，占总数的 75.3%，这与上次调查的 75.10%几乎相等，他们构成了卷烟消费的主体，也是以后卷烟销售的主要对象。

(3)消费档次。市区平均消费档次为 13.6 元/包，比 1999 年的 11.80 元/包高 15.3%；城镇平均消费档次为 14.3 元/包，比 1999 年的 13.16 元/包要高；农村居民消费档次为 12.6 元/包，比 1999 年的 11.00 元/包也要高。这表明，2002 年与 1999 年相比，无论是农村居民还是城镇居民，其卷烟消费的档次都在提高；但同时，农村居民与城镇居民的消费档次还存在一定的区别，农村消费档次相对较低，这与 1999 年的情况一致。

表 2—15　按市区、城镇、农村的卷烟消费档次分布比例　　(单位:%)

卷烟单价(元)	2.1 以下	2.1～4.1	4.1～6.1	6.1～8.1	8.1～10.1	10.1～20.1	20.1～30.1	30.1 以上	平均单价(元)
市区	1.4	12.9	8.6	5	22.7	32.7	3.7	12.9	13.6
农村	1.8	14.3	11.2	3.6	21.7	33.8	4.6	9.1	12.6
城镇	1.1	12.2	5.7	6.8	24.6	30.9	2.3	16.3	14.3

(4)月均消费金额。根据日均消费量和消费档次，可以得到市区烟民平均的每月卷烟消费支出总额为 212.4 元，与 1999 年的 221.20 元相比略有降低；城镇烟民的月平均卷烟消费支出总额为 212 元，与 1999 年的 226.50 元相比有所降低；农村烟民的月平均卷烟消费支出总额为 213 元，与 1999 年的 216.95 元基本保持一致。市区的烟民月平均购烟支出差异性不大，城镇居民与农村居民的消费支出相差不到0.5%。这也许就是温州特色之一，城乡之间的差别不大不仅反映在相似的经济结构上，而且表现在具有相似的消费结构上，如卷烟的消费。

表 2—16 按市区、城镇、农村的月消费金额比例分布 (单位:%)

月烟消费	10～50 元	50～100 元	100～200 元	200～300 元	300 元以上	平均(元)
市区	7.1	15	25	23.3	29.5	212.4
农村	5.5	16.9	24.4	24.4	28.9	213
城镇	8.8	12.8	25.9	22.7	29.8	212

(5)购烟考虑因素。以认为重要的分值为 1,一般为 2,不重要为 3 可获得以下结果:

表 2—17 购烟考虑因素分值

	市区		城镇		农村	
	平均数	标准差	平均数	标准差	平均数	标准差
牌子影响	2.07	0.71	2.13	0.73	2.02	0.69
浓淡影响	1.81	0.70	1.75	0.72	1.87	0.68
购买影响	2.18	0.72	2.20	0.72	2.19	0.72
价格影响	1.83	0.71	1.92	0.70	1.74	0.70
包装影响	2.42	0.64	2.46	0.64	2.40	0.66
焦油影响	1.91	0.76	1.90	0.77	1.92	0.76
习惯影响	1.76	0.71	1.73	0.71	1.77	0.72
广告影响	2.55	0.61	2.61	0.59	2.51	0.63
收入影响	1.91	0.71	1.98	0.71	1.84	0.71

从表格 2—17 中可以看出,温州市区居民,不管是城镇居民还是农村居民购烟时所考虑的因素相差不大。市区卷烟消费者认为,习惯最重要,口味次之,价格为第三重要因素,收入和焦油的含量也是卷烟消费者考虑的重要因素,再接着就要考虑卷烟牌子的高档与否,最后会考虑是否容易买到和包装因素;相比较而言,城镇居民更偏重于考虑抽烟的习惯、烟味的浓淡和牌子的高档与否;而农村居民则更多考虑价格、习惯、包装及是否容易买到。对这个结论的认识,我们可以进一步确信温州城镇与农村居民的卷烟消费观念和偏好基本一致。

(资料来源:温州大学统计学精品课程网站)

训练四 SPSS 软件模拟训练

一、实训任务

统计分析的目的在于研究总体的特征。但是,由于某些原因,我们往往只能以总体中随机抽取的一部分观察对象为样本,通过对样本的观察和研究来对总体的实际情况作出推断,所以描述性统计分析是统计分析的第一步,是进行正确统计推断的先决条件，在此基础上可根据样本数据进行推断统计分析。

通过本训练，使学生理解并掌握 SPSS 软件有关数据文件创建和整理的基本操作，学习如何将收集到的数据输入到计算机，建成 SPSS 数据文件，并掌握如何对原始数据文件进行整理，包括数据查询、数据修改和删除、数据的排序等。引导学生利用正确的统计分析方法对数据进行适当的整理，描述并探索出数据内在的数量规律性，使用 SPSS 软件对问卷调查数据进行相应的推断统计分析。

二、实训要求

通过本训练，帮助学生正确掌握 SPSS 软件关于数据文件的建立和管理，并能够使用 SPSS 软件的推断统计方法解决实际问题。具体要求如下：

第一，SPSS 数据文件的建立与管理。

第二，要求学生了解假设检验的基本原理，并能够熟练使用 SPSS 软件进行单样本 T 检验、两独立样本 T 检验和配对样本 T 检验等实训操作。

第三，要求学生深入了解方差及方差分析的基本概念，掌握方差分析的基本思想和原理，并能够使用 SPSS 统计软件熟练进行单因素方差分析、两因素方差分析等操作；激发学生的学习兴趣，增强学生的独立学习和研究能力。

三、理论指导

（一）SPSS 数据文件的建立

1. SPSS 的启动及数据库的建立

（1）SPSS 的运行方式。SPSS 软件提供了 3 种基本运行方式：完全窗口菜单方式、程序运行方式和混合运行方式。程序运行方式和混合运行方式是使用者从特殊的分析需要出发，编写自己的 SPSS 命令程序，通过语句来直接运行。完全窗口菜单管理操作方式简单明了，除数据输入工作需要键盘外，大部分的操作命令、统计分析方法的实现是通过菜单、图标按钮、对话框来完成的，这种方式非常适用于一般的统计分析人员和一般统计方法的应用者。

SPSS 中使用的对话框主要有两类：一类是文件操作对话框，文件操作对话窗口与 Windows 应用软件操作风格一致。另一类是统计分析对话框，统计分析对话框可以分为主窗口和下级窗口，在该类对话框中，选择参与分析的各类变量及统计方法是对话框的主要任务。有关对话框的详细操作将在后面的统计方法的实验中解释。

（2）SPSS 的实验环境要求。SPSS 软件包可以在微软公司的 Windows98、Windows NT 4.0、Windows ME、Windows2000 和 Windows XP 操作系统之下运行。由于统计分析软件的数据量比较大，所以系统运行需要大于 16M 以上的空间。

（3）SPSS 的主要界面。SPSS 的主要界面有数据编辑窗口和结果输出窗口。数据编辑窗口与微软的 Excel 所示窗口类似，但 SPSS 所拥有的统计功能更多。SPSS 的结果输出窗口是用来显示统计分析的结果，此窗口的内容可以以结果文件“.spo”的形式来保存。数据编辑窗口和结果输出窗口的详细描述将在有关 SPSS 的数据文件建立的内容中查到。

2. SPSS 数据文件的建立

SPSS 数据文件是一种结构性数据文件，由数据的结构和数据的内容两部分构成，也可以说由变量和观测两部分构成。

(1)创建 1 个数据文件。数据文件的创建分成 3 个步骤：

①选择菜单“文件”→“新建”→“数据”，新建 1 个数据文件，进入数据编辑窗口。窗口顶部标题为“PASW Statistics 数据编辑器”。

②单击左下角“变量视窗”标签进入变量视图界面，根据试验的设计定义每个变量的类型。

③变量定义完成以后，单击“数据视窗”标签进入数据视窗界面，将每个具体的变量值录入数据库单元格内。

(2)读取外部数据。SPSS 可以很容易地读取 Excel 中的数据，步骤如下：

①按“文件”→“打开”→“数据”的顺序使用菜单命令调出打开数据对话框，在文件类型下拉列表中选择数据文件。

②选择要打开的 Excel 文件，单击“打开”按钮，调出打开 Excel 数据源对话框。在对话框中下拉列表内选择被读取数据所在的 Excel 工作表。

(3)数据编辑。在 SPSS 中，对数据进行基本编辑操作的功能集中在“编辑”和“数据”菜单中。

(4)SPSS 数据的保存。SPSS 数据录入并编辑整理完成以后应及时保存，以防数据丢失。保存数据文件可以通过“文件”→“保存”或者“文件”→“另存为”菜单方式来执行。

(二)假设检验

1. 假设检验的基本思想

假设检验的基本思想是带有概率性质的反证法。具体来说，假设检验主要有以下 2 个特点：第一，假设检验所采用的逻辑推理方法是反证法。为了检验某个假设是否成立，先假定它是正确的。然后根据抽样理论和样本信息，观察由此假设而导致的结果是否合理，从而判断是否接受原假设。第二，这里的合理与否所依据的是“小概率事件实际不可能发生的原理”。也就是说，若在一次观察中小概率事件发生了，则认为原假设是不合理的；反之，若小概率事件没有出现，则认为原假设是合理的。所以，假设检验是带有概率性质的反证法，并非严格意义上的逻辑证明。

假设检验是根据样本所提供的信息进行判断的，也就是由部分来推断整体，因而假设检验不可能绝对正确，它也可能犯错误。接受或拒绝 H_0 都可能犯错误，所犯的错误有 2 种类型：Ⅰ类错误——弃真错误，发生的概率为 α，即当 H_0 为真时，由样本值作出拒绝

H_0 的错误结论；Ⅱ类错误——取伪错误，发生的概率为 β，即当 H_0 不真时，由样本值作出接受 H_0 的错误结论。理想情况下，我们希望所有类型的错误发生的可能性尽可能的小，但是很明显，他们之间需要一个对换，因为如果我们想降低第一类错误，就要预测更多的有关第一类的假设条件，同时需要更多的数据变量，在这种情况下，如果第二类假设为真，我们犯弃真错误的概率就会增大。

2. 假设检验的步骤

(1)提出原假设和备择假设。根据研究问题的需要提出原假设和备择假设。在统计的假设检验中，总是假定原假设 H_0 "$=$"("$\geqslant$"或"$\leqslant$")估计值，相应的备择假设 H_1 "$\neq$"，"$<$"或"$>$"估计值，具体建立何种形式的假设则要看决策人准备如何下结论来决定。假设检验中所用的推理方法类似于数学中的反证法。希望证明的假设常作为备择假设，因为当否定原假设时就可以接受备择假设。假设检验有几种不同类型：

①双侧假设检验。$H_0: \mu=\mu_0$，$H_1: \mu\neq\mu_0$ 有 2 个拒绝域，2 个临界值，每个拒绝域的面积为 $\alpha/2$。

②单侧假设检验。

A. 左单侧假设检验　$H_0: \mu\geqslant\mu_0$，$H_1: \mu<\mu_0$

B. 右单侧假设检验　$H_0: \mu\leqslant\mu_0$，$H_1: \mu>\mu_0$

(2)选择显著性水平 α，确定临界值。显著性水平 α 的选择至关重要，如果选择很小的 α 值，就要冒较大 β 概率的风险接受一个不真实的原假设；反之，如果选择很大的 α 值，就要冒较大 α 概率的风险拒绝一个真实的原假设。因此，在实践中，应该根据研究的精确程度和可靠程度，选择一个适合的 α 值。常用的取值为"$\alpha=0.05$ 或 $\alpha=0.01$"，当 α 选择以后，临界值也就确定了，拒绝域也就随之而定；如果是双侧检验，则拒绝域在两边各为 $\alpha/2$，如果是单尾检验，则拒绝域在左侧或右侧均为 α。

(3)选择适当的统计量，并确定其分布形式。假设建立以后是接受或拒绝原假设，它是根据样本观察值及其概率分布所计算的检验统计量来判定的。因而，样本统计量的计算和确定适合的概率分布至关重要。样本统计量有样本平均数、样本比率、样本方差，还要看是大样本还是小样本、总体方差是否已知等。判定样本的分布有二项分布、正态分布、f 分布、F 分布和卡方分布等。

(4)计算检验统计量的值并决策。在进行假设检验时，应根据检验的内容正确选择适合的概率分布，进而计算检验统计量。将检验统计量的数值与理论分布的临界值进行比较，从而作出接受或拒绝原假设的判定。若检验统计量小于或等于理论分布的临界值，则接受原假设 H_0；否则拒绝原假设 H_0，接受备择假设 H_1。

根据统计量的分布可以规定决策规则，找出接受区域和拒绝区域的临界值。决策规则的制定通常有两种方法：一种是临界值法，也就是将统计量与临界值 Z 或 F 进行比较，通常适用于双侧检验，统计量绝对值大于临界值便拒绝原假设，小于临界值便不能拒绝原假设。另外一种是 P 值检验法，用拒绝原假设所需的最低概率水平 p 与显著性

水平 α 作比较,作出拒绝或者接受原假设的判定。

(三)P 值检验法

P 值检验法就是通过计算 P 值,再将它与显著性水平 α 作比较,以决定拒绝还是接受原假设。所谓 P 值就是拒绝原假设所需的最低显著性水平。P 值检验法的判断原则是:如果 P 值小于给定的显著性水平 α,则拒绝原假设;否则,接受原假设。更直观地来说,如果 P 值很小,则拒绝原假设;若 P 值很大,则接受原假设。一般是将统计量所计算的 Z 值或 F 值转换成概率 P,然后将 P 值与显著性水平 α 进行比较。$P<\alpha$ 拒绝接受 H_0,这说明样本所描述的总体与原假设所描述的总体具有显著差异;$P>\alpha$ 不能拒绝 H_0,说明所采用的检验方法不能证明样本所描述的总体与原假设所描述的总体具有显著差异。对于显著性水平已知的检验,两种方法是等效的,答案也是相同的。临界值法更传统些,但随着计算机的广泛应用,P 值法越来越流行,也更为方便。

(四)方差分析

1. 单因素方差分析

方差分析的基本思路是:一方面,确定因素的不同水平下均值之间的方差,并把它作为对由所有试验数据所组成的全部总体的方差的一个估计值;另一方面,考虑在同一水平下不同试验数据对于这一水平的均值的方差。由此,计算出对由所有试验数据所组成的全部数据的总体方差的第二个估计值。最后,比较上述两个估计值。如果这两个方差的估计值比较接近就说明因素的不同水平下的均值间的差异并不大,那么就接受原假设。否则,就说明因素的不同水平下的均值间的差异比较大,那么就接受备择假设。

根据上述思路我们可以得到方差分析的基本方法和步骤。

(1)提出假设。

$H_0:\mu_1=\mu_2=\cdots\cdots=\mu_k$,即因素的不同水平对试验结果无显著影响。

H_1:不是所有的 μ_i 都相等($i=1,2,\cdots\cdots,k$),即因素的不同水平对试验结果有显著影响。

(2)方差分解。我们先定义总离差平方和为各样本观察值与样本总均值的离差平方和。

记作:

$$\mathrm{SST}=\sum_{i=1}^{k}\sum_{j=1}^{n}(X_{ij}-\bar{X})^2$$

其中:$\bar{X}$ 是样本总均值,即

$$\bar{X}=\frac{(\sum_{i=1}^{k}\sum_{j=1}^{n}X_{ij})}{N}$$

式中 $N=nk$ 为样本观察值总数。

将总离差平方和分解为两部分：

$$\begin{aligned}\text{SST} &= \sum_{i=1}^{k}\sum_{j=1}^{n}(X_{ij}-\bar{X})^2 \\ &= \sum_{i=1}^{k}\sum_{j=1}^{n}[(X_{ij}-\bar{X}_i)+(\bar{X}_i-\bar{X})]^2 \\ &= \sum_{i=1}^{k}\sum_{j=1}^{n}(X_{ij}-\bar{X}_i)^2+\sum_{i=1}^{k}n\cdot(\bar{X}_i-\bar{X})^2\end{aligned}$$

其中：$\bar{X}_i$ 是第 i 个样本的平均值，即

$$\bar{X}_i=\frac{\sum_{j=1}^{n}X_{ij}}{n}$$

记：

$$\text{SSE}=\sum_{i=1}^{k}\sum_{j=1}^{n}(X_{ij}-\bar{X}_i)^2$$

表示同一样本组内因随机因素影响而产生的离差平方和，简称为“组内平方和”。

记：

$$\text{SSR}=\sum_{i=1}^{k}n\cdot(\bar{X}_i-\bar{X})^2$$

表示不同的样本组之间，因变异因素的不同水平影响而产生的离差平方和，简称为“组间平方和”。

由此可以得到：

SST＝SSR＋SSE

对应于 SST、SSR 和 SSE 的自由度分别为：$N-1$、$k-1$、$N-k$。其关系为：$N-1=(k-1)+(N-k)$。

(3)F 检验。将 SSR 和 SSE 分别除以其自由度，即得到各自的均方差：

组间均方差为：$\text{MSR}=\text{SSR}/(k-1)$

组内的均方差为：$\text{MSE}=\text{SSE}/(N-k)$

可以证明：

$$\text{E(MSE)}=\sigma^2$$

$$\text{E(MSR)}=\sigma^2+\frac{1}{k-1}\sum_{i=1}^{k}n\cdot(\mu_i-\mu)^2$$

由此可知，如果原假设 $H_0:\mu_1=\mu_2=\cdots\cdots=\mu_k$ 成立，则 $\text{E(MSE)}=\text{E(MSR)}=\sigma^2$；否则，$\text{E(MSR)}>\sigma^2$。

根据 F 分布，如果原假设 $H_0:\mu_1=\mu_2=\cdots\cdots=\mu_k$ 成立，那么 MSR 和 MSE 均是 σ^2 的无偏估计，因而 MSR/MSE 就服从自由度为$(k-1)$和$(N-k)$的 F 分布。

检验统计量：

$$F=\frac{\text{MSR}}{\text{MSE}}$$

综上所述，当原假设 $H_0:\mu_1=\mu_2=\cdots\cdots=\mu_k$ 成立时，E(MSE)＝E(MSR)＝σ^2。此时MSR值较小，F值也较小。反之，H_0 不成立时，MSR值较大，F值也较大。对于给定的显著性水平 α，查F分布表得到 $F_{1-\alpha}(k-1,N-k)$ 的值。如果 $F>F_{1-\alpha}(k-1,N-k)$，则原假设不成立，即K个组的总体均值之间有显著的差异，那么就拒绝 H_0。若 $F\leqslant F_{1-\alpha}(k-1,N-k)$，则原假设成立，即K个组的总体均值之间没有显著的差异，那么就接受 H_0。

2. 双因素方差分析

双因素方差分析的基本思想与单因素方差分析大致相同。首先，分别计算出总变差、各个因素的变差以及随机误差的变差。其次，根据各变差相应的自由度求出均方差。最后，计算出F值并作F检验。

双因素方差分析根据两个因素相互之间是否有交互影响，可以分为无交互影响和有交互影响两种情形。

(1)无交互影响的双因素方差分析。如果某一试验结果受到A和B两个因素的影响，这两个因素可分别取 k 和 m 个水平，则双因素方差分析实际上就是要比较因素A的 k 个水平的均值之间是否存在显著差异，因素B的 m 个水平的均值之间是否存在显著差异。其目的是要检验试验中这两个因素是仅其中一个因素在起作用，还是两个因素共同起作用，或者是两个因素的作用都不显著。在假定这两个因素无交互影响的情形下，通常采用不重复试验方法，也就是对这两个因素每一种水平的组合只进行一次试验，这样总共将进行 $k\times m$ 次试验。假定试验的结果如表2—18所示。

表2—18 双因素分析的试验结果观察值因素B的水平

	因素B的水平					
因素A的水平		1	2	……	m	行总和
	1	X_{11}	X_{12}	……	X_{1m}	A_1
	2	X_{21}	X_{22}	……	X_{2m}	A_2
	……	……	……	……	……	……
	k	X_{k1}	X_{k2}	……	X_{km}	A_k
	列总和	B_1	B_2	……	B_m	

其中：X_{ij} 是因素A为水平 i，因素B为水平 j 时的观察值；

$A_i=\sum_{j=1}^{m}X_{ij}\ (i=1,2,\cdots\cdots,k)$ 是因素A在 i 水平下的所有观察值的总和；

$B_j=\sum_{i=1}^{k}X_{ij}\ (j=1,2,\cdots\cdots,m)$ 是因素B在 j 水平下的所有观察值的总和；

$\bar{A}_i=\frac{1}{m}\sum_{j=1}^{m}X_{ij}=\frac{A_i}{m}$ 是因素A在 i 水平下的平均值；

$\bar{B}_j=\sum_{i=1}^{k}X_{ij}=\frac{B_j}{k}$ 是因素B在 j 水平下的平均值；

$T = \sum_{i=1}^{k}\sum_{j=1}^{m} X_{ij} = \sum_{i=1}^{k} A_i = \sum_{j=1}^{m} B_j$ 是所有观察值的总和；

$\bar{X} = \frac{1}{N}\sum_{i=1}^{k}\sum_{j=1}^{m} X_{ij} = \frac{T}{N}$ 是所有观察值的平均值；

$N = km$ 是所有观测值的总数。

双因素的方差分析问题实际上也是一个假设检验问题。对于无交互影响的双因素方差分析，其方法和步骤如下：

①形成假设。由于两因素相互独立，所以可以分别对每一个因素进行检验。

对于因素 A，H_0：因素 A 的各种水平的影响无显著差异；

H_1：因素 A 的各种水平的影响有显著差异；

对于因素 B，H_0：因素 B 的各种水平的影响无显著差异；

H_1：因素 B 的各种水平的影响有显著差异；

②进行离差平方和的分解。

$$SST = \sum_{i=1}^{k}\sum_{j=1}^{m} (X_{ij} - \bar{X})^2$$
$$= \sum_{i=1}^{k}\sum_{j=1}^{m} [(X_{ij} - \bar{A}_i - \bar{B}_j + \bar{X}) + (\bar{A}_i - \bar{X}) + (\bar{B}_j - \bar{X})]^2$$

展开式中的 3 个 2 倍乘积项均为 0。令：

$$SSE = \sum_{i=1}^{k}\sum_{j=1}^{m} (X_{ij} - \bar{A}_i - \bar{B}_j + \bar{X})^2$$

$$SSA = m \cdot \sum_{i=1}^{k} (\bar{A}_i - \bar{X})^2$$

$$SSB = k \cdot \sum_{j=1}^{m} (\bar{B}_j - \bar{X})^2$$

就有：SST＝SSA＋SSB＋SSE

SST 的自由度为$(N-1)$，SSA 和 SSB 的自由度分别为$(k-1)$和$(m-1)$，而 SSE 的自由度为$(N-1)-(k-1)-(m-1)=N-k-m+1=(k-1)(m-1)$。

③编制方差分析表，进行 F 检验。从方差分解式中得到的 SSA、SSB 和 SSE 除以各自的自由度就得到相应的均方差。然后与单因素方差分析时一样，我们可以得到无交互影响时双因素方差分析表，如表 2—19 所示：

表 2—19　双因素无交互影响时的方差分析

方差来源	离差平方和	自由度	均方差	统计检验量 F
因素 A	SSA	$k-1$	$MSA=\frac{SSA}{k-1}$	$F_A=\frac{MSA}{MSE}$
因素 B	SSB	$m-1$	$MSB=\frac{SSB}{m-1}$	$F_B=\frac{MSB}{MSE}$
误差 E	SSE	$(k-1)(m-1)$	$MSE=\frac{SSE}{(k-1)(m-1)}$	
总方差	SST	$N-1$		

根据方差分析表，计算得到 F_A 和 F_B 以后，根据问题的显著性水平 α，查表得到 $F_\alpha\{(k-1),(k-1)(m-1)\}$ 的值，于是可以分别检验因素 A 和 B 的影响是否显著。对于因素 A 而言，若 $F_A > F_\alpha\{(k-1),(k-1)(m-1)\}$ 就拒绝关于因素 A 的原假设，这说明因素 A 对结果有显著的影响。否则，就接受原假设，这就说明因素 A 对结果没有显著的影响。对于因素 B 而言，若 $F_B > F_\alpha\{(k-1),(k-1)(m-1)\}$，就拒绝关于因素 B 的原假设，这说明因素 B 对结果有显著的影响。否则，就接受原假设，这就说明因素 B 对结果没有显著的影响。

(2)有交互作用的双因素方差分析。前面假定因素 A 与因素 B 之间相互独立，不存在相互影响，但有时两个因素会产生交互作用，从而使因素 A 的某些水平与因素 B 的另一些水平相结合时就会对结果产生更大的影响。

对于有交互作用的两因素之间方差分析的步骤几乎与前一种情形一样。不同的是，当两因素之间存在交互作用时，先要剔除交互作用的影响，因此比较复杂。同时，在有交互作用的影响时，对于每一种试验条件要进行多次重复试验，以便将因素间交互作用的平方和从误差平方和中分离出来，但这样重复试验的数据量就大大增加了。

有交互作用的两因素方差分析的方法和步骤同前面一样，关键是对总离差平方和进行分解时必须考虑两因素的交互作用。

设因素 A 有 a 个水平，因素 B 有 b 个水平，试验的重复次数记作 n。记 X_{ijk} 为在因素 A 的第 i 个水平、因素 B 的第 j 个水平下进行第 k 次试验时的观察值 $(i=1,2,\cdots\cdots,a;j=1,2,\cdots\cdots,b;k=1,2,\cdots\cdots,n)$。记：

$(AB)_{ij}=\sum_{j=1}^{n}X_{ijk}$，这是在因素 A 的第 i 个水平、因素 B 的第 j 个水平下进行各次重复试验的所有观察值的总和。记：

$(\bar{A}\bar{B})_{ij}=\frac{(AB)_{ij}}{n}=\frac{1}{n}\sum_{j=1}^{n}X_{ijk}\quad(i=1,2,\cdots\cdots,a;j=1,2,\cdots\cdots,b)$，这是在因素 A 的第 i 个水平、因素 B 的第 j 个水平下进行各次重复试验的所有观察值的平均值。记：

$$A_i=\sum_{j=1}^{b}(AB)_{ij}$$

$$\bar{A}_i=\frac{1}{nb}A_i(i=1,2,\cdots\cdots,a)$$

$$B_j=\sum_{i=1}^{a}(AB)_{ij}$$

$$\bar{B}_i=\frac{1}{na}A_j(j=1,2,\cdots\cdots,b)$$

$$T=\sum_{i=1}^{a}\sum_{j=1}^{b}\sum_{k=1}^{n}X_{ijk}=\sum_{i=1}^{a}\sum_{j=1}^{b}(AB)_{ij}$$

$\bar{X}=\frac{T}{N}$ 是所有观察值的平均值，

其中：$N = abn$ 是所有观测值的总数。

利用上面所引入的符号，我们可以得到有交互作用的两因素方差，其分析步骤如下：

①形成假设。由于两因素有交互影响，所以除了分别检验两因素单独对试验结果的影响外，还必须检验两因素交互影响的作用是否显著。

对于因素 A，H_0：因素 A 的各种水平的影响无显著差异；

H_1：因素 A 的各种水平的影响有显著差异。

对于因素 B，H_0：因素 B 的各种水平的影响无显著差异；

H_1：因素 B 的各种水平的影响有显著差异。

对于因素 A、B 的交互作用，H_0：因素 A、B 的各种水平的交互作用无显著影响；

H_1：因素 A、B 的各种水平的交互作用有显著影响。

②进行离差平方和的分解。当对有交互作用的两因素方差进行分析时总离差平方和可以分解为 4 项：

$$
\begin{aligned}
SST &= \sum_{i=1}^{a}\sum_{j=1}^{b}\sum_{k=1}^{n}(X_{ijk}-\bar{X})^2 \\
&= \sum_{i=1}^{a}\sum_{j=1}^{b}\sum_{k=1}^{n}[(X_{ijk}-(\bar{A}\bar{B})_{ij})+((\bar{A}\bar{B})_{ij}-\bar{A}_i-\bar{B}_j+\bar{X})+(\bar{A}_i-\bar{X})+(\bar{B}_j-\bar{X})]^2 \\
&= \sum_{i=1}^{a}\sum_{j=1}^{b}\sum_{k=1}^{n}(X_{ijk}-(\bar{A}\bar{B})_{ij})^2+n\sum_{i=1}^{a}\sum_{j=1}^{b}((\bar{A}\bar{B})_{ij}-\bar{A}_i-\bar{B}_j+\bar{X})^2 \\
&\quad +nb\cdot\sum_{i=1}^{a}(\bar{A}_i-\bar{X})^2+na\cdot\sum_{j=1}^{b}(\bar{B}_j-\bar{X})^2
\end{aligned}
$$

总离差平方和 SST 的自由度为 $(N-1)$。

分别记为：

$SSA = nb\cdot\sum_{i=1}^{a}(\bar{A}_i-\bar{X})^2$，这是因素 A 的离差平方和，自由度为 $(a-1)$。

$SSB = na\cdot\sum_{j=1}^{b}(\bar{B}_j-\bar{X})^2$，这是因素 B 的离差平方和，自由度为 $(b-1)$。

$SSE = \sum_{i=1}^{a}\sum_{j=1}^{b}\sum_{k=1}^{n}(X_{ijk}-(\bar{A}\bar{B})_{ij})^2$ 表示随机误差的离差平方和，自由度为 $(N-ab) = abn-ab = ab(n-1)$。

$SSAB = n\sum_{i=1}^{a}\sum_{j=1}^{b}((\bar{A}\bar{B})_{ij}-\bar{A}_i-\bar{B}_j+\bar{X})^2$ 表示因素间交互作用的离差平方和，自由度为：$(N-1)-(a-1)-(b-1)-(n-1)ab = (a-1)(b-1)$。

③编制方差分析表，并进行 F 检验。从方差分解式中得到的 SSA、SSB、SSAB 和 SSE 除以各自的自由度就得到各自相应的均方差，然后我们对因素 A、因素 B 和因素 A、B 的交互作用分别作 F 检验。与前面所讨论的情形一样，这一过程也可以用表格来表示，这样就得到有交互影响时双因素方差分析表，如表 2－20 所示：

表 2—20 有交互影响的双因素方差分析

方差来源	离差平方和	自由度	均方差	统计检验量 F
因素 A	SSA	$a-1$	$MSA=\frac{SSA}{a-1}$	$F_A=\frac{MSA}{MSE}$
因素 B	SSB	$b-1$	$MSB=\frac{SSB}{b-1}$	$F_B=\frac{MSB}{MSE}$
交互作用	SSAB	$(a-1)(b-1)$	$MSB=\frac{SSAB}{(a-1)(b-1)}$	$F_{AB}=\frac{MSAB}{MSE}$
误差 E	SSE	$N-ab$	$MSE=\frac{SSE}{N-ab}$	
总方差	SST	$N-1$		

与前面所讨论的一样，根据方差分析表计算得到 F_A、F_B 和 F_{AB} 以后，由显著性水平 α，查表分别得到 $F_\alpha\{(a-1),(N-ab)\}$、$F_\alpha\{(b-1),(N-ab)\}$ 和 $F_\alpha\{(a-1)(b-1),(N-ab)\}$ 的值。于是，我们可以分别检验因素 A 和因素 B 的影响以及两因素的交互作用的影响是否显著。

对于因素 A 而言，若 $F_A > F_\alpha\{(a-1),(N-ab)\}$，我们就拒绝关于因素 A 的原假设，这就说明因素 A 对结果有显著的影响；否则，就接受原假设，这就说明因素 A 对结果没有显著的影响。对于因素 B 而言，若 $F_B > F_\alpha\{(b-1),(N-ab)\}$，我们就拒绝关于因素 B 的原假设，这就说明因素 B 对结果有显著的影响；否则，就接受原假设，这就说明因素 B 对结果没有显著的影响。对于两因素的交互作用，若 $F_{AB} > F_\alpha\{(a-1)(b-1),(N-ab)\}$，我们就拒绝关于两因素交互作用的原假设，这就说明因素 A 和因素 B 对结果有显著交互影响；否则，就接受原假设，说明两因素对结果没有显著的交互影响。

四、实训操作

(一)SPSS 应用于假设检验

1. 单个总体均值的假设检验(单样本 T 检验)

例：抽查某地 21 名周岁儿童，测量得到的身高数据见下表。在 0.05 的显著水平下，检验该样本结果能否说明该地周岁儿童的平均身高为 75 厘米？

表 2—21 儿童的平均身高

序号	1	2	3	4	5	6	7	8	9	10	11
儿童身高(厘米)	64	68	68	68	69	70	70	70	71	71	71
序号	12	13	14	15	16	17	18	19	20	21	
儿童身高(厘米)	71	71	72	73	74	75	76	78	79	80	

该例属于大样本、总体标准差 σ 未知事例。假设形式为，$H_0:\mu=\mu_0$，$H_1:\mu\neq\mu_0$。

软件实现程序：打开已经建立的数据文件，然后选择菜单"分析→比较均值→单样本 T 检验"，打开"单样本 T 检验"对话框。从源变量清单中将"周岁儿童的身高"移入右边的"检验变量"框中。

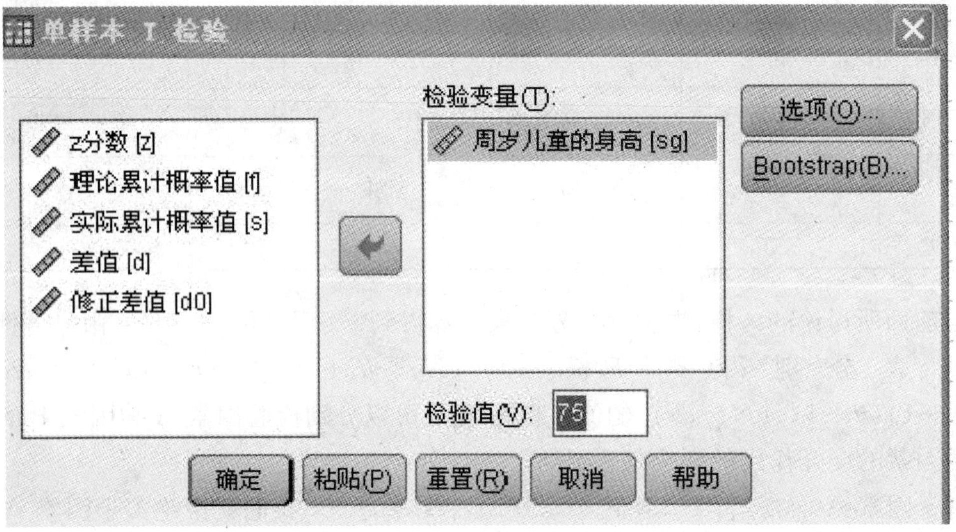

图 2-7 单样市 T 检验操作示意图

在"检验值"框里输入一个指定值(即假设检验值，本例中假设为 75)，T 检验过程将对每个检验变量分别检验它们的平均值与这个指定数值相等的假设。在"单样本 T 检验"窗口中点"确定"按钮，输出结果如下表 2－22 所示。

表 2－22 单个样本检验

	检验值＝75					
	t	df	Sig. (双侧)	均值差值	差分的 95％置信区间	
					下限	上限
周岁儿童的身高	－3.620	20	.002	－3.14286	－4.9539	－1.3319

输出结果中："t"表示所计算的 T 检验统计量的数值，t＝－3.620；"df"表示自由度；"Sig(双侧)"表示统计量的 P 值，并与双尾 T 检验的显著性大小进行比较：Sig. ＝0.002＜0.05，这说明这批样本的平均值与 75 有显著差异；"均值差值"(即样本均值与检验值 75 之差)，本例中为－3.14286；"差分的 95％置信区间"显示样本均值与检验值偏差的 95％置信区间为(－4.9539，－1.3319)，置信区间不包括数值 0，这说明样本数量与 75 有显著差异。

2. 两独立样本的假设检验(两独立样本 T 检验)

例：两种饲料分别喂养甲、乙两组实验鼠，甲组中的 12 只喂饲料 1，乙组中的 9 只喂饲料 2，所测的钙留量如表 2－23 所示，问：不同饲料是否使实验鼠体内的钙留量有显著不同？(置信度为 95％)

表 2—23 鼠体内钙留量

甲组饲料（毫克）	29.7	26.7	28.9	31.1	31.1	26.8	26.3	39.5	30.9	33.4	33.1	28.6
乙组饲料（毫克）	28.7	28.3	29.3	32.2	31.1	30	36.2	36.8	30			

首先建立数据文件，采用组变量来分辨甲、乙两组，“钙留量”表示实验鼠体内钙留量的变量，单位为毫克。计算两总体均值之差的区间估计，采用“独立样本 T 检验”方法。选择菜单“分析→比较均值→独立样本 T 检验”。

(1)从源变量清单中将“钙留量”变量移入检验变量框中，表示要求对该变量的均值进行检验。如图 2—8 所示。

(2)从源变量清单中将“组别”变量移入分组变量框中，表示总体的分类变量。

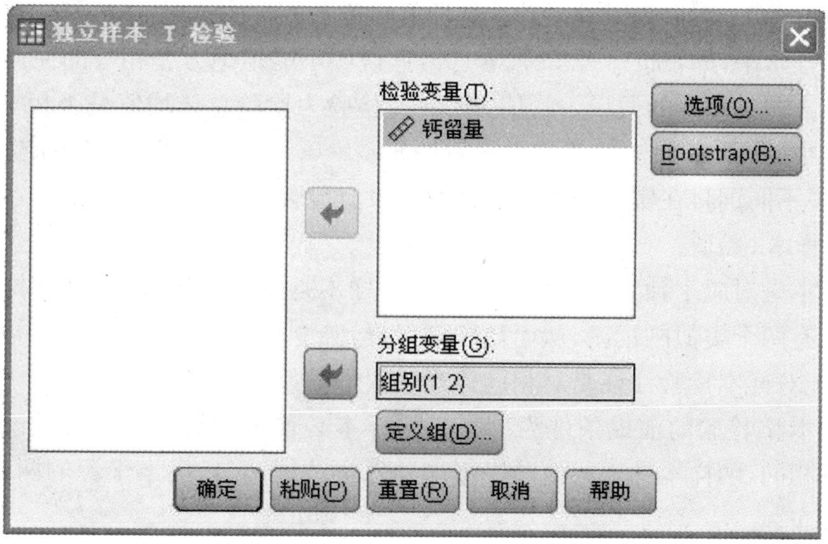

图 2-8 独立样本 T 检验

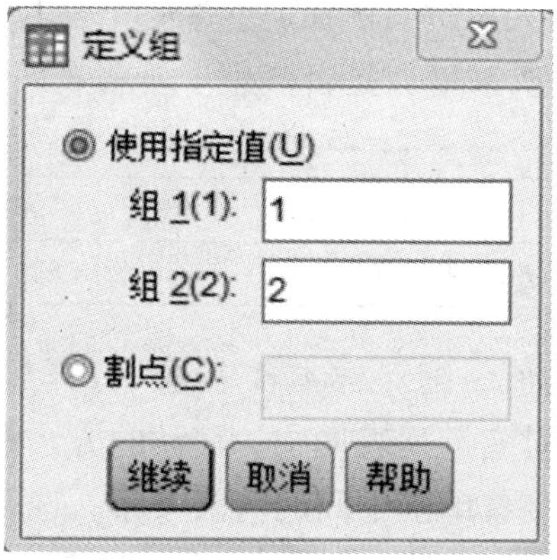

图 2-9 定义组

定义分组，单击“分组变量”框下面的“定义组”按钮，打开“定义组”对话框。在组 1 中输入 1，在组 2 中输入 2(1 表示甲组，2 表示乙组)，如图 2—9 所示。完成后单击“继续”按钮返回主窗口。单击上图中“确定”按钮，输出结果如表 2—24 所示。

表 2—24 输出结果

钙留量	方差方程的 Levene 检验		均值方程的 t 检验						
	F	Sig.	t	df	Sig.（双侧）	均值差值	标准误差值	差分的 95%置信区间	
								下限	上限
假设方差相等	.059	.811	—.584	19	.566	—.89167	1.52682	—4.08734	2.30400
假设方差不相等			—.599	18.645	.557	—.89167	1.48967	—4.01360	2.23027

方差方程的 Levene 为方差检验。在原假设方差相等的情况下，F=0.059，因为其 P 值大于显著性水平，即：Sig. =0.811>0.05，这说明不能拒绝方差相等的原假设，所以接受 2 个总体方差是相等的假设。均值方程的 t 检验为检验总体均值是否相等的 t 检验，由于在本例中，其 P 值大于显著性水平，即：Sig. =0.566>0.05，所以不应该拒绝原假设，也就是说不同饲料在实验鼠体内的钙留量没有显著差异。

3. 配对样本 t 检验

配对样本是对应于独立样本而言的。配对样本是指一个样本在不同时间作了两次试验或者具有两个类似的记录，从而比较其差异；独立样本检验是指对不同样本平均数的比较，而配对样本检验往往是对相同样本二次平均数的检验。

配对样本 T 检验的前提条件为：第一，两样本必须是配对的。也就是说，两样本的观察值数目相同，两样本的观察值顺序不能随意更改。第二，样本来源的两个总体必须服从正态分布。

假设某公司为了检验进行新式培训前后销售人员的销售成绩是否有了显著提高，从销售人员中随机抽出 12 名人员进行测试，这些人员培训前后的销售成绩放置于数据文件“销售培训. sav”中，试分析该培训是否产生了显著效果。

表 2—25 销售成绩 （单位：万元）

培训前	440	500	580	460	490	480	600	590	430	510	320	470
培训后	520	520	550	500	440	540	500	640	580	620	590	620

选择菜单“分析→比较均值→配对样本 T 检验”打开对话框，如图 2—10 所示。将两个配对变量移入右边的成对变量列表框中。移动的方法是：先选择其中的 1 个配对变量，再选择第 2 个配对变量，接着单击中间的箭头按钮。选项按钮用于设置置信度选项，这里保持系统默认的 95%，在主对话框中单击“确定”按钮来执行操作。

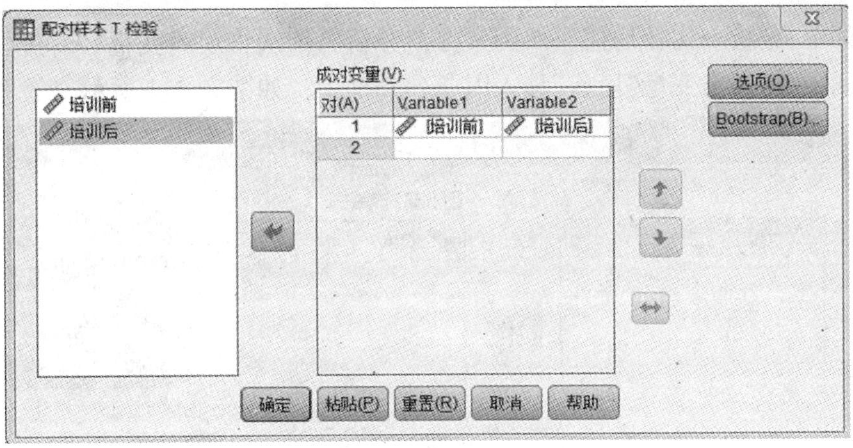

图 2－10　配对样本 T 检验

表 2—26　成对差分

	成对差分					t	df	Sig.（双侧）
	均值	标准差	均值的标准误差	差分的 95%置信区间				
				下限	上限			
培训前—培训后	—62.50000	100.46483	29.00170	—126.33231	1.33231	—2.155	11	.054

表 2—26 给出了配对样本 t 检验结果，包括配对变量差值的均值、标准差、均值的标准误差以及差值的 95%置信度下的区间估计。当然也给出了最为重要的 t 统计量和 p 值。结果显示 p=0.054>0.05，表明公司的所谓新式培训并未带来销售人员销售成绩的显著变化。

（二）SPSS 应用于方差分析

根据下列数据，检验民族因素对收入的影响是否显著。

表 2—27　民族与收入　　（单位：百元）

序号	人均收入	民族	序号	人均收入	民族
1	46	1	13	63	2
2	50	1	14	71	2
3	52	1	15	73	2
4	58	1	16	77	2
5	60	1	17	54	3
6	68	1	18	57	3
7	72	1	19	63	3
8	75	1	20	64	3
9	52	2	21	68	3
10	53	2	22	69	3
11	59	2	23	76	3
12	60	2	24	78	3

选择菜单"分析→比较均值→单因素方差分析",依次将观测变量"人均收入"移入因变量列表框中,将因素变量"民族"移入因子列表框中。如图 2－11 所示。

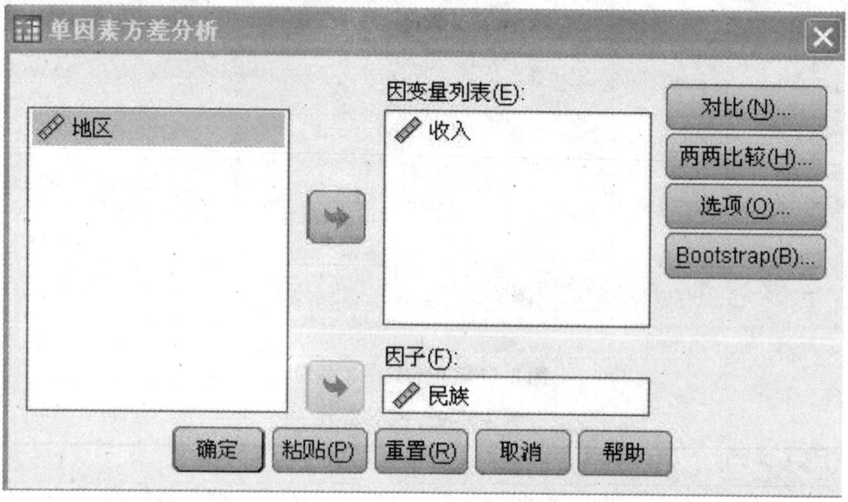

图 2－11　单因素方差分析

单击两两比较按钮,如图 2－13 所示,该对话框用于进行多重比较检验,即各因素水平下观测变量均值的两两比较。

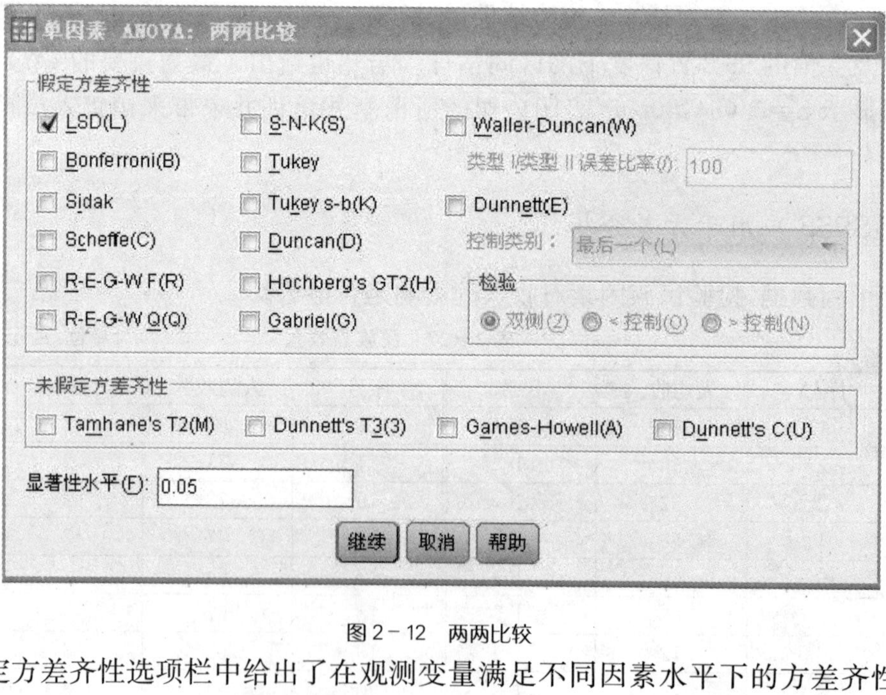

图 2－12　两两比较

假定方差齐性选项栏中给出了在观测变量满足不同因素水平下的方差齐性条件下的多种检验方法,这里选择最常用的 LSD 检验法。单击"选项"按钮,弹出选项子对话框,在子对话框中选中"方差同质性检验"复选框,从而输出"方差齐性检验"的结果。在主对话框中点击"确定"按钮,可以得到单因素分析的结果。试验结果分析如表 2－28 所示。

表 2—28 方差齐性检验

Levene 统计量	df1	df2	显著性
.361	2	21	.701

表 2—28 给出了 Levene 方差齐性检验结果。从表中可以看到，Levene 统计量对应的 p 值大于 0.05，所以得到不同民族的人均收入满足方差齐性的结论。

表 2—29 不同民族的人均收入满足方差齐性检验

	平方和	df	均方	F	显著性
组间	144.750	2	72.375	.802	.462
组内	1895.750	21	90.274		
总数	2040.500	23			

单因素方差分析输出的方差分析表解释如下：总离差 SST＝2040.5，组间平方和 SSR＝144.750，组内平方和或残差平方和 SSE＝1895.75，相应的自由度分别为 23，2，21；组间均方差 MSR＝74.375，组内均方差为 90.274，F＝0.802，由于 $p=0.462>0.05$，这说明在 $\alpha=0.05$ 的显著性水平下，F 检验是不显著的，所以不同民族人均收入没有显著性差异。

五、实训评价

“SPSS 软件模型训练”课业的评估分值占第二单元“营销环境篇”基本技能评估考核总分的 20%，即 20 分。本课业的评估标准及其评估分值为：一是能够使用 SPSS 软件进行假设检验并能达到事先要求的得 10 分，没有达到事先要求的酌情扣分。二是能够使用 SPSS 软件进行方差分析并能达到事先要求的得 10 分，没有达到事先要求的酌情扣分。

六、实训范例

SPSS 软件在高校教学质量影响因素调查分析中的应用

在研读国内外多所高校的教师课堂教学质量评价体系并认真听取了有多年教学经验的教师及在教学管理方面有丰富经验的专家意见的基础上，结合自己的看法设计出高校教师课堂教学质量影响因素调查表，该表由对教师课堂教学质量有较大影响的教师的教学内容、教学方法、教学能力、教学效果、教学态度和其他因素构成。对华南农业大学的理、工、农、文、法、经管专业 300 名在校大学生进行了随机抽样问卷调查。为了便于分析，每一项内容的度量值均按照“很重要”、“一般”、“不重要”3 个等级设置，并分别赋予 3、2、1 的分值。在发放的 300 份问卷中，回收问卷 267 份，回收率达 89%。其中，有效卷 249 份，问卷有效率为 83%。如表2—30、表2—31所示。

表 2—30　高校教师课堂教学质量影响因素调查

角度 Perspective	包含因素 Including factors	显著性 *P*	角度 Perspective	包含因素 Including factors	显著性 *P*
教学内容 Teaching content	课程内容的新颖丰富	0.286	教学能力 Teaching ability	教师的语言表达能力	0.577
	讲课能突出重点，讲清难点	0.074		教师善于与学生沟通，师生关系良好	0.713
	教师课堂上向学生传达的信息量	0.623		教师能向学生介绍不同的学术观点	0.054
	能注意介绍该学科的发展成果	0.170		教师有较强的科研能力	0.843
	选用的教材	0.741		教师用多媒体教学的能力	0.028
教学方法 Teaching methed	多样化的教学方法，富有启发性	0.351	教学态度 Teaching attitude	教师教学时充满活力	0.047
	鼓励学生自由发表观点，激发学生个性发展	0.893		教师备课充分	0.488
	关注差异，有针对性地指导教育学生	0.541		教师为人师表	0.089
	教师能提供课后的学习书目	0.624		教师能认真批改作业及答疑	0.145
	该课程一个学期的总课时数	0.670		板书清晰、有条理	0.252
	一次课的授课总人数	0.552		教师能做到不迟到、不拖堂	0.953
教学效果 Teaching effect	能激发学生学习兴趣，培养学生创造性思维	0.915	教学风格 Teaching style	教师上课时的课堂气氛	0.322
	教学内容对实践有指导意义	0.268		教师有自己的教学风格	0.586

表 2—31　不同专业教师运用多媒体教学对教学效果的影响

因素 Factor	专业 Major	专业 Major	Mean Difference	标准差 Standard Deviation	显著程度 Significance
教师运用多媒体教学的能力 Teaching ability of using multimedia	理工	农	0.17	0.110	0.490
		文法	−0.20	0.098	0.266
		经管	−0.07	0.112	0.935
	农	理工	−0.17	0.110	0.490
		文法	−0.37(*)	0.124	0.036
		经管	−0.24	0.135	0.358
	文法	理工	0.20	0.098	0.266
		农	0.37(*)	0.124	0.036
		经管	0.12	0.126	0.814
	经管	理工	0.07	0.112	0.935
		农	0.24	0.135	0.358
		文法	−0.12	0.126	0.814

由表 2—30 中的分析结果可知，不同专业对“教师用多媒体教学的能力”和“教师教学时充满活力”两个因素在教师课堂教学质量的影响程度上存在显著性差异(P<0.05)；而对于其他因素的调查分析，不同专业对同一因素在教师课堂教学质

量的影响程度不存在显著性差异(P＞0.05)。由表2—31的分析结果可知:对于"教师用多媒体教学的能力",农科专业和文法专业的学生在对其认同程度上存在显著性差异(农＞法)。也就是说,农科专业的学生认为该因素对教师课堂教学质量的影响程度比文法专业学生所认为的影响程度要大。不难理解,农科专业对感性认识的要求程度本来就比较高,教师如果能结合多媒体进行图文并茂的教学(如对动植物的生长过程的讲解等等),那么学生将会很容易接受各个知识点,教学效果自然而然会得到提升。而文法专业本身的名词术语、概念性问题比较多,结合多媒体进行教学的效果就没有农科专业那么显著了。其他专业对这个因素在影响教师课堂教学质量程度上,对其认同程度并没有显著差异,可以认为他们对"教师运用多媒体教学的能力"以及其对教师课堂教学质量的影响程度的认识基本是一致的。而对于"教师教学时充满活力"因素,经过事后比较发现,各个专业之间的认同程度并没有显著性差异,也就是各个专业对"教师教学时充满活力"和其对教师课堂教学质量的影响程度在认同上也是一致的,而方差分析后得出这个因素组间存在显著性差异是由于组间的误差所引起的,这在方差分析中是不可避免的。

从此次调查的结果可以看出,学生对目前影响教师教学质量的因素有自己的看法,教育单位可将这些看法作为学生评教的切入点,拟订出结合学生意见的、更为全面的教师教学质量研究方案。

训练五 撰写市场调查报告

一、实训任务

本实训属综合技能实训,也就是通过该单元前4项基本技能的训练,为论证某市场开发项目的可行性收集大量调查资料,然后以小组为单位,完成约10000字的《市场营销调研报告》。

要求学生综合运用"市场调研"与"营销环境"理论以及数据分析技术,对其小组的市场开发项目所要了解的"微观营销环境"和"宏观营销理论"进行全面、深入分析,从而得出正确结论,并把调研结果写成书面报告,完成《市场营销调研报告》的撰写。小组可以进行分工写作,每个学生对自己完成的撰写部分负责。

通过《市场营销调研报告》实践操作,帮助学生更好地理解市场营销调研报告的重要作用。同时,必须掌握市场营销调研报告撰写的步骤、内容、格式与技巧,以便能够设计一份足以被吸引、被关注的市场营销调研报告。

二、实训要求

其一,要求教师对《市场营销调研报告》的实践应用价值给予说明,调动学生参与实训任务操作的积极性、主动性。

其二,要求学生根据调研课题和调研报告的撰写要求,完成本课题下《市场营销调研报告》的撰写任务。调研报告的内容要求全面、客观、准确;调研报告的格式、版面设计要既规范又能突出个性。

其三,要求教师对《市场营销调研报告》撰写的步骤、内容、技巧进行具体指导。

其四,要求教师提供《市场营销调研报告》撰写范例,以供学生参考。

其五,要求学生在撰写《市场营销调研报告》的基础上,准备口头汇报材料,并能进行口头汇报。

三、理论指导

(一)市场营销调研的主要内容

市场营销调研是针对企业特定的营销问题,运用市场调研技术,系统、客观地收集、整理、分析、解释和沟通影响企业营销的市场环境各因素,为营销管理者制定、评估和改进营销决策提供依据。市场营销环境可分为微观营销环境和宏观营销环境。对市场营销环境的分析要求具有系统性、科学性、有效性和经济性。

(二)微观营销环境分析

1. 微观营销环境的含义

微观营销环境指那些与企业有双向运作关系的个体、集团和组织,在一定程度上,企业可以对其进行控制和施加影响。

2. 微观营销环境的影响作用

微观营销环境是直接制约和影响企业营销活动的力量和因素。企业必须对微观营销环境进行分析。分析微观营销环境的目的在于更好地协调企业与这些相关群体的关系,促进企业营销目标的实现,并为企业营销战略和策略的制定提供依据。

3. 微观营销环境各因素及对其分析的必要性

微观营销环境包括供应商、企业内各部门、营销中介、顾客、社会公众以及竞争者等因素。对其各因素分析的必要性表现为:

(1)供应商提供的资源的变化直接影响到企业产品的产量、质量以及利润,从而影响企业营销计划和营销目标的完成。

(2)企业是一个系统组织,其内部各职能部门的工作及其相互之间的协调关系直接影响到企业的整个营销活动。

(3)营销中介对企业营销产生直接的、重大的影响,只有通过有关营销中介所提供的服务,企业才能把产品顺利地送达目标消费者手中。

(4)顾客是指使用进入消费领域的最终产品或劳务的消费者和生产者,他们也是企业营销活动的最终目标市场。

(5)社会公众对企业的态度会对企业的营销活动产生巨大的影响。它既可以有助于企业树立良好的形象,也可能会对企业的形象产生负面影响。

(6)竞争是商品经济的必然现象,企业竞争对手的状况将直接影响到企业的营销活动。

(三)宏观营销环境分析

1. 宏观营销环境的含义

宏观营销环境指对企业营销活动造成市场机会和环境威胁的主要社会力量。分析宏观营销环境的目的在于更好地认识环境,通过企业营销来努力适应社会环境及其变化,从而达到企业的营销目标。

2. 宏观营销环境的影响

宏观营销环境的各因素对市场的影响很大,这些因素通过影响消费者的数量、社会购买力和人们的消费欲望来影响企业的营销活动。

3. 宏观营销环境各因素及其分析重点

宏观营销环境的因素包括人口环境分析、经济环境分析、政治法律环境分析、社会文化环境分析、自然环境分析、科技环境分析。分析重点有:

(1)人口环境分析,包括人口总数、人口增长、人口结构等。

(2)经济环境分析,包括经济发展水平、产业发展状况、居民个人收入状况等。

(3)政治法律环境分析,包括政府的方针政策、政治局势、法律、法规等。

(4)社会文化环境分析,包括文化教育、宗教信仰、美学观念、价值观念和风俗习惯等。

(四)SWOT 分析法

1. SWOT 分析法的含义

SWOT 分析法是一种企业战略分析方法,它是根据企业自身的既定内在条件进行分析,从而找出企业的优势、劣势及核心竞争力。其中,S 代表 Strength(优势),W 代表 Weakness(弱势),O 代表 Opportunity(机会),T 代表 Threat(威胁)。S、W 是内部因素,O、T 是外部因素。

2. SWOT 分析的目的

SWOT 分析是要在复杂、多变、严峻的营销环境中,正确地寻找出企业营销的机会点和问题点,从而制定相应的对策。这是市场营销调研报告所作的结论部分,也是整个市场营销调研的核心部分。

3. SWOT 分析的运用

(1)分析企业能够获取的市场机会和面临的市场威胁。

(2)分析企业的比较优势和劣势。

(3)寻找企业的营销机会点和问题点。

四、实训操作

(一)《营销调研报告》的撰写步骤

1. 分析调查资料

对影响企业营销的"微观营销环境"与"宏观营销环境"等资料进行客观、全面、准确的分析。包括:分析影响营销活动的主要环境因素有哪些;这些因素对企业的营销活动会产生什么影响;在这些因素中哪些是有利因素,哪些是不利因素;它们各自的影响程度如何,出现的概率有多大。

2. 提出调研结论

营销调研的目的性很强,调研结束时必须要提出调研结论。

调研结论就是在复杂、多变、严峻的营销环境中,分析市场机会与威胁,分析企业优势与劣势,寻找出企业营销的机会点和问题点,从而制定相应的对策。

营销调研分析结论是调研报告的最后部分,它代表着调研报告人对前面整体分析的总结性意见,是整个营销调研的核心部分。

3. 撰写调研报告

营销调研最终要形成《市场营销调研报告》,因此要组织好报告的撰写工作。

(1)明确撰写任务。调研报告的撰写一般采用团队课业形式来进行,要求每个学生积极参与,明确自己撰写的部分,在规定的期间内必须完成作业。

(2)做好撰写准备工作。报告的撰写是一个学习的机会,但也是一项艰巨的任务。学生要合理安排时间,做好资料的准备工作。

(3)明确撰写要求。

①以理论为指导进行分析。

②资料要求真实、充实、全面。

③分析要紧扣主题,观点要正确。

④结构合理、层次清楚,注意逻辑性。

(二)《营销调研报告》的撰写内容

市场营销环境分析是调研报告的重要内容,要针对自己的调研课题有选择地进行重点分析。

1. 市场营销微观环境分析

(1)企业本身。

①企业内部营销环境信息,包括企业内部组织结构、对外关系等方面的政策。

②企业财务信息,包括销售利润率、总资产报酬率、资本收益率、资本保值增值率、资

本负债率、流动比率、应收账款比率、存货周转率、社会贡献率、社会积累率等。

③企业经营信息，是指与企业本身经营活动直接关联的信息因素，它包括产品信息、价格信息、分销信息和促销信息等。

(2)企业的供应商。供应商信息应包括供应的原材料、设备的充足程度，供应企业在供应品提供方面的质量水准、价格水平、运输条件、信贷保证、承担风险等方面的情况。

(3)企业的营销中介。营销中介是指协助促销、销售和配销其产品或服务所需资源的企业或个人，它包括中间商、实体分配机构、营销服务机构和财务中介机构等。

(4)顾客。

①顾客类别。顾客按其购买目的及其范围，可分为消费者市场、生产者市场、转卖者市场、政府市场和国际市场五大类。

②顾客信息。顾客信息主要包括：市场需求水平、市场占有率、市场发展速度、顾客消费购买习惯、购物方式等。

(5)竞争对手。竞争者的信息包括竞争者的战略、目标、优势与劣势以及反应模式等。

(6)社会公众。

①媒体公众，包括报纸、杂志、广播、电视等大众媒体。其信息指标包括宣传力度、社会威望等。

②政府公众，包括工商、税务、司法、城管、卫生防疫、技术监督、交通以及行业主管部门。其信息包括：分部门负责人以及分部门的政策法规等。

③社会团体，包括消费者组织、环境保护组织等。其信息包括：团体的活动内容、投诉情况等。

④社区公众，社区公众主要指企业所在地附近的居民和社区组织。其信息包括：社区公众的特点、构成、对企业的要求等。

⑤一般公众，是指不直接与市场发生联系，但又对企业市场营销能力形成潜在影响的公众。其信息包括：一般公众的态度、对企业的认识程度、对社会整体利益的关注程度等。

2. 宏观营销环境分析

(1)人口环境。人口是构成市场的第一位因素。人口数量的多少及其增长速度直接决定了市场的规模及其潜力，而人口的结构与布局直接决定了目标市场和市场格局。

①人口数量。人口越多市场潜力越大。按人口数量可大略推算出市场规模和市场潜力。

②人口增长。动态地分析人口数量的发展趋势，从而推算出未来的市场规模和市场潜力。

③人口结构。人口结构主要包括人口的年龄结构、性别结构、家庭结构、民族结构和地理结构等。

(2)经济环境。

①经济发展水平。企业的市场营销活动要受到一个国家或地区的整体经济发展水平的影响。经济发展阶段的不同以及消费水平不同必然会影响营销市场状况。

②产业发展状况。与企业自身密切相关的产业发展状况会对企业的投资方向、目标市场的确定等有重要影响。产业发展状况可以通过产业结构指标得以反映。

③居民个人收入状况。居民个人收入是指居民个人从国家来源中所得到的全部收入,包括工资、退休金、红利、租金等。居民个人的收入状况在很大程度上反映了市场购买力水平,而一定的购买力水平则是市场形成并影响其规模大小的决定因素。

(3)自然环境。

①自然资源环境,主要是指一些"无限"资源、有限但可以更新的资源,以及有限但不可再生的资源的环境因素。

②自然地理环境,主要是指地形、地貌和气候条件,它们是企业进行市场营销策划必须考虑的方面。

(4)技术环境。

①科学技术的发明和应用可以造就一些新的行业和新的市场,同时又会使一些旧的行业和市场走向衰落。

②科学技术的发展使得产品的更新换代速度加快,产品的市场寿命缩短。

③科学技术的进步将使人们的生活方式、消费行为及消费结构发生深刻变化。一种新技术或新产品的出现,必然会对消费市场产生一系列影响。

(5)政治、法律环境。

①政治环境因素,主要是指一个国家或地区的政治局势、大政方针以及对外政治、经济、军事等关系。

②法律环境因素。企业开展市场营销活动,必须了解并遵守国家或政府颁布的有关法律、法规,包括立法情况和执法情况。

(6)文化环境。

①教育水平。教育水平高的地区,消费者对商品的鉴别力强,购买的理性程度高。

②价值观念。不同的价值观在很大程度上决定着人们的生活方式,从而决定着人们的消费行为。

③宗教信仰。不同的宗教信仰有不同的文化倾向,从而影响人们认识事物的方式、观念和行为准则,影响人们的消费选择,并决定着相应的市场需求。

④风俗习惯。风俗习惯是人们根据自己的生活内容、生活方式和自然环境,在一定的社会物质条件下长期形成、世代相传的一种传统风尚和行为方式的综合。

微观营销环境和宏观营销环境是我们调研的主要内容,以上对微观环境以及宏观环境的分析明确了调研内容的整体范围。应该注意的是,并不是每个项目的调研都必须对上述的所有内容进行调研,应当紧密结合调研目标的需要,本着够用和透彻的原则有选择地进行调研，调研内容的范围既不要过大，也不要过小。

3. 结论与对策分析

市场营销调研必须得出调研结论，并要求运用SWOT分析法进行分析。

（1）市场机会和市场威胁指企业能够获取的市场机会和面临的市场威胁。通过分析，找出有哪些市场机会和市场威胁，营销中存在的有利和不利因素。

（2）企业的比较优势和劣势指与竞争对手比较以判断自己的优势与不足。其主要内容有：企业营销资源（厂房、设备、自有资金、销售队伍）；企业营销能力（销售量、销售增长率、市场占有率、产品价格、品牌形象）。

（3）企业营销机会与对策。从市场机会与企业优势中获得营销机会；面对不利市场因素和企业劣势，应采取有效的对策。

（三）《营销调研报告》的格式要求

市场营销调研报告在格式上应包括五大部分：标题页、前言、目录、正文、附录。

1. 标题页

标题页在制作时要抓住以下要点：

（1）标出委托方。如果是受委托撰写的调研报告，在标题页要把委托方的名称列出来，如："××公司××调研报告"。

（2）选取调研报告的标题。调研报告的题目应尽可能贴切、醒目、具有吸引力，且能简明准确地表达调研报告的主要内容。有的调研报告还采用正、副标题形式，正标题一般表达调查的主题，副标题则具体表明调查的单位和问题。

（3）注明报告日期。日期应以报告的正式提交日为准，同时要用完整的年、月、日来表示，如：2012年12月21日。

（4）标明报告人。一般在标题页的最下方要标出报告人的姓名。报告人如果是公司，则列出公司全称。

2. 前言

前言是对调研项目的简明介绍，要求内容简短、切中要害，以便使阅读者既可以从中大致了解调查的结果，又可从后文中获取更多的信息。一般包括必要的背景信息、重要发现和结论，有时还可以提出一些合理化建议。前言主要包括四方面内容：

（1）简要说明调查目的，说明调查的由来和委托调查的原因。

（2）简要介绍调查对象和调查内容，包括调查时间、地点、对象、范围、调查要点及所要解答的问题。

（3）简要介绍调查研究的方法。介绍调查研究的方法有助于表明调查结果的可靠性，因此对所用方法要进行简短叙述，并说明选用该方法的原因。例如，是用抽样调查法还是用典型调查法，是用实地调查法还是文案调查法。

（4）简要说明调研报告撰写的分工情况。

3. 目录

如果调查报告的内容较多，应当使用目录或索引，使读者通过目录就能概括地了解报告的内容。目录中应列出报告的主要章节和附录，并注明标题、有关章节的号码及页码。

4. 正文

正文部分是调研报告的主体。主要包括以下几点：

(1)调研的目的。在报告主体的开头，调研人员首先应简明扼要地指出该项调研活动的目的和范围，以便阅读者能准确把握调研报告所叙述的内容。

(2)调研方法说明。

①资料来源。说明资料的来源、搜集资料所采用的方法及采用这些方法的原因。

②调查统计方法。说明采用了哪些调研方法，如果采用抽样调查方法，则应当说明选择什么样本来进行调查，同时应该说明采用了哪些统计方法分析材料。

③访问员的选择和培训过程。提供选择访问员的标准及其培训过程，并附上访问员名单及其资历说明，以及培训计划的提纲。

(3)调查结果的描述与说明。要使用严谨和有效的方法呈报调研结果，如果调查结果中采用较多形象化的方式，如表格和图形，就必须加以分析，以便保证这些形象化的方式能够有效地说明问题。

(4)调研结果与结论的摘要。在科学分析调查资料和数据的基础上，总结调研结果，并能够简明扼要地概括结论，以供相关决策者参考。

5. 附录

附录的作用在于表明调查的客观性，这是调研报告的结束部分，主要包括以下两点：

(1)样本误差的说明、对调研报告所作的说明。

(2)所有与研究结果有关，但不宜放在正文中的资料。

(四)调研报告撰写技巧

1. 寻找一定的理论依据

要提高报告的说服力，使其能被阅读者接受，就要为报告寻找理论依据。事实证明，这是一个事半功倍的有效办法。

理论依据要有对应关系，纯粹的理论堆砌不仅不能提高报告的说服力，反而会给人脱离实际的感觉。

2. 实事求是

只有进行深入的调查研究，弄清事实、摸清原因，才能真实地反映出事物的本来面目。在调研报告中，一定要进行有力的真实材料的例举，才能增强报告的说服力。为此，撰写调研报告时一定要实事求是，否则就不称其为调研报告了。

3. 综合运用观点与数据

一篇好的调查报告，必须有数字、有情况、有分析。既要用资料说明观点，又要用观点统帅资料，二者应紧密结合、互相统一。要通过定性分析与定量分析的有效结合，达到透过现象看本质的目的，从而研究市场活动的发展、变化过程及其规律。

4. 运用图表

图表有助于阅读者理解报告的内容，还能美化页面。图表的主要优点在于有强烈的视觉效果。因此，用图表进行比较分析、概括归纳、辅助说明非常有效。图表的另一个优点是能够调节阅读者的情绪，从而有利于其对调研报告的深刻理解。

5. 注意细节，消灭差错

一份调研报告中不应出现错字、漏字，对已完成的调研报告要反复、仔细地检查，特别是对企业的名称、专业术语等更应仔细检查。此外，一些细节（如纸张的好坏、打印的质量等）也会对调研报告本身产生影响，绝不能掉以轻心。

五、实训评价

表 2—32 《市场营销调研报告》评价标准及其分值

标准 项目	理论运用 15 分	材料充实 15 分	材料真实 9 分	分析正确 6 分	分析有条理 6 分	考核成绩∑
一、微观环境分析∑51	1. 微观环境分析重要性 2. 微观环境分析 6 方面	至少包括顾客、竞争者以及各市场状况的信息各 10 条	材料的运用要有原始材料及其说明	1. 紧扣主题 2. 观点正确	1. 结构合理 2. 层次清楚 3. 注意逻辑性	
标准 项目	理论运用 5 分	材料充实 5 分	材料真实 5 分	分析正确 2 分	分析条理 2 分	考核成绩∑
二、宏观环境分析∑19	1. 宏观环境分析重要性 2. 宏观环境分析 6 方面	宏观环境分析 6 方面材料不得少于 10 条信息	材料的运用要有原始材料及其说明	1. 紧扣主题 2. 观点正确	1. 结构合理 2. 层次清楚 3. 注意逻辑性	
三、机会优势分析∑19	SWOT 分析的 3 个方面	SWOT 分析 3 个方面材料不得少于 10 条信息	材料的运用要有原始材料及其说明	1. 紧扣主题 2. 观点正确	1. 结构合理 2. 层次清楚 3. 注意逻辑性	
1. 封面设计：∑2		封面已作设计 1 分 设计符合要求 1 分				
2. 前言设计：∑4		前言已作设计 2 分 设计符合要求 2 分				
3. 目录设计：∑2		目录已作设计 1 分 设计符合要求 1 分				
4. 附录安排：∑3		附录已作安排 1 分 安排符合要求 2 分				

六、实训范例

封面

开发火锅市场营销调研报告

报告人:上海商学院

2003级商业信息管理032班2组

报告日期:2005年4月24日

目 录

前　言

上海商学院2003级商业信息管理(1)、(2)班分两组对火锅市场的营销环境作了一次市场调研。

针对大学生就业率不断下降的现象,我们小组的同学希望可以通过"大学生创业"途径给自己一个更好的就业机会。由于上海商学院周边的餐饮市场有很大的发展空间,而学校周围饭店经营方式大都雷同。所以,我们小组希望在学院附近开一家火锅店,这不但可以给小组同学一个创业的机会,还可以丰富学院学生们的饮食选择。

本次调研的时间为2005年3月23日～2005年4月14日,调研范围是上海商学院。受地点、环境等条件的限制,我们的调查对象是上海商学院的学生。在本次调研中,我组6名成员制作了50张问卷,进行了实地调查,并将相关数据统计、汇总。我组还通过网络等途径查阅了大量的资料,其中包括:"微观数据"、"宏观数据"、"竞争者数据"的样本资料,辅助完成了这一次调研报告。

在整个调研报告中:何骊娟同学负责封面、目录、前言、附件的撰写及文件整理和修改;刘静婵同学负责"火锅市场状况分析"的撰写;潘雯怡同学负责"影响火锅消费的宏观环境分析"的撰写;全冬妮同学负责"上海餐饮消费者需求分析"的撰写;季家壁同学负责"火锅市场竞争者分析"的撰写;金慧琼同学负责"火锅市场的营销机会和优劣势分析"的撰写。受调研条件及时间等的限制,有不足之处,敬请谅解。

一、火锅市场状况分析

（一）餐饮市场的规模

中国商业联合会、中国烹饪协会和中国商业信息中心曾联合对我国大型餐饮企业2004年度的经营情况进行了专项调查，结果显示：2004年第一季度我国餐饮业开局良好，第二季度业绩稍有下滑，但由于国家政策的有力支持和全行业的共同努力，经营回升迅速，所以全年仍取得了较好成绩。2004年，全国餐饮业营业额突破6000亿元大关，比2003年增长了11.6%，约占社会商品零售总额的13.2%，增幅比社会商品零售总额高出约2.5%，这充分显示出我国餐饮业较强的增长态势。上海作为一个国际化的大都市、中国具有代表性的城市，其餐饮市场也是不可小视的。

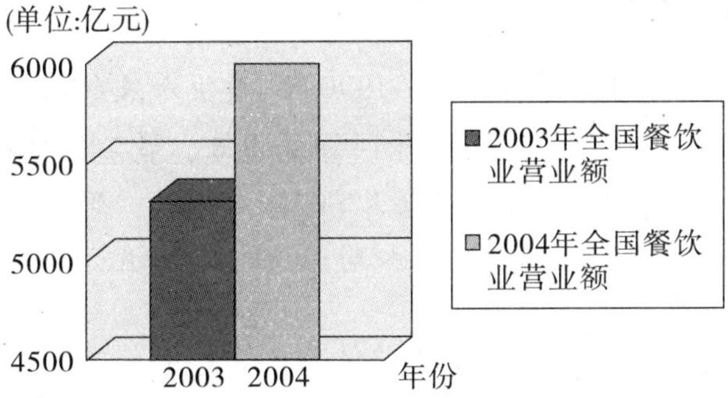

图2－13　2003～2004年全国餐饮业营业额

（二）火锅市场的特点

1. 餐饮企业集团化

据专家分析，2004年我国餐饮企业集团化的步伐继续加快。百家企业营业额达到528.08亿元，比2003年增加了166.64亿元，增幅达31.6%。在2004年的餐饮百家企业中，营业额超过10亿元的企业有8家，企业营业总额达到254.90亿元，占全国百家企业营业额的48.3%；营业额超过5亿元的企业有24家，营业总额达353.59亿元，占百家企业营业额的67%。其中，百胜（中国）投资有限公司，营业额达到93亿元，比上年增加了31%；上海锦江国际有限公司营业额达到23.05亿元，比上年增长了10%，这表明我国大型餐饮企业集团化的发展步伐进一步加快。

2. 采用连锁经营模式

目前，火锅类餐饮企业发展最快，且普遍采用连锁经营方式。在被调查的企业中，基本都采用了连锁经营的模式。由于以经营火锅为主的餐饮企业易于发挥其品种的可复制性和原料技术等优势，采用特许加盟连锁方式，所以发展非常迅速，成为2004年餐饮行业的一大亮点。例如，在上海生意非常好的内蒙古小肥羊餐饮公司门店数达660家，比去年增加了54家。

3. 火锅市场的多样化

火锅消费方式主要有自助式、点菜式等，口味也比较多元，如酸辣的泰式火锅、偏辣的四川重庆火锅等。随着市场的需求变化，火锅市场新品种层出不穷，满足了消费者对新鲜感的追求。另外，每个火锅店都有各自的特色锅底或者特价产品，以吸引顾客。

收集来的数据显示，各个年龄层次的人基本上都很喜欢吃火锅，火锅店也是朋友、家庭之间聚会的一个很好的场所，因而，在学校和居民区周围开火锅店是很有发展前景的。

二、影响火锅消费的宏观环境分析

(一)上海人口人均收入状况对火锅消费的影响

新中国成立后的30年，上海居民年人均收入仅有500元。改革开放后，中国提出了自己的奋斗目标，即第一步：1980～1990年，解决人民的温饱问题，此时上海年人均收入从500元增加到2000元，10年间翻了3倍。第二步：1991～1995年，人民生活达到小康水平，上海年人均收入提升到3000多元。2004年上海年人均GDP达到46717元。第三步：21世纪中叶，人均国民生产总值达到中等发达国家水平。现在，中国正在向这个目标前进。

通过上述资料，我们可以看出上海火锅市场的巨大潜力。上海人的收入越高，对物质需求也就越大，对于餐饮业的要求也会越高。这意味着，上海人人都有能力消费火锅。现在高收入家庭由于工作繁忙，几乎顿顿在外用餐，在家开伙的频率也越来越小，所以这个趋势对火锅市场的发展也非常有利。

(二)上海人口状况对火锅消费的影响

年轻人口是城市发展最主要的动力，也是餐饮业发展的主要消费群体。统计数据显示：2004年末，上海全市户籍人口中，年轻人口占上海市总人口的47.15%。同时，其流动人口的年龄也偏小，年龄中位数在27岁左右，并且84.7%左右的流动人口年龄在35岁以下。因此，我们小组认为，非上海户籍人口的消费者也是城市发展的主要动力，也是餐饮业的主要消费群体。

如今，人们工作越是繁忙，对餐饮的需求越是频繁，特别是"丁克"家庭普遍不喜欢在家中用餐，如果家中无老人的话，有一半以上的人会在外面用完餐之后再回家。由此看来，"丁克"家庭对于餐饮市场的发展有非常大的影响。

在外用餐给年轻人或"丁克"家庭省去了洗刷之类的麻烦，特别是年轻人，他们热衷于快速就餐、热闹的气氛、便宜的价格。对于火锅这种一涮就能吃，人均消费金额不高，可以边吃边聊，热热闹闹的就餐方式，是深受年轻人喜爱的。

(三)饮食习惯和餐饮文化对火锅消费的影响

火锅在中国有相当久的历史,已从早期的沙茶火锅、石头火锅、自助火锅发展到至今随处可见的麻辣火锅、涮涮锅。上海作为一个世界性的大都市,在20世纪末至21世纪初,其饮食习惯也发生了巨大的变化,除了保留其传统的饮食习惯以外,又产生了许多新的饮食习惯。例如,上海人都不善吃辣,但是上海的火锅店、火锅城却十分兴盛,其原因就是传统的火锅已经得到了改进,不再是原来纯粹四川口味的火锅,如鸳鸯火锅,一半麻辣,另一半却是不麻、不辣的。这样既满足了嗜吃麻辣的人,同时也容纳了不善吃麻辣的人。

一家出色的餐饮店必须要有自己的文化特色,这也是吸引顾客的方式之一。如"锅比盆大"就是以独特的风格、文化、料理理念等来吸引顾客。

"锅比盆大"是首家在上海出现的专业咖喱火锅店,其结合了港式海鲜以及与台北同步发展的创意料理,开幕当天盛况空前、热闹非凡。直至今日,"锅比盆大"仍天天满席,已在上海餐饮火锅界树立起不可动摇的地位。

"锅比盆大"力求在繁华的大都市中,营造出一片自然清新的餐饮文化环境,创作出更多新鲜美味和有益现代人健康的佳肴,从而充分体现出人与自然的和谐统一。它是以中国菜的精神为主,辅以泰国菜、法式料理等融合而成的"锅比盆大"的特殊风味餐饮。所有原料完全由餐厅的香港厨师团队亲调,从而保持了菜色的独特性与品质的稳定性。

面对当代的多元文化,消费者的口味也变得更为挑剔。鉴于此,"锅比盆大"打破了传统的火锅文化,结合了中国与东南亚各地的饮食精华,创新设计出不同的产品组合,如招牌咖喱锅、泰式酸辣锅、港式沙爹锅、极品高汤锅等火锅类别,每一种都是匠心独具、口味绝佳。这种不同餐饮文化的和谐统一在吸引顾客方面发挥了重要的作用,并为餐厅打造出了独特的风格。

由此,我们小组一致认为:饮食习惯和餐饮文化对于餐饮业的发展是非常重要的。创新的餐饮文化甚至可以改变消费者的传统观念,引发消费者的消费行为。

三、上海餐饮消费者需求分析

本次调研的范围是上海商学院周边地区的餐饮市场。在调研中,我们小组共制作了50份调查问卷,进行实地调查,汇总成相关统计数据。本次调查对象都是上海商学院的学生,因为我们小组认为学生既是主力消费群体,也是现代消费群体的主要代表者之一。

(一)需求规模

目前,我校约有6000多人,而且人数还在逐年增长。同时,在我校周围还有一所学校以及居民区。调查显示,48%的被调查者愿意接受人均消费在30～50元的火锅用餐,34%的被调查者愿意接受人均消费在50～70元的火锅用餐,现有的消费规模＝消费金额×消费人数＝50×6000＝30万元。上述数据说明:奉贤地区已经形成了非常大的餐饮需求,这对于餐饮市场来说是一个很好的环境。

(二)消费者的就餐特点

我们小组对50名学生进行了问卷调查,他们都是大学一、二年级的学生。据统计,有94%的学生喜欢吃火锅,6%的学生不喜欢吃火锅。这些学生中,1个月以内吃1次火锅的有24%,1～3个月的有52%,3～6个月的有14%,半年以上的有10%。多数学生比较青睐火锅,不只在冬天去吃,夏天也会光顾,而且很享受夏天吃火锅大汗淋漓的感觉。火锅还成为他们人多时聚餐的不二之选。

(三)消费者对用餐的要求

在调查中我们注意到,绝大多数人比较注重食物的卫生情况。人们认为健康最重要,会在认为吃得放心的情况下再去考虑价格及其他方面的因素。因此,保持食物的新鲜、卫生是店家应该注意的首要方面。

服务也是较重要的一项。试想,当你进入店内,听到"欢迎光临"时,就有人领你去就餐;就餐时,服务员满足你的一切需要;就餐完毕离开时,听到"欢迎再次光临"。此时,作为消费者,你会觉得花钱不但吃了饭还享受到了优质的服务。上海有一家火锅店叫"傣妹",有很多人不愿意去那里,原因就是那里的服务较差,顾客花钱吃饭,但几乎一切都要亲力亲为,服务员寥寥无几,虽然价格便宜但是吃个饭要扯着嗓子喊有谁愿意去。

对于消费者来说,除了卫生、服务以外,还要求价格适中。很多消费者选择去吃火锅的原因就是它价格便宜,同样数量的钱在饭店可能只够吃饱,但是在火锅店既能吃饱又可以吃好。

现在,人们的生活水平越来越高,对于吃的要求也就越来越高。想要在市场上占有自己的份额,就一定要根据消费者的需求形成自己的特点。

(四)制约火锅发展的因素

其一,现在有很多消费者是学生,他们没有经济来源,多是靠父母给的生活费。从我们的调查来看,每个月生活费在300元以下的占8%,300～500元的占34%,500～700元的占40%,700元以上的占18%。因此,虽然火锅的消费相对不是很高,但是对于学生也是一笔不小的开销,能经常光顾的学生不会很多。

其二,现在的火锅店数量较多,很多消费者选择去有名气的店家消费,不愿去新开的火锅店。如果新店宣传不够、地点比较偏僻,都将制约新店的发展。因此,新店开张的宣传也是影响消费的重要因素之一。要是宣传得不好,很可能大家都不知道有新店开张了,不知道当然就不会来尝试了。此外,如果宣传没有说服力,也很有可能形成即使大家知道有新店开张,也不愿意来尝试的局面。所以,宣传方法也很重要。

调查显示:14%的被调查者是通过商业广告得知有新餐厅开张;18%的被调查者是通过大众媒体得知;12%的被调查者通过实地促销得知;还有56%的被调查者是通过朋友推荐才知道的。

由数据可知,对于我们小组而言,通过分发宣传单以及发动自身的关系网来宣传,就可以有相当好的宣传力度了。

四、火锅市场竞争者分析

(一)火锅市场竞争者繁多

据不完全统计,目前上海餐饮市场上有规模不等的火锅店近千家,这些火锅店大都是最近几年发展起来的。火锅的种类也越来越丰富,店面的经营规模也越来越大。经营面积在2500平方米以上的大型火锅店已经不是什么少见的旗舰店了,经营面积在3000平方米以上的也有数家。在上海的火锅市场中,4种力量构成了上海火锅市场的主要竞争力量。

一是以“重庆小天鹅”、“成都谭鱼头”为代表的渝、川军团。其中,重庆的火锅店占据上海50%以上的市场。

二是以“小肥羊”为代表的蒙古军团。这几年,随着内蒙古羊肉产业的发展,以优质的原料为依托创立的火锅品牌也有了飞速的发展,并且还有迅猛上升的势头。

三是以“京福华”和“东来顺”为代表的京军。他们依托品牌价值和连锁经营,在上海也有一席之地。

四是上海本地自创品牌,如:“南华火锅”、“来来火锅”。

这四大军团通过长时间的努力,都形成了较高的知名度,也创立了一些知名的火锅品牌。同时,一些缺乏管理和文化积淀较浅的火锅店也普遍存在,火锅企业的实力和经营状况参差不齐。

2004年,上海五大报纸上的火锅类广告投入已经超过百万元,而且还有继续增加的趋势。从整个上海火锅市场的格局来看,市场竞争比较残酷,火锅企业的数量过多让上海的火锅市场面临着洗牌的可能。一些规模小,没有资金、管理和品牌优势的企业将会举步维艰。部分火锅店缺乏特色,无稳定的口味,服务不规范,没有一套完整的经营模式,缺乏行之有效的营销策略,仅靠简单的打折、送券等营销措施来硬拼,其结果肯定是既伤害了竞争对手也伤害了自己,最后只有碰运气来决定其生存。

（二）火锅市场竞争者“群羊必至”

现在，市场上以“羊”为名做羊肉火锅加盟连锁的中小企业较多，如“小尾羊”、“小肥羊”、“小美羊”、“肥尾羊”、“小山羊”、“农家羊”、“蒙羊阁”等等，加上以不同副标题出现的“羊”，内蒙古羊肉火锅连锁已经达到“群羊必至”、真假难辨的地步。对于内蒙古“小尾羊”这个开拓者来说，内忧未除外患又至。

形成这种“群羊必至”的原因是其进入的门槛低，赚钱又快。只要挂一个牌子、起一个名字，仿照其管理，做一个网站、招一批业务员、搭一个班子，财源就滚滚而来。尽管“小肥羊”曾经希望通过秘方等方式来垄断上游资源，但并未成功。因此，我们要创建自己的品牌，拥有自己的特色，考验真伪的唯一方法就是进行品牌区隔，通过品牌传播打造市场区隔平台，创造竞争对手无法复制的品牌文化，从而使市场在竞争中自动被净化。

（三）竞争者的优惠促销手段

学院附近可以说还是未开垦的处女地，除了几家小店在经营一般家常菜还提供火锅以外，几乎没有一家专营火锅店，但在离学校不远的南桥却有一家实力不凡的“金呈府”豆花鱼庄。“金呈府”豆花鱼庄是以鱼为特色的火锅餐饮企业，价格便宜，环境也不错，新装修不久。但他们的服务不好，管理差，也没有很好的员工培训，从学院到那边也需要坐车，所以并不方便。如在学院附近开一家小型火锅店，作出自己的特色，且价格便宜，一定会吸引一大批消费者。“8632 火锅”在这方面为我们树立了榜样。

“8632 火锅”曾经掀起火锅界的大革命。何谓“8632”呢？就是荤菜一律 6～8 元，素菜只要 2～3 元。据业内人士分析，之所以会出现这种情况，是因为“8632”找到了火锅价格的“临界点”，既给了消费者最大的实惠，也让经营者有钱赚。那么，“8632”为何可以在上海火锅市场上分得一杯羹，其经营的“秘密武器”又是什么呢？

据了解，“8632”概念火锅最突出的一个特色就是价格便宜。这主要体现在：一是不收锅底费，这一点就比上海的其他火锅店的火锅价格便宜了 10～20 元。二是菜品，像鳝鱼、鹅肠、毛肚这样的荤菜一律 8 元，而素菜只要 2～3 元，四五个人往往只需花几十元，实在是很实惠。三是特色，如其原味火锅以“原味秘制鸭肠王”为特色。另外，就是菜品的新鲜度，“8632”火锅因为生意普遍较好，菜品周转很快，因此菜也很新鲜。

一个上海的火锅店老板曾指出，“8632”的便宜玩的是一种概念，因为它把分量减少了。消费过“8632”的食客则认为，吃火锅的人其实并不很在乎分量，分量少、价格便宜更符合现在的消费者需求。

好味道、低价格、有特色就是“8632”的“秘密武器”。“8632 火锅”的老总形象地说:“高品质的火锅,走低价的路线,这就如同用一个原子弹去炸一个小碉堡一样,你说它的威力大不大!”

(四)上海火锅市场竞争者的品牌火锅特色

品牌火锅基本上有三大特色:

第一,汤为淡味,以涮生片为主,沾料占重要角色,这以涮羊肉及广式打边炉为代表;

第二,锅内的料已熟,如砂锅鱼头、羊肉炉等,炉火只是起保温作用,并用来烫素菜;

第三,锅内的料都熟透了,连素菜也无需再穿烫,炉火完全是用来保温的,和大锅菜无二样,如佛跳墙、复兴锅等。

我们小组认为,若我们能将“8632”这样的促销手段运用良好,再加上本身物质的保证,以及环境、服务的完善,并且拥有自身的火锅特色,是能够在市场上立足的。

五、火锅市场的营销机会和优劣势分析

随着这几年大学的扩招,上海市郊相继建起了很多大学,甚至出现了大学城。大学城的成片开发,不仅带动了当地经济的发展,同时也为市区的下岗职工和个体经营者带来了创业机遇。

通过对学校周边商家的认真观察,我们注意到,虽然这里的餐馆数量多,但面对庞大的学生和民工消费群体,能提供既经济又实惠的食物的餐馆却少之又少。

另外,在我们小组的问卷调查中还发现,超过九成的人都喜欢吃火锅。其中,60%的人喜欢蔬菜类;52%的人喜欢肉类;30%的人喜欢内脏类;58%的人喜欢菌类;还有64%的人喜欢生鲜类。由于学校附近就有一个农贸批发市场,因此,这些产品的进货还是很方便的,这无疑对我们开火锅店是一个大优势。不过,要成功开办一家火锅店,仅有此一项优势是远远不够的,还要过以下几“关”。

第一是选项关。项目是创业的基础和关键。我们要体现自己的优势,在创业上应该立足于一些容易上手、比较熟悉的项目,选择不需要十分专业的知识技能的项目或是选择在专业的知识技能方面可以很容易解决的项目。在实际经营中,很多大学生选择的是服装、精品销售等项目,其实大学生在这些方面很难有优势,毕竟相当一部分大学生并没有学习过相应的知识。而开设一家经济实惠的火锅店是我们小组认定的一个合适的项目。

第二是经验关。大学生创业绝对不能光是“纸上谈兵”,仅具备一定的企业管理及市场营销知识是不行的,经验也是非常重要的。但这对大学生这样的创业新人来说是有一定难度的。毕竟我们是新人,没有什么社会经验或工作经验,很多问题是需要请教有经验的“老法师”来把关的,所以这一点对我们而言是一项劣势。

第三是团队关。现在的市场竞争不是一个人的竞争,再出色的创业计划也具有可复制性,而团队的整体实力是难以复制的。因此,在投资时,往往更看重的是有合作能力的创业团队,而非那些徒有想法的单干者。对于这点,我们小组可谓是坚不可摧,因为我们团队的合作能力是很强的,所以这可以说是我们小组的一大优势。

第四是心态关。心态在一定程度上决定着创业的成功与否。在我们创业时,除了要有好的技术,更要有好的心态,要敢于直面挫折和失败。此外,时刻保持创业激情也是突破创业瓶颈不可忽视的精神力量。对于还没真正踏进社会的我们而言,可谓是"初生牛犊不怕虎"。同样,作为大学生的我们更是充满激情和热情的。创业中可能出现的疲惫和无奈都是正常的心态反应,只要我们注意适时调整,这些就不会成为阻碍我们前进的难题。在这一方面,我们小组也认为是我们作为年轻人的优势。

在国家政策方面,为了鼓励大学生创业,去年上海市首次设立了一个专门针对应届大学毕业生创业而设立的免费创业教育培训中心,培训中心的开支由政府提供。上海应届大学毕业生创业可享受四项优惠政策:

一是免费风险评估;

二是免费政策培训;

三是无偿贷款担保;

四是部分税费减免。

创业教育培训中心免费为大学生提供项目风险评估和指导,帮助大学生更好地把握市场机会。上海市劳动和社会保障局所辖的"促进就业基金"还专门为大学生创业提供担保,贷款最高上限达到5万元。

与此同时,上海市工商行政管理局也对大学生创业进行了政策倾斜:凡高校毕业生从事个体经营的,自批准经营日起1年内免交登记注册费、个体户管理费、集贸市场管理费、经济合同鉴证费、经济合同示范文本工本费等,但此项优惠不适用于建筑、娱乐和广告等行业。

目前,上海市创业培训中心已经开办了大学生创业培训班,共招收上海交通大学、上海商业职业技术学院等学校的应届毕业生62人。

为贯彻落实国务院有关文件精神,把高校毕业生的就业指导工作做实做细,上海市政府上半年还制定了一系列相关政策,主要包括以下四个方面:

一是鼓励高校毕业生到基层和艰苦地区去工作锻炼。

二是鼓励用人单位吸纳高校毕业生就业。

三是建立统一的高校毕业生就业服务和信息网络。

四是支持、鼓励高校毕业生自主创业和灵活就业。

根据SWOT分析法,我们小组将以上的优、劣势作了分析:

优势(S)：	劣势(W)：
1. 选择的项目容易上手、容易熟悉，进货方便。 2. 小组的团队合作能力较强。 3. 对创业有较好的心态。	1. 缺乏社会实践经验和工作经验。 2. 对学院附近餐饮市场的了解还不是很透彻。
机会(O)：	威胁(T)：
1. 上海应届大学毕业生创业可享受 4 项优惠政策：免费风险评估；免费政策培训；无偿贷款担保；部分税费减免。 2. 上海市工商行政管理局也对大学生创业采取了政策倾斜：凡高校毕业生从事个体经营的，自批准经营日起，1 年内免交登记注册费、个体户管理费、集贸市场管理费、经济合同鉴证费、经济合同示范文本工本费等，但此项优惠不适用于建筑、娱乐和广告等行业。 3. 上海市政府鼓励高校毕业生到基层和艰苦地区工作锻炼，鼓励用人单位吸纳高校毕业生就业。建立统一的高校毕业生就业服务和信息网络。支持、鼓励高校毕业生自主创业和灵活就业。	1. 学院内及附近的餐厅、小饭店等相当多。 2. 在南桥镇上有一家品牌火锅店“金呈府”。 3. 还是有 8%的被调查者不愿去学院附近的火锅店消费。 4. 学生每个月的生活费相当有限。

随着高等教育规模的不断扩大，越来越多的高层次劳动者进入劳动力市场，大学生的就业将面临新的挑战。鼓励学生毕业后自主创业，在创造新财富的同时创造就业机会是大学生走向社会、接受社会挑战的重要途径之一。

根据以上相关资料的统计、分析，虽然有劣势和威胁，但利还是大于弊的。我们小组认为，在上海商学院周边开火锅店是可行的。其一，从市场来看，各家火锅店纷纷开张，有增无减，并且基本人人都爱吃火锅，我们小组在商学院附近开火锅店正好填补了学校周边无火锅店的这个市场空白。数据显示，92%的商学院学生表示，如果学校附近开一家口味独特的火锅店，他们将很乐意前往。其二，在竞争对手上，在商学院周边并无一家火锅店，仅仅在南桥镇上有一家“金呈府”和三家并无名气的火锅店。可见，在竞争对手方面并无很大的困难和压力，这更让我们觉得成功的概率相当大。因此，我们小组可以大胆地在学校附近开家火锅店。对任何一个服务性行业来说，顾客就是上帝，只要我们小组开的火锅店可以做到“食品卫生，价格便宜，环境幽雅，服务周到”，以及坚持我们的“8632”式的价格促销手段，就一定会吸引相当多的顾客光临。

附件一:营销调研课题立项表

(一)调研要解决的问题

随着大学毕业生就业率的不断下降,我们小组的同学希望可以通过大学生自主创业这条道路给自己一个更好的就业机会。同时,上海商学院周边的餐饮市场有很大的发展空间,并且学校周围的饭店经营风格大都雷同。所以,我们小组希望在学院附近开家火锅店,这样既可以给我们小组同学提供一个创业的机会,又可以丰富学院学生们的饮食选择。

(二)调研协作提纲

1. 概述
2. 火锅市场状况分析
3. 影响火锅消费的宏观环境分析
4. 上海餐饮消费者需求分析
5. 火锅市场竞争者分析
6. 火锅市场的营销机会和优劣势分析

附件二:调查问卷统计数据

序号	问题	选项	答案	人数	所占比例(%)
	被访者性别		男	16 人	32%
			女	34 人	68%
1	您是否喜欢吃火锅?		是	47 人	94%
			否	6 人	6%
2	您每个月的生活费有多少?	A	300 元以下	4 人	8%
		B	300~500 元	17 人	34%
		C	500~700 元	20 人	40%
		D	700 元以上	9 人	18%
3	您一般每隔多久会去吃一次火锅?	A	1 个月以内	12 人	24%
		B	1~3 个月	26 人	52%
		C	3 个月~半年	7 人	14%
		D	半年以上	5 人	10%
4	平均每次吃火锅的人均消费为多少?	A	30 元以下	3 人	6%
		B	30~50 元	24 人	48%
		C	50~70 元	17 人	34%
		D	70 元以上	6 人	12%
5	请问您喜欢哪种用餐方式?	A	自助式	9 人	18%
		B	点餐式	22 人	44%
		C	套餐式	2 人	4%
		D	以上均可	17 人	34%
6	您平时吃火锅喜欢哪一类?(可多选)	A	蔬菜	30 人	60%
		B	肉类	26 人	52%
		C	内脏	15 人	30%
		D	菌类	29 人	58%
		E	生鲜类	32 人	64%
7	您喜欢什么样的用餐环境?(可多选)	A	新潮时尚	23 人	46%
		B	艺术欣赏	13 人	26%
		C	陶冶心情	16 人	32%
		D	体现荣耀	6 人	12%
		E	环境舒适	41 人	82%
8	您选择这家店的原因是?(可多选)	A	食品卫生	40 人	80%
		B	价格便宜	30 人	60%
		C	环境优美	22 人	44%
		D	服务周到	28 人	56%
9	您一般从哪里得知最新的餐厅?	A	商业广告	8 人	16%
		B	大众媒体	10 人	20%
		C	实地促销	7 人	14%
		D	朋友推荐	25 人	50%
10	如果在学校附近开家适合您口味的火锅店您是否愿意去?		愿意	46 人	92%
			不愿意	4 人	8%

第三章
营销战略

内容简介

进行市场分析是企业营销管理的一项重要工作。通过市场细分,企业可以了解现有目标市场各类顾客的不同消费需求和变化趋势。选择相应的细分市场,有针对性地开展营销活动,可以使企业采取相应的营销组合,实现企业的营销目标。通过在市场营销学课程实践教学平台上对某一行业或产品的市场细分,选择相应的目标市场,并给予市场定位建议,训练学生进行市场细分、目标市场选择、市场定位的应用能力。

本章通过市场细分表的设计及分析、市场定位图的设计及分析和撰写市场开发分析报告3个实训项目的训练,使学生能够掌握市场细分、目标市场选择和市场定位的理论及方法,通过对企业的实际市场进行细分,明确如何从实际情况出发,选择相应的目标市场,掌握市场定位战略的具体方法,进而培养学生的实践能力、分析问题和解决问题的能力。

训练一　市场细分表设计及分析

一、实训任务

第一,要求学生掌握市场细分的依据、有效市场细分的准则和市场细分的方法,掌握市场细分表的设计方法。

第二,要求学生通过查询资料及实地调查,了解某一具体产品指向的市场,针对各个不同细分市场消费者的购买、使用、偏好等情况,依据消费者市场细分的标准(如地理标准、人口标准、心理标准和行为标准等)划分市场,设计"市场细分表",评估各细分市场的吸引力,并对所选择的一个或几个细分市场进行分析,以确定企业的目标市场。

二、实训要求

（一）对教师的要求

第一，对“市场细分表”在企业市场分析中的实践价值给予说明，调动学生进行实训操作的积极性。

第二，对“市场细分表”设计相关的市场细分标准、有效市场细分准则、市场细分方法给予说明，帮助学生掌握其具体应用。

第三，对“市场细分表”的资料选择、数据来源、填写规则等给予说明、指导。

第四，帮助学生确定选题或研究方向，指导各小组确定有关调查事项。

第五，负责指导学生完成本项目的研究，评定学生的实训成绩，形成书面评价材料，并提交关于本次实训指导工作的总结报告。

第六，提供“市场细分表设计与分析”课业范例，供学生操作时参考。

（二）对学生的要求

第一，能够通过查询资料及实地调查，了解某一具体产品所指向的市场上的消费者的购买、使用等情况。

第二，依据所掌握的资料，设计市场细分表，评估各细分市场的吸引力。

三、理论指导

（一）市场细分的理论依据

1. 顾客需求的差异性是市场细分的内在依据

消费者的需要、动机和购买行为具有多元性，由此产生了 3 种不同的偏好模式：

（1）同质型偏好，指同一个市场上所有购买者的偏好大致相同，企业只需提供一种产品就可以满足他们。

（2）分散型偏好，指消费者偏好在空间内平均分散而无任何集中，这表示消费者对于产品的需求存在极大差异。这时企业如果只推出一种产品将难以满足所有顾客的需求。

（3）群组型偏好，指市场上出现了若干具有不同偏好的消费群体，客观上形成了不同的细分市场。

2. 企业资源的限制和进行有效的竞争是市场细分的外在强制条件

现代企业规模再大，都不可能占有人力、财力、物力、信息等一切资源，不可能向市场提供所有的产品，满足市场所有的购买或消费需求。同时，任何一个企业受资源和其他制约因素，都不可能在市场营销全过程中占有绝对优势。在激烈的市场竞争中，为了求生存、谋发展，企业必须进行市场需求分析，细分市场，选择目标市场，进行市场定位，集中资源有效地服务目标市场，力争取得最大的竞争优势。

（二）市场细分的原则

1. 可衡量性

各细分市场要有明显的区别，表明该细分市场特征的有关数据资料要能够加以衡量和推算，如易识别的组成人员、共同的特征、标志等。

2. 可占领性

细分市场应该是企业能够占领并能开展有效经营活动的市场。

3. 可盈利性

可盈利性指企业选定的细分市场的规模和购买力应足以使企业有利可图，从而取得经济效益。

4. 可区分性

市场细分后的范围界定应明晰，各子市场对营销组合应能作出差异性反应。

（三）消费者市场细分标准

1. 地理细分

地理细分是指企业根据消费者所在的地理位置、地形气候等因素来细分市场，然后选择其中一个或几个子市场作为目标市场。

(1)地区细分。

按原行政区划分：东北、华北、华南、华东、西南、西北等。

按自然条件划分：山区、平原、丘陵、湖泊、草原等。

位于不同地区的消费者，消费习惯大不相同，如消费者饮食习惯上的南甜北咸、东辣西酸之分。

(2)城乡细分。

城市市场：特大型城市、大城市、中小城市、县城与乡镇。

农村市场：指我国广大的农村。

(3)人口密度细分。

人口稠密：东部沿海，商业网点以及大的商业中心较多。

人口稀疏：西部内陆，每平方公里 10 人左右，大商业中心和商业网点较少。

(4)气候条件细分。干燥地区与潮湿地区、严寒地区与温暖地区，其对防潮与御寒用品的需求有很大差异。

2. 人口细分

人口细分指企业按照人口调查统计的内容，如年龄、性别、收入、职业、教育水平、家庭规模、民族、宗教信仰等“人口因数”来细分市场，这是市场细分的主要标准。

(1)年龄：消费者年龄不同，消费需求会有差异（如婴儿、少年、青年、中年、老年）。

(2)性别:性别对服装、鞋帽、化妆品、杂志等市场的细分具有特别的意义。

(3)收入:收入是反映购买力水平的主要指标。收入水平与高、中、低档商品的需求具有很大的关联性。

(4)职业:职业不同,需求偏好不同。

(5)教育:消费者受教育程度不同,对商品的文化要求会不一样。

3. 心理细分

心理细分指企业以社会阶层、生活方式以及个性等因数作为划分消费者群的基础。

(1)社会阶层:通常是其职业、教育、收入和价值观诸因素共同作用的结果。不同的社会阶层具有不同的价值观念、生活方式及兴趣爱好,因而会有不同的购买心理和购买行为。

(2)生活方式:是一个人在生活中所表现出来的活动、兴趣和看法的整体模式。

(3)个性:指个人特性的组合。这种个性模式是消费者在生活中力求捍卫和保护他们的自我形象。

4. 行为细分

行为细分指企业以消费者对产品的知识、态度、使用或反应为基础来划分消费者群,不少经营者相信行为因素是创建细分市场的最佳起点。

(1)时机:消费者产生需要、购买或使用产品的时机不同,对季节性产品、节假日产品或服务市场的细分具有特殊的意义。

(2)追求利益:不同消费者对购买同一产品所追求的利益有很大差别。

(3)使用者情况:可以按照使用者对产品的使用情况,细分为从未使用者、曾经使用者、潜在使用者、首次使用者、经常使用者等。

(4)使用量:依据产品购买、使用或消费的数量,将顾客分为少量、中量、大量使用者。

(5)品牌忠诚度:可以根据消费者的品牌忠诚度来细分市场。

(四)市场细分的程序

企业进行市场细分,大致可分为 7 个步骤。

1. 选定产品市场范围

选定产品市场范围即确定进入什么行业、生产什么产品。产品市场范围应以顾客的需求,而不是产品本身特性来确定。

2. 列举潜在顾客的基本需求

企业要根据已选择或确定的营销目标,对市场上现实或潜在的消费需求尽可能全面地进行调查分析,并详细描述出来。

3. 了解不同潜在用户的不同需求

对于列举出来的基本需求,不同顾客强调的侧重点可能会存在差异。通过对这种差异的比较,不同的顾客群体可被初步识别出来。

4. 以顾客的特殊需求作为细分标准

共同需求固然重要,但不能作为市场细分的基础,因而应该剔除,以特殊需求作为细分标准。

5. 根据潜在顾客基本需求上的差异性，将其划分为不同的群体或子市场，并赋予每一子市场一定的名称

西方房地产公司常把购房的顾客分为好动者、老成者、新婚者、度假者等子市场，并据此采用不同的营销策略。

6. 分析细分市场

进一步分析每一细分市场的需求与购买行为等特点，并分析其形成原因，以便在此基础上决定是否可以对这些细分出来的市场进行合并或作进一步细分。

7. 估计每一个细分市场的规模

在调查基础上，估计每一细分市场的顾客数量、购买频率、每次购买的平均数量等，并对细分市场上产品的竞争状况及发展趋势作出分析。

（五）市场细分的方法

1. 单一变量因素法

根据影响消费者需求的因素，只选用某一个重要因素对市场进行细分。

2. 多个变量因素组合法

根据影响消费者需求的因素，选用两种或两种以上的因素从多角度对市场进行细分。

3. 系列变量因素法

根据企业经营的特点并按照影响消费者需求的诸因素，由粗到细地进行市场细分，以便逐步找到可供企业开发的目标市场。

四、实训操作

（一）实训组织

将班级同学划分为若干项目小组，每一小组规模一般为 5～7 人，每组确定 1 人担任项目小组长，负责协调小组的各项工作。由于调研的许多环节存在连续性，且需要小组成员共同完成，所以中途无特殊原因不允许组员变动。组团的时候注意小组成员在知识、性格、技能等方面的互补性，如性格外向，熟悉计算机的文字处理技术、绘图功能等。小组成绩将作为每位组员的实训成绩。

（二）实训过程

第一，各小组讨论决定所研究的产品类型，教师对学生进行商品类别划分的指导。如大学生新鲜感强，喜欢尝试新口味，需要多品种的冰淇淋。因此，可以对冰淇淋行业的校园市场进行分析，了解在校大学生对冰淇淋的需求特点。

第二，各小组进行文献、资料的查询以及实地调研，并对调研情况作详细记录。

第三，各小组在对调研的资料进行整理分析的基础上，绘制市场细分表。具体操作如下：

根据市场细分的标准、原则，联系具体市场或有关项目资料，进行"市场细分表"的设计。"市场细分表"的设计大致可分为四步：

第一步：确定项目所面对的整体市场范围。依据项目开发需要，确定整体市场的范围。整体市场的确定具有相对性，因此，需针对自己所进入的市场情况来确定整体市场的范围。如对冰激凌的校园市场选择一个或多个大学校园进行市场调查。

第二步：确定进行市场细分所选择的标准。根据具体资料，选择一定的细分标准来设计"市场细分表"。将确定的细分标准填入横向表格第一行。细分标准的填入应注意排列次序，一般来说，应这样排列：区域、性别、年龄、职业、收入、使用情况、品牌偏好等。

第三步：制作"市场细分表"。根据确定的市场细分标准，制作"市场细分表"，并填入有关数据和市场资料。根据具体资料，按所列细分标准依次完成细分表格的资料录入，表示各细分市场的具体情况。如表 3—1 所示。

表 3—1　冰激凌校园市场细分

性别	年龄（岁）	月生活费（元）	购买行为	口味偏好
女	18～20	400～600	一般	奶油、草莓、菠萝、巧克力、果仁
		600～1000	经常	
	20～24	400～600	一般	
		600～1000	经常	
男	18～20	500～800	一般	巧克力、奶油、草莓、香蕉、菠萝、果仁
		800～1200	经常	
	20～24	500～800	一般	
		800～1200	经常	

第四步，各小组进行"市场细分表"分析，评估各细分市场的吸引力。根据市场需求状况和企业营销实力，正确选择企业准备进入的细分市场，并分析选择的理由。应注意中小企业选择细分市场不宜太多、范围不宜太大。

第四，各小组进行交流、讨论。各小组可委派一名代表使用 PPT 陈述研究结果。

第五，学生点评，教师总结。

五、实训评价

指导教师根据实训作业、课堂陈述质量与小组成员互评三部分进行考核，各部分成绩比重为 50%、30%、20%。教师负责实训作业与综合分析成绩评定，小组成员相互评定工作贡献。

"市场细分表设计及分析"具体评价项目、评价标准、评价分值如表 3—2 所示。

表 3—2 “市场细分表设计及分析”实训项目考核评价表(教师用)

项目名称	分值	实际得分
项目研究计划的确定	10	
文献、资料获取,实地调研	10	
细分标准的合理性	10	
细分表格内容的完整性	10	
细分表格内容的准确性	10	
细分市场吸引力的评价	20	
市场细分报告撰写	20	
小组成员协作	10	
合计	100	

六、实训范例

中国啤酒市场细分

经济的快速发展使中国啤酒市场的需求量呈现几何级数的膨胀,啤酒企业也如雨后春笋般成长起来,青岛、燕京、珠江、哈尔滨、金星等几家大的啤酒集团迅速发展,并成为支撑中国民族啤酒工业的中坚力量。但行业产能过度膨胀导致了整个市场供需的严重失衡,市场竞争也日益残酷和激烈,市场竞争秩序混乱不堪,使中国啤酒产业处于动荡之中。中国啤酒产业的竞争层次和竞争程度,使中国啤酒产业的未来发展充满变数,也使企业在竞争过程中遇到更多的困难和挑战。如表 3—3 所示。

表 3—3 中国啤酒市场的档次细分表

产品细分	平均零售价格	份额	代表产品
高档产品	15 元/升	3%	百威、嘉士伯、喜力、青岛纯生等
中档及中高档产品	10 元/升	8%	朝日啤酒、黄河纯生啤酒、珠江纯生啤酒等
主流及主流高细分产品	5 元/升	80%	青岛啤酒、燕京啤酒、大理啤酒、哈尔滨啤酒等
低档产品	3 元/升	9%	金星啤酒、白龙潭啤酒等

从表中可以看出,中国啤酒产品消费市场以主流及主流高细分产品为主,啤酒企业生产的产品主要是对准中低端市场的。而具有市场空间大、利润率高特征的高端市场所占的市场份额较少,且消费集中性很强。

目前,国产啤酒价格普遍过低,80%以上的啤酒均属于中档及低档产品。高档啤酒市场几乎被外资品牌垄断,主要有百威、喜力和嘉士伯等。中国啤酒行业内的产业升级势在必行,这可以通过以下途径进行:一是直接提价。价格仍然是争夺消费者的一个关键因素,虽然一些品牌得到了较为广泛的认可,但消费者仍然对价格比较敏感,低价竞争往往是打入新市场的有效手段,但较低的产品均价意味着营业利润率与国际啤酒公司相比仍处于较低水平。因此,提高价格可以获得较高的盈利水平。二是逐步向高毛利品牌调整结构。在消费增速放缓、行业集中度持续提高的背景下，未来本土啤酒厂商产品结构的提升将成为大势所趋，中国啤酒厂商将进行持续不断的产品结构调整，并进军高档啤酒市场。中国酿酒工业协会曾提出："到2015年将纯生啤酒提高到占国内啤酒总产量20%以上；重点发展口味纯正、醇厚的高档啤酒；逐步提高国产啤酒在高档消费市场中的比例。"

（资料来源：根据《2011年中国啤酒行业分析报告》整理）

训练二 市场定位图设计及分析

一、实训任务

第一，要求学生掌握市场定位的有关理论知识，掌握市场定位的基本技能，了解各种市场定位途径与方法。

第二，要求学生具有目标市场确定的能力，能够把市场定位理论运用于营销实践，联系有关项目或资料，为企业品牌或某一具体产品进行市场定位图的设计。能够根据消费者对产品的偏好及竞争者的市场定位状况，设计"产品定位图"，分析项目区别于竞争者、符合消费者需求的依据，从而确定企业产品特色或品牌形象定位。

二、实训要求

（一）对教师的要求

第一，对"市场定位图"在企业市场分析中的实践价值给予说明，调动学生实训操作的积极性。

第二，对与"市场定位图"设计相关的目标市场选择，市场定位的方法，市场定位的步骤，市场定位战略，市场定位图的设计、分析等知识给予说明，指导学生掌握这些知识在营销实践中的具体应用。

第三，帮助学生确定选题或研究方向，指导小组确定有关调查事项。

第四，提供"市场定位图设计与分析"范例，供学生操作参考。

第五，负责指导学生完成本项目训练，评定学生实训成绩，形成书面评价材料，并提交关于本次实训工作的总结报告。

（二）对学生的要求

第一，讨论确定小组有关的调查事项，能够通过文献、资料的查询及实地调研，了解某一品牌或具体产品所指向的市场顾客对该产品的认知、竞争者市场状况、企业自身情况等影响市场定位的因素情况。

第二，整理、分析所掌握的资料，设计"市场定位图"，并对所研究项目进行相应分析。

三、理论指导

（一）市场定位的含义

市场定位，也称为"产品定位"或"竞争性定位"，即根据竞争者现有产品在细分市场上所处的地位和顾客对产品某些属性的重视程度，塑造出本企业产品与众不同的鲜明个性或形象并传递给目标顾客，使该产品在细分市场上占据强有力的竞争位置。其实，市场定位就是塑造产品在细分市场上的位置，体现企业价值，使市场正确认识和全面理解本企业有别于其竞争者的象征性的行为。因此，市场定位是市场营销战略体系中的重要组成部分，它对于树立企业及产品的鲜明特色，满足顾客的需求偏好，从而提高企业竞争实力，具有重要的意义。

（二）市场定位方法

1. 避强定位

避强定位指企业回避与目标市场上竞争者直接对抗，将其位置定在市场上某处空白领地或"空隙"，开发并销售目前市场上还没有的具有某种特色的产品，开拓新产品市场。

2. 迎头定位

迎头定位指企业选择靠近于现有竞争者或与其重合的市场位置，争夺同样的顾客。彼此在产品、价格、分销及促销方面的区别不大。

3. 重新定位

重新定位指企业变动产品特色，改变目标顾客对其原有的印象，使目标顾客对其产品新形象有一个新的认识过程。

（三）市场定位步骤

市场定位的关键是企业要设法在自己的产品上找出比竞争者更具有竞争优势的特性。竞争优势一般有 2 种类型：一是价格竞争优势，二是偏好竞争优势。企业可以通过识别潜在的竞争优势，确定核心竞争优势和显示其独特的竞争优势来实现市场定位。

1. 识别潜在竞争优势

识别潜在竞争优势是市场定位的基础。企业开展定位工作，能分析目标市场中各个位置的情况，结合自己的实力，找出最适合自己营销的位置。为实现此目标，其一，必须进行规范的市场研究，切实了解目标市场需求特点以及这些需求被满足的程度；其二，要研究竞争者的优势和劣势。通过对竞争者、消费者和本企业多种因素的综合分析，就能确定企业现已具备的发展潜力、通过努力可以创造的相对竞争优势。

2. 确定核心竞争优势

核心竞争优势是与主要竞争对手相比，企业在产品开发、服务质量、销售渠道、品牌知名度等方面所具有的可获得明显差别利益的优势。应把企业的全部营销活动加以分类，并将主要环节与竞争者相应环节进行比较分析，以识别和形成核心竞争优势。

3. 显示独特的竞争优势

企业在市场营销方面的核心能力和竞争优势，不会自动地在市场上得到充分的表现，必须制定明确的市场战略来加以体现。如通过一系列的传播手段强化本企业产品在目标顾客心中的形象，及时矫正目标顾客的理解偏差或企业市场定位宣传的失误。

（四）市场定位战略

差异化是市场定位的根本战略。

1. 产品差异化战略

从产品质量、产品款式等方面实现差别化。

2. 服务差异化战略

向目标市场提供与竞争者不同的优质服务实现差别化。

3. 人员差异化战略

通过聘用和培训比竞争者更为优秀的人员获取差别优势。

4. 形象差异化战略

在产品的核心部分与竞争者类似的情况下，塑造不同的产品形象，以获取差别优势。

四、实训操作

（一）实训组织

将班级同学划分为若干项目小组，小组规模一般为 5～7 人，各小组成员分工明确。每组确定 1 人担任项目小组长，负责协调小组的各项工作。由于调研的许多环节存在连续性，且需要小组成员共同作业，所以中途无特殊原因不允许组员变动。注意小组成员在知识、性格、技能等方面的互补性，如性格外向，熟悉计算机文字处理技术、绘图功能等。小组成绩将作为每位组员的实训成绩。

（二）实训过程

第一，各小组讨论决定所研究的产品类型，明确企业想要进入的主要目标市场。

B 啤酒有限公司将推出 A 品牌啤酒，现在我们根据目前的啤酒市场对 A 品牌啤酒进行市场定位策划。啤酒市场规模巨大，近 10 年来中国啤酒市场销量增长速度很快。中档啤酒市场品牌众多而分散，其竞争的激烈程度不及高档及低档市场。从长期发展趋势分析，中档啤酒市场将成为成长最快的一个市场。从消费者的角度来看，随着生活品质的提高，人们对产品的要求越来越高，发展中高档产品具有一定的潜力。

第二，各小组进行文献、资料查询以及实地调研，列出目标市场的需求特征。

啤酒作为一种生活中的日常饮用品，产品应铺货到各大商场、超市、酒吧。由于产品本身的包装和质量要求，它的渠道商不应过多，否则会对产品有很大的损伤。对此，可以在各大省份设立总经销商，再由总经销商向下发展各级代理或销售。应建立比较完善的网络，通过网络进行销售，还要以稳定渠道留利水平为主，控制两批"以价格为代价"对终端的竞争。

第三，各小组在对调研的资料进行整理分析的基础上，填写市场细分表，分析各主要目标市场的特征。如表 3－4 所示。

表 3－4　A 品牌啤酒市场细分表

地区	性别	使用场所	购买场所	酒精含量
城市	男	聚会、婚庆、商务宴会	商场、酒吧	中浓度
	女		大型超市	低浓度
农村	男	节庆、婚宴	小卖部	高浓度
	女		超市	低浓度

根据以上分析，从啤酒的浓度来看，除了农村男性消费者喜欢高浓度的啤酒外，大多数消费群体都比较偏爱浓度相对较低的啤酒。从使用的场所来看，城乡消费者无论男女，通常都会在婚宴场所饮用该品牌啤酒。从购买场所来看，女性消费者喜欢在超市购买，农村的男性消费人群喜欢在小卖部购买，城市的男性消费人群喜欢在商场或酒吧购买。

由目标市场分析得到，城市市场因其市场容量大、人口密度高、投资回报高而成为啤酒企业最重视的市场。而啤酒的城市市场具有如下特点：一是人口密度大、消费者集中；二是消费水平差异性大、消费需求多样化、市场机会多；三是中高档啤酒市场发展快、前景广阔；四是强势竞争对手多、市场竞争激烈。在目标市场选择上，由于我们生产的是中高档产品，所以我们将重点市场定位于城市。

第四，明确目标市场竞争状况。在对竞争者调查、分析的基础上，把现有竞争者的定位情况在定位图上标示出来。如图 3－1 所示。

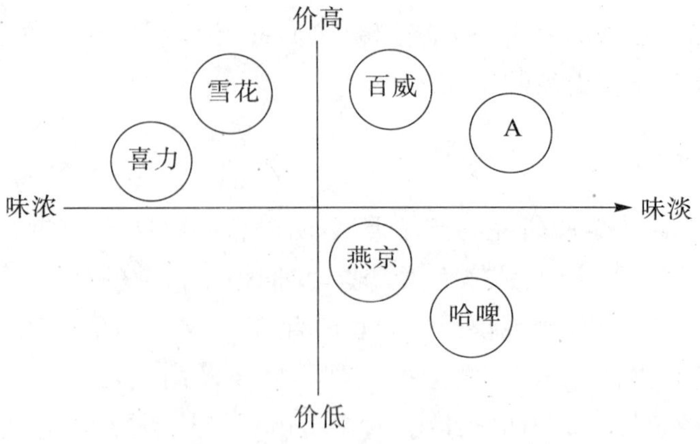

图 3－1　A 品牌啤酒市场定位

第五，确定企业产品的市场定位，选择市场定位策略，制作市场定位图。

企业根据市场竞争状况，确定企业的竞争优势，选择合适的定位战略，进行正确的市场定位。

这个产品的主要市场是在城市，主要顾客群体是商务人士。因此，在产品包装上我们采用统一的、高档的包装设计，可以给消费者更加深刻的印象，在一定程度上也是向消费者表明产品的定位是中高档产品。

第六，各小组在班级进行交流、讨论。各小组委派一名代表到讲台上通过 PPT 陈述研究结果。

第七，学生点评，教师总结。

五、实训评价

指导教师根据实训作业、课堂陈述质量与小组成员互评 3 部分进行考核，各部分成绩比重分别为 50%、30%、20%。教师负责实训作业与综合分析成绩评定，小组成员相互评定工作贡献。“市场定位图设计及分析”具体评价项目、评价标准、评价分值如表 3—5所示。

表 3—5 “市场定位图设计及分析”实训项目考核评价表(教师用)

评价项目	分值	实际得分
项目研究计划的确定	10	
文献、资料获取，实地调研	10	
目标市场的细分及分析	10	
目标市场的竞争状况	10	
市场定位图的设计与分析	20	
市场定位图设计与分析报告撰写	20	
市场定位操作的完整性	10	
小组成员协作	10	
合计	100	

六、实训范例

李氏服装市场定位

李氏集团是一个准备投资服装的中小型企业，对服装市场的情形不太了解。作为中小企业，由于受财力、技术等方面因素制约，可能无力与大企业抗衡。另外，对于投资服装企业，首要就是要熟悉服装市场。对于才起步的企业，要加快了解消费者对服装的各方面需求，尽量去满足消费者的要求。

（一）市场细分

采用的细分方法是多元（三元）细分，采用的细分标准为性别、年龄、产品属性。具体见表3—6。

表3—6 李氏服装市场细分

性别	年龄	产品属类
男	18～30	商务正装
女	30～45	高级时装
	45～65	周末休闲
		新正装

1. 按性别划分

根据性别，可分为男性服装市场和女性服装市场。其中，女装市场一直是服装生产的大头，引领时尚和潮流，是时尚、个性的代表。而根据国家统计局2000年第5次全国人口普查公报，中国男性人口数量为65355万人，占总人口的51.63%，比女性的比例略高，由此可见，中国的男装消费者也构成了一个不容忽视的市场。

2. 按年龄划分

国内成年服装可以按年龄段分为：18～30岁，30～45岁，45～65岁。

3. 产品属类细分

按现有市场中主要服装产品的属类可以划分为：

（1）商务正装系列。商务正装系列包括在正式商务活动及高级商务会晤所穿着的商务服装，如西装（套装）、燕尾服（宴会装）等。

（2）高级时装系列。高级时装也被人称之为“明星服装”，这类服装往往价格高昂，可在时尚晚宴及高级典礼时穿着。此系列服装以奢侈、豪华为设计特点，大多以纯个性化（即个人订制）订购为经营模式。

（3）周末休闲系列。在周末休闲的服装系列中，以现今市场中所出现的休闲类型还可进行细分为：大众休闲（如佐丹奴、班尼路等）、运动休闲（如耐克、阿迪达斯、李宁的专业运动休闲；Lacoste的网球休闲；Wolsey的高尔夫休闲等）、时尚休闲（如ONLY、VEROMODA）、户外休闲（如PaulShark的海洋休闲、JEEP的野外休闲）等。

（4）“新正装”系列。随着“知识精英族群”日益成为都市社会的主流人群，品位休闲、人本与自然的双重追求成为时尚。大量生活化正装、休闲化正装、时尚化正装、商务休闲装的出现，跳脱了传统正装或休闲装的领域，这些都可以统称为“新正装”系列。

（二）目标市场的选择

1. 评估细分市场

结合市场调查和以上市场细分，建议李氏集团选择女性服装。原因在于，当前男装市场的竞争相当激烈。男装发展较早且相对成熟，市场也相对稳定，要进入男装市场对一个刚进入服装市场的李氏集团来说，较困难，竞争也相当激烈。相反，选择女装市场的话，有“得女装者得天下”一说。因此，众多企业和资源混战在女装市场里，女装品牌众多规模却不大，总和也只在15%左右。国内女装品牌带有强烈的区域色彩，还没有一个能在全国形成规模和影响，例如颜色鲜艳、色块较大、结合时尚流行款式的“汉派”服装，带有江南文化气息的杭州女装产业和具有港澳风格的深圳、广东虎门女装产业。众多国内女装品牌基本是定位在中低档市场，在中高档市场上还没几家知名品牌。

同时，随着国内消费者消费观念的成熟和国内市场的不断扩大，国外女装大牌也纷纷进军中国，国内市场越来越成为世界女装市场的重要组成部分。虽说国外女装目标渠道较少，价格定位较高，但其对女装高档市场和国内女装趋势的影响却是巨大的，基本占据了高档市场。同时，国外品牌为了开拓更广阔的内地市场和占据中高档女装市场，与国内品牌合作的步伐越来越快，市场竞争也越来越激烈。所以，趁现在选择女装市场，才能够更好、更容易地进入服装市场，然后慢慢站稳脚步。

同时，李氏集团应该选择18～30岁和30～45岁年龄段的消费群体。18～30岁年龄段的消费群体是最主要的群体，是消费群体中服装购买频率最多、总体购买金额较多的群体，该年龄段人口在1.8亿人左右，其中女性略多于男性人口，与中国总体人口中男女比例相反。该群体具有一定的经济基础，很强的购买欲望，时尚，追求流行、个性，敢于尝试新事物，容易接受各种新品牌。该群体中很大一部分容易冲动购物，是目前服装品牌最多、竞争最激烈的细分市场。30～45岁年龄段的消费者群体是服装消费的次主要群体，是消费群体中购买单件服装价值最高的群体，该年龄段人口有3.3亿人左右。该群体是消费群体中经济基础最为雄厚的群体，有较强的购买欲望。但该群体大多数人的人生观和价值观已相对成熟，因此对风格、时尚有自己的喜好，其中相当一部分人已有自己喜好的品牌，对新品牌的接受程度较低，理性购物居多。已有相当部分品牌定位于此细分市场。

而根据我们调查问卷的统计，可以很明显地分析出，18～30岁、30～45岁这2个年龄段大多喜欢休闲运动系列和新正装系列。

休闲品牌领域的竞争者越来越多，各个品牌开始将原有品牌的着装领域进行延伸，并将一些具体的生活或娱乐概念附于其上，使之更为形象也更加容易被消费者接受。例如，正装休闲化已经成为近年国际服装市场的一大流行趋势，“新正装”概念正是近年来在这一潮流趋势下应运而生的，其定位于“知识精英族群”的社会主流人群，着力营造出一种品位休闲、人本与自然双重追求的时尚，为男女士提供了一种8小时以外同样可以展示自己魅力的服装选择。尤其是商务休闲系列是近几年国际消费市场中越来越推崇的着装方式，既能够在一般的商务场合着装，也可以在8小时外着装，可以更加放松地享受工作和生活。因此，越来越受多数白领和成功人士的喜爱。"新正装"继承了正装和休闲装的双重元素，已经成长为一种独立的衣着文化。"新正装"的主导消费群体都是各行业的青年才俊，包括技术型、知识型、艺术型等知识精英族群，而且这个消费群体正在迅速扩大。所以，我公司建议李氏集团选择以休闲运动系列和新正装为主进行生产和销售。

2. 目标市场的选择策略

目标市场策略无论选择哪一种都是有利有弊的，应综合考虑企业资源或实力、产品同质性、市场同质性、产品所处生命周期、竞争者的市场营销策略及竞争者的数目等多方面因素。

我公司通过调查，建议李氏集团生产和销售18～30岁和30～45岁年龄段的女性服装，不需要以整个市场作为营销目标，更不用去满足所有消费者在某方面的需要。

（三）市场定位

根据调查，我们以价格、质量为指标作出以下市场定位图，李氏集团最终的定位点见图3—2：

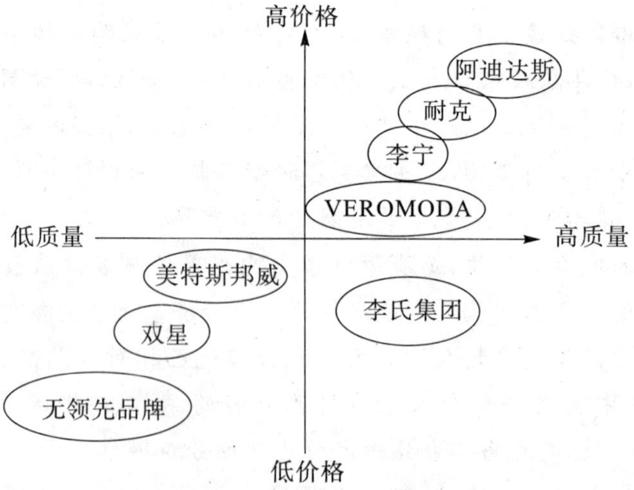

图3-2　李氏集团市场定位

以上市场定位图显示，在高价格高质量的市场已经具有很多的品牌，比如说，阿迪达斯、耐克……都在这个市场，竞争已经非常激烈了，对李氏集团可能是无利可图的，所以首先排除在这个市场里面落脚。一方面，现在有很多个人创业者都会选择低质量、低价格的市场落脚，也就是一些无领先品牌，再加上双星、美特斯邦威都在质量一般、价位较低的市场范围以内，竞争也相对激烈，对于像李氏集团一样准备进入服装市场的企业来说基本无利可图。当然不管是谁都不会去选择一个高价位低质量的东西，这一个市场可以完全省略。同时，由于李氏集团是一个刚准备进入服装市场的企业，所以一定要选择一个容易进入服装市场的策略。李氏集团不妨选择填补式定位，也就是说，避开强有力的竞争对手，将自己的产品定位在目标市场的空白部分或是“空隙”。市场的空缺部分指的是市场上尚未被竞争者发觉或占领的那部分需求空当。企业选择此定位目标，能避开竞争，迅速在市场上站稳脚步，先在顾客心目中建立对自己有利的形象。这种定位方式风险较小，成功率也较高。对消费者来说，这种定位抓住了他们先入为主的心理，消费者一旦对定位产品与企业产生认可，其他的竞争者一时难以改变他们的惠顾心理。根据以上定位图显示，在高质量和低价格的市场中留有很大的空白，所以本公司建议李氏集团的市场定位应该在中端和中高端价格的一个较高质量的市场。这样，李氏集团就可以很容易地进入服装市场，而竞争也没有那么激烈，对于一个才进入服装市场的企业来说，较容易站稳脚跟。

另一方面，由于消费者在挑选产品时，一是考虑商品的实际效用，二是会不由自主地评估不同品牌表现的独特个性，对此，李氏集团还可以塑造个性化差异，建立与竞争对手有明显差异的品牌形象，赋予品牌独有的个性，以迎合消费者。

（资料来源：网络资源《李氏服装市场定位》）

训练三 撰写市场开发分析报告

一、实训任务

第一，要求学生根据前一阶段实践教学项目的积累，在教师的指导下，以小组为单位，把市场细分、目标市场选择和市场定位理论运用于营销实践。本实训是进行市场分析能力培养的综合性实践项目，是整个营销专业教学过程中的重要环节。应通过本实训项目的训练，使学生能够认识到市场开发分析在营销实践中的重要作用。

第二，要求学生综合运用市场细分、目标市场选择、市场定位理论，对小组拟定的项目进行市场细分、目标市场选择、项目定位等方面的分析，论证项目开发方案的可行性，使学生能够掌握项目开发分析报告撰写的步骤、格式和内容，从而培养学生的市场开发分析技能，锻炼学生的社会实践能力。

二、实训要求

(一)对教师的要求

第一,对"市场开发分析报告"在企业市场分析中的实践价值给予说明,调动学生实训操作的积极性。

第二,帮助学生确定调研课题或方向。

第三,对市场细分、目标市场选择、市场定位等相关理论在《市场开发分析报告》实践中的运用给予说明,帮助学生掌握其具体应用。

第四,帮助学生确定选题或研究方向,指导小组确定有关调查事项。

第五,提供《市场开发分析报告》范例,供学生操作参考。

第六,负责指导学生完成本项目研究,评定学生实训成绩,形成书面评价材料,并提交关于本次实训工作的总结报告。要求对市场开发分析报告撰写的具体内容、规范格式等给予说明指导。

(二)对学生的要求

第一,讨论确定小组有关调查事项。能够通过文献、资料的查询及实地调研,了解企业、某一品牌或具体产品的目标市场上顾客对该产品的认知、竞争者市场状况、企业自身情况等市场开发分析内容的各因素情况。

第二,共同参与,小组进行分工撰写,每个学生对自己完成的撰写任务负责。

第三,小组成员依据所掌握的资料完成不少于8000字的市场开发项目分析报告。

三、理论指导

(一)《市场开发分析报告》撰写的程序

1. 确定选题

小组成员对企业定位、产品定位、品牌定位等方面进行讨论,在教师的指导下确定所要研究的具体题目,以便确定所要收集的资料及其具体内容。

2. 开展调查、收集资料

通过市场实地调查、观察、召开座谈会等形式,对项目的消费需求、竞争格局、市场容量等情况进行实地调查,收集第一手资料。

3. 项目的环境分析

对收集的消费者、竞争者、企业的各项资料进行整理,并分析项目所处的宏观、微观环境,为项目开发的初步可行性研究提供依据。

4. 项目的目标市场分析

运用市场细分、目标市场策略理论进行分析。根据企业自身状况、市场状况、产品特性、消费者的需求差异情况等确定细分市场。根据市场的评估条件，对各细分市场进行分析，确定目标市场。根据市场竞争状况，确定本项目在市场中的竞争地位，以此明确本项目是否适应市场需求，从而确定项目的市场定位。

5. 项目投资可行性分析

项目的投资可行性分析为项目的开发决策提供一定的科学依据。根据预测的相关经济指标，确定拟开发项目的可行性，从微观的角度判断本项目的定位。

6. 提出项目分析结论

项目开发可行性分析的主要内容是在市场机会分析的基础上，对项目开发进行客观、全面、系统的分析，目的在于论证项目投资的有效性，从而综合性判断项目的可行性。这一环节是项目分析报告的结论部分。

（二）项目开发分析报告的内容及结构

项目开发可行性分析最终要形成一份书面报告，其结构一般由以下几部分组成：

1. 题目

确定选题以便确定所要收集的资料及其具体内容。

2. 正文

正文是分析报告的主体部分。运用市场细分、目标市场选择理论，对项目的目标市场、环境、机会、投资可行性、市场定位等进行全面、客观、系统的分析。

(1)前言。主要是介绍背景或说明实训目的、项目开发的必要性、分工组织情况等。

(2)目标市场分析。对被选项目的市场环境进行分析，对总体市场状况、消费者需求情况、竞争格局状况进行客观、重点分析。采用市场细分表，进行目标顾客的选择，确定本项目的目标顾客、竞争者，并对其情况进行分析，论证目标市场选择的准确性。

(3)投资可行性分析。一般根据同类项目的投资额及成本费用来估算本项目的投资额与成本费用，以此来分析投资效果。

(4)市场定位设计。根据消费者的需求和竞争状况进行经营特色定位，制作市场定位图。

(5)结论。从报告分析的目标市场、环境、投资可行性、市场定位等方面进行归纳，提出项目结论。

四、实训操作

（一）实训组织

将班级同学划分为若干项目小组，小组规模一般为 5～7 人，每组确定 1 人担任项目小组长，负责协调小组的各项工作。由于许多调研环节存在着连续性，且需要小组成员共同作业，所以中途无特殊原因不允许组员变动。组团的时候注意小组成员在知识、性格、技能等方面的互补性，如性格外向，熟悉计算机文字处理技术、绘图功能等。小组成绩将作为每位组员的实训成绩。

（二）实训过程

第一，教师对学生选题给予指导，各小组讨论决定所研究的项目类别。

第二，各小组进行文献、资料查询以及进行实地调研，并将调研情况、背景资料作详细记录。

第三，各小组在对调研的资料进行整理分析的基础上，绘制市场细分表，并进行分析。

第四，各小组根据相应数据和资料，绘制市场定位图，并进行分析。

第五，各小组提供项目开发分析报告。

五、实训评价

指导教师根据实训项目作业、课堂陈述质量与小组成员互评 3 部分进行考核，各部分成绩比重为 50%、30%、20%。教师负责实训作业与综合分析成绩评定，小组成员相互评定工作贡献。"市场开发分析报告"具体评价项目、评价标准、评价分值如表 3—7 所示。

表 3—7 "市场开发分析报告"实训项目考核评价表（教师用）

评价项目	分值（分）	实际得分
项目研究计划的确定	10	
文献、资料获取，实地调研	10	
市场环境分析	10	
目标市场细分及分析	10	
投资可行性分析	10	
市场定位分析	10	
结论分析	10	
市场开发分析报告撰写	30	
合计	100	

六、实训范例

"快餐小屋"（环城东路店）开发分析报告

前言

随着社会经济发展和人民生活水平的不断提高，人们的餐饮消费观念逐步改变，外出就餐更趋经常化和理性化。人们对外出就餐的选择性增强，对消费质量要求不断提高，并且更加追求品牌质量、品位特色、卫生安全、营养健康和简便快捷。因此，快餐的社会需求也随之不断扩大，市场消费大众性和基本需求性特点表现得更加明显。上海奉浦地区商学院及周边的餐饮竞争环境不如市区激烈，周边餐饮门面集中，主要客户群为上海奉浦地区商学院师生。我们快餐小屋计划于2008年8月成立，初步选定在本市奉贤区环城东路458号，投资期为4年。

在上海的市中心，快餐店遍布大街小巷。根据我们组员的调查，商学院及周边地区的店面经营快餐的品种比较单一。除了位于南桥文化广场和乐购旁边的肯德基、麦当劳及集集小镇等以外，就没有真正意义上的快餐店了。追求高生活质量的年轻人，既需要快速解决用餐问题，又追求丰富多样的食品种类，因此在商学院周边设立能提供多样品种的快餐店具有一定的市场。

上海商学院2006级市场营销专业第2小组在前期市场调研的基础上，利用3周时间再次开展实地调查，认真分析研究开发项目，发挥团队合作精神，团结一致、群策群力、共同努力，终于完成了《快餐小屋新店开发(环城东路店)可行性分析报告》。

本报告由许珮君担任主审与主编，参加撰写的人员有：朱灵宪、许珮君、张依琳、张碟。本调研报告撰写的分工为："前言"和"新店的经营定位分析"，由张依琳负责；"新店的目标市场分析"和"新店的选址环境分析"，由张碟负责；"新店的经营损益分析"，由朱灵宪负责；"新店开发的分析结论"由许珮君负责。

由于时间仓促，所以分析报告有不足之处，敬请老师以及同学提出宝贵的意见。本报告为"快餐小屋"在奉贤区进一步开发的决策依据。

(一)"快餐小屋"的目标市场分析

据对上海快餐店发展状况的调查显示，随着人民生活水平和餐饮社会化程度的逐步提高，2007年我国餐饮消费持续快速增长，在国民经济各行业中继续保持领先地位。快餐店秉承的是方便、快捷、价廉、物美等原则，属于小型商店，营业面积在80～120平方米，可为顾客提供快速、简洁的饮食。

1. 快餐店具有开发价值

随着社会经济发展和人民生活水平的不断提高，人们的餐饮消费观念逐步改变，外出就餐更趋经常化和理性化。就餐的选择性增强，人们对消费质量的要求也不断提高，更加追求品牌质量、品位特色、卫生安全、营养健康和简便快捷。快餐的社会需求随之不断扩大，市场消费大众性和基本需求性特点表现得更加明显。2008年1～2月，全国住宿与餐饮消费继续保持良好态势，零售额实现2535.7亿元，同比增长23.1%，比2007年同期增幅高出6.1个百分点，占社会消费品零售总额的比重达到14.5%，使社会消费品零售总额增长3.28个百分点，对社会消费品零售总额的增长贡献率为16.2%。

为了适应当代快节奏及新颖的生活方式，追求快速便捷的上班族，偏爱价廉物美的学生群以及不甘落后的中年人群都非常喜欢并且愿意尝试如今不可或缺的一种饮食文化——快餐。因此，快餐店具有以下开发价值：

第一，快餐可以满足消费者对方便与快捷的要求。据调查，白领人士每月进入一家消费层次稍高的餐馆消费 1～2 次，而普通阶层的工人只有每月发工资的时候才可能会进入一家消费层次稍高的餐馆，更别说是学生群。而快餐店既适合普通阶层工人，也适合白领人士，更适合没有收入的学生群。据调查，有 47.5%的人会在 5～15 天内去吃一次快餐。

第二，对食物种类来说，稍高层次的餐馆所供应的是属于一个系列的食品，而且它们变更菜单以及推出新产品的时间间隔相对较长。而快餐店所涉及的品种数量繁多，推出新产品的速度也十分快，满足了现代都市人的新鲜感。这样，消费者就不用为换口味而东家西家地跑了。

第三，客流量大。较那些高层次的餐馆而言，薄利多销是快餐店取胜的法宝。

2. "快餐小屋"的目标顾客分析

环城东路店的目标顾客是采用了市场细分技术进行选择确定的，如表 3—8 所示。

表 3—8 快餐小屋市场细分状况

地区	年龄	职业	月收入(元)	购买情况	品牌偏好
校内	18～24 岁 *	学生 *	依靠父母 *	大量 *	明显
				一般	不明显 *
				少量	
	25～60 岁 *	教师 *	2000～6000 *	大量	明显
				一般 *	不明显 *
				少量	
		物业人员	800～2000	大量	明显
				一般	不明显
				少量	
		个体经营者	3000 以上	大量	明显
				一般	不明显
				少量	
校外	16～24 岁	学生	依靠父母	大量	明显
				一般	不明显
				少量	
	18～60 岁 *	周边企业职员 *	1000～3000 *	大量 *	明显
				一般	不明显 *
				少量	
	18～60 岁	自由职业者	800～2000	大量	明显
				一般	不明显
				少量	

（注：* 为选择的细分市场）

3. "快餐小屋"快餐市场细分分析

根据上海奉浦地区商学院校区内及校区外的调查情况看，两地的快餐市场购买群体存在一定差异。在市场细分表上，把"快餐小屋"快餐市场大致分为三类市场。对它们的分析如下：

(1)“学生”市场评估。上海商学院奉浦校区内全日制在校生共计10000名左右，是一个很大的快餐市场。校内快餐市场竞争一般，校办食堂占有主导地位，进入该市场具有一定风险。这个消费群体的收入主要来自于父母，月生活费在800元左右，具有一定的购买力。且该消费群体具有很高的成长性，一旦使其接受了一个品牌，能迅速扩大该品牌市场份额。该消费群体比较容易尝试并接受新的品牌，而校内并不存在如肯德基、麦当劳、必胜客等知名品牌，竞争者较少，市场竞争环境较好。此外，该消费群体注重就餐的方便快捷以及食物品种的丰富多样，因此，企业只要投其所好，便能在该市场获得较好的盈利。

上海商学院奉浦校区外的消费者主要为商学院周边的一些中专以及华东理工大学奉浦校区的师生。这些学校内部本身设有食堂，往往不会特地来商学院内就餐，因此，该消费群体具有不稳定性。

(2)“教师”市场评估。上海商学院奉浦校区内现有专任教师400余人，其中博士生、研究生以上学历占37.9%，副高以上职称占37.4%(其中正教授、研究员40人)，拥有一支由国内外著名企业集团董事长、总裁等高级管理人员组成的百余名客座教授队伍。该消费群体约占校内快餐市场的20%。他们具有相当的购买能力，对品牌的偏好较弱，市场盈利性较好。企业进入这一市场后，应着重于服务质量的提高。

(3)“周边企业职员”市场评估。上海商学院奉浦校区周边企业职员主要来自于奉浦大厦内的一些企业、政府单位。这个消费群体重质量、轻价格，他们更看重快餐的品质与便捷性。该消费群体有稳定的收入来源，企业在他们身上能够获得较高的利润，而且，只要他们接受了一种品牌，一般不会轻易改变。因此，市场成长性较高。企业应着眼于食品安全与服务质量。

分析结论：

根据上述细分市场的分析与研究，“快餐小屋”快餐市场应选择如下细分市场。

细分市场一：上海商学院奉浦校区内的广大师生，年龄在18～60岁，学生月生活费主要依赖父母，约为800元左右，教师月收入为2000元以上。他们对快餐的需求较大，是品牌偏好不明显的消费群体。

细分市场二：上海商学院奉浦校区周边企业职员，年龄在18～60岁，收入在1000元以上，对快餐的需求较大，是品牌偏好不明显的消费群体。

(二)“快餐小屋”的选址环境分析

本项目小组经过周密的调查，根据店铺立地原则，新店选址确定在上海奉贤区环城东路458号。选定的新店位于上海商学院东门口，背依上海商学院，面向新建成的高级住宅区。新店的选址是否正确，我们必须作可行性分析。

新店面对的目标顾客可以囊括上海商学院的每一位学生和老师，周围的各种住宅区以及工厂的员工，其他学校的师生等。根据商圈划分原理，考虑店铺地址所在地段属于学生较为集中地段，所以以100米为半径的商圈划为中心商圈，东至A4公路，北至环城北路，西至韩村路“多多米线店”，南至环城东路540号“永和豆浆”；以200米为半径的商圈为次级商圈，东至A4公路，北至环城北路，西至韩村路608号“悦和生煎”，南至环城东606号“湘乡人家”；以350米为半径的商圈为边缘商圈，东至A4公路，北至环城北路，西至环城西路，南至八字桥路。新店商圈的界定，有助于企业合理选择店址，了解哪些是本店铺的基本顾客群和潜在顾客群，保证新店充足的客源。

1.“快餐小屋”的道路交通状况分析

环城东路是一条双车道的商业街，南北走向，车站在道路东边。人流较多，但车流速度一般。沿街分布大量的商店与住宅区，经营较多的是餐馆及娱乐场所，是一条人流较为密集的商业街。

“快餐小屋”所处地段有许多人群集聚场所。北至环城北路，有很多企业；南至八字桥路，内有皇品酒家、KTV、网吧和小吃街；东至A4公路，内有高级住宅区；西至环城西路，内有上海商学院、奉浦中专及诸多居民小区。

“快餐小屋”所在地交通比较便利，拥有多条公交线路。在中心商圈有南桥3线、莘南线、南嘉线、南华线等公交线路车站。在次级商圈有莘海线等公交线路车站。

由上述分析可以推论，在环城东路458号开设“快餐小屋”是最佳选择。该店的地段比较有利，交通方便，人流量较大，足以吸引人们前往消费，市场潜力大，这为快餐店的营销提供了有利的前提条件。这些优越的环境是我们这家快餐店开发时选择的重要因素。

2.“快餐小屋”的购买量分析

一个选址优良的店铺必然拥有一批稳定的目标顾客，这就要求在其商圈范围内拥有足够多的人口。许多店铺设在有较强购买力、人口密度大的地区，其中一个重要原因，就是为了保证周围有持续旺盛的购买力。所以，新店开发必须了解其商圈范围内的中心圈、次级圈内目标顾客的数量和收入程度、职业分布、消费特点与偏好。通过对这些情况的了解，可以对顾客的购买量进行估算(边缘商圈对新店没有影响)。

(1)固定人群消费分析。据调查分析，上海奉浦地区商学院是环城东路上的人口密集点。据调查，上海商学院目前有全日制学生10000名左右，教师400余人。位于商学院西侧(奉浦大道和沪杭公路交叉口的东南)的上海商学院，占地面积约87000平方米，总建筑面积10万余平方米，是新建高级住宅区。预计到7、8月份将会有六至七成的住户搬入上院居住。届时，人气将急剧上升。而这些人群都有足够的消费能力，是快餐店的主要客户。据统计，上院及商学院的人每天的入店购买率可达55%，购买金额平均在15～25元左右。

在次级商圈内现有住户大约1000户，虽然在他们的周遭有一些小餐馆，但是非常缺乏像我们这样品种多样、整洁的快餐店，因此，次级商圈对于我们来说也是一个很重要的市场。据调查，每户的入店购买率为30%，购买金额平均在15元以下(含15元)。

在次级商圈里还有两所院校，虽然他们的购买力不如上院和商学院的强，但是也可以成为新的快餐店的目标顾客。这两个学校的学生为2000人左右，入店购买率可达10%，购买金额平均在12元以下(含12元)。

由此可见，根据"快餐小屋"的商圈固定人群现有数量和收入程度、职业分布、消费特点与偏好，他们具有很强的购买力。

(2)流动人群消费分析。2008年4月8日下午，本小组成员在上海商学院东门门口进行市场调查，调查对象为：商学院内的流动人群。调查结果如图3—3、3—4所示。

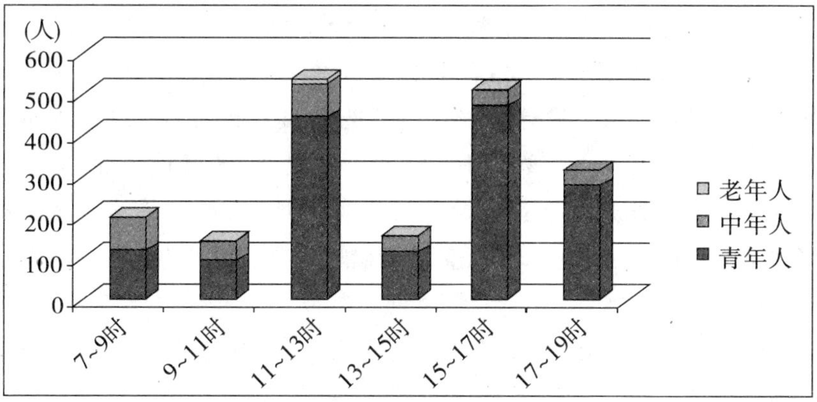

图3－3 上海商学院东门门口的流动人口

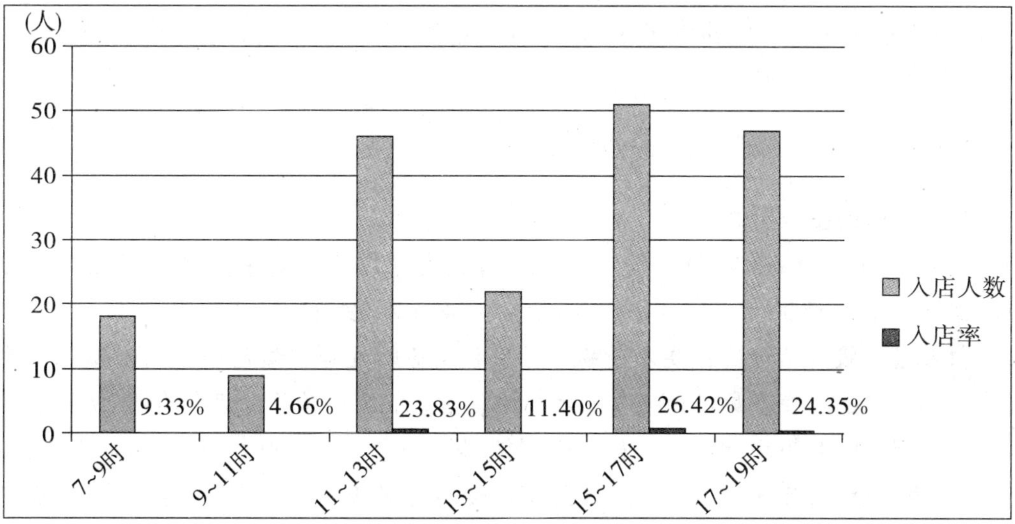

图3－4 出自上海商学院前往快餐店人数及占比

调查显示：奉贤区上海商学院东门门口的流动人群速度较快。由上海商学院前往快餐店就餐的人流要少于上海商学院学生。作为主要目标客户的学生，流动人群的高速流动能为“快餐小屋”带来大量的顾客。

根据我们对上海商学院前往快餐店就餐的人数实地观测统计，估计每天的人流量约为 200 人次，入店率可超 15%，人均消费 15 元左右。根据这一数据，新店将有比较稳定的营业收入。

从上述分析数据可以推出，“快餐小屋”背靠上海商学院奉贤校区，面向人流密集的学生群体，有一定的市场消费的潜力。因此，在奉贤区环城东路 458 号开设新的快餐店是可行的。

3.“快餐小屋”的竞争状况分析

在对商圈消费潜力分析时，还应调查分析该地区的快餐店竞争状况，了解这个地区内同行的数量，竞争对手的经营状况，并对新店地址的选择作出客观的分析。

在中心商圈内，有一家“多多米线店”，位于韩村路上。这是“快餐小屋”最大的竞争对手，它的门面虽然不大，食品种类也十分单一，但是深受广大学生及居民的喜爱，入店率可达 60%左右，将对“快餐小屋”造成较大的威胁。通过对其经营状况分析后，本小组成员一致认为：该家门店的定价比较低，可供选择食品种类单一，但味道鲜美，独具特色。针对这个竞争对手，“快餐小屋”的经营策略是要提供齐全的食品种类和完善的服务及明亮、宽敞、整洁的就餐环境，以使“快餐小屋”能够与“多多米线店”抗衡。

在次级商圈内，有一些小吃店，但价低、质次，且相互竞争非常激烈，这对“快餐小屋”的威胁不大。

本小组还观察到：在商学院里面有一家名为“胜百隆”的快餐店，虽然不提供店内用餐，但是对于路过的商学院学生来说，是一个非常便利的场所。因此，对“快餐小屋”也有一定的威胁。

（三）快餐店的经营损益分析

1. 快餐店的投资预估

快餐店的投资经营期为 4 年。投资预估首先考虑店铺租金。快餐店选在奉贤环城东路 458 号商铺，面积 80 平方米，租金为 4.8 万元/年，可以半年交付。

快餐店的投资估计还需要考虑装修费用和设备购置费。该商铺为尚未使用的毛坯房，需要全装修，装修费用预估 8 万元。快餐店营业需要购置的设备有：不锈钢系列豆浆机、封杯机、电炸炉、电扒炉、电烘炉、冷冻冷藏设备、空调、收银系统、水电设备、办公设备、内仓设备，共计 8 万元。店铺装修和设备购置费用总计 16 万元，这些投资预计 40 个月折旧完毕。工作人员需安排 5 人。水电煤费用预计 2500 元/月。

快餐店还需要 8 万元备用金作为流动资金，用于采购原材料以及日常运营。

2. 快餐店的经营损益评估

(1)月营业额计算。

①月营业收入＝月人均购买金额×月目标顾客数量×市场占有率

＝10×160×30×100％

＝48000(元)

日营业收入＝48000÷30＝1600(元)

(2)合适店铺面积估算。根据行业特点，考虑到我们的快餐店是中西合璧式，所以每天每平方米销售额应定20元，每天的销售额为1600元，合适的营业面积估算如下：

店铺面积＝1600元÷20元＝80(平方米)

快餐店的使用面积应保证在80平方米，月营业收入才能得到保证。

(3)月经营费用估算。快餐店经营费用分为固定费用和变动费用2类。具体估算如下：

①月固定费用估算。

人员工资＝5人×1000元＝5000(元)

房租＝24000元÷6月＝4000(元)

装修分摊费＝80000元÷40月＝2000(元)

设备折旧费＝80000元÷40月＝2000(元)

水电费用＝2500元/月＝2500(元)

管理费用＝500元/月＝500(元)

固定费用总计＝16000(元)

②月变动费用估算。

营业税＝5.0％

运杂费＝0.2％

包装费＝0.1％

商品损耗＝0.1％

总计比重＝5.4％

月变动费用总计＝48000×5.4％＝2592(元/月)

(4)项目损益预算。

经营损益＝销售毛利－变动费用－固定费用

销售毛利＝营业收入×毛利率

①预计月销售毛利＝营业收入×毛利率(餐饮毛利率一般为50％)

＝48000×50％

＝24000(元/月)

②预计月经营利润＝销售毛利－变动费用－固定费用

＝24000－2592－16000

=5408(元/月)

③预计年经营利润=月经营利润×12

=5408元/月×12

=64896(元/年)

④预计4年经营利润(不考虑资金时间价值):

4年累计获利=64896元/年×4

=259458(元)

(5)投资风险估算。投资风险是对投资的"经营安全率"进行分析。经营安全率是衡量新店经营状况的重要指标。估算经营安全率必须先计算"损益平衡点销售额"。

①估算损益平衡点月销售额。

损益平衡点销售额=固定费用÷(毛利率-变动费用率)

=16000÷(50%-5.4%)

=35874(元)

②估算经营安全率。

经营安全率=1-损益平衡点销售额÷预期销售额

=1-35874÷48000

=25.26%

快餐店的经营安全率估算为25.26%,可以列为优良店铺,说明经营风险比较小。

(6)项目资金估算。

投资总额=半年租金+装修费用+设备费用+流动资金

=2.4+8+8+3

=21.4(万元)

(7)投资回报估算。项目投资回报估算也应该包括"年投资收益率"与"投资回收期"。

①年投资收益率。

年投资收益率=年经营利润÷投资总额

=64896÷214000

=30.33%

②投资回收期。

投资回收期=投资总额÷年经营利润

=214000÷64896

=3.3(年)

(四)"快餐小屋"的经营定位分析

"快餐小屋"选址于奉贤区环城东路458号,有很大的商机和发展空间,也有一定的风险。面对机遇与挑战，本小组认为："快餐小屋"应勇于进入市场，开拓新的利益增长点。面对挑战，"快餐小屋"更应该进行正确的市场定位，在保持原有快餐店特色的基础上，要有自己的经营特色，进一步开拓自己的新亮点。

1."快餐小屋"经营的市场定位

根据消费者对快餐店需求的主要评价标准：价格和可供食品种类，针对上海商学院奉浦校区周边快餐店的相关竞争情况，我们制定了"快餐小屋"的市场定位图。如图 3—5 所示。

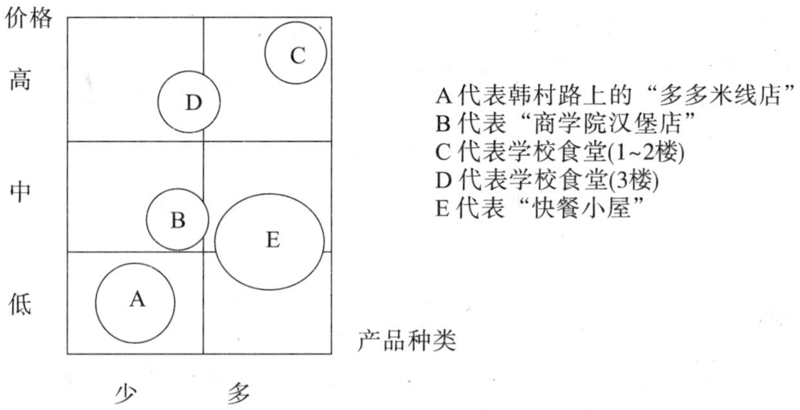

图 3-5 "快餐小屋"的市场定位

该图说明了中西式结合的"快餐小屋"经营的市场定位。该图中横轴代表快餐店的可供选择食品种类的多少，纵轴代表了快餐店消费价格的高低。其中，A 代表韩村路上的"多多米线店"的定位情况，它的产品种类单一，主要就是米线，但是价格还是比较便宜的，辐射范围除了上海商学院的学生外，还有一些周边学校的学生。B 代表"商学院汉堡店"的定位，它的价格比肯德基、麦当劳要便宜些，产品种类相对较多，辐射范围主要是上海商学院的学生，客户群相对比较狭窄。C、D 代表了上海商学院的学校食堂，他们的产品种类比较多，规模比较大，相对价格也比较高，辐射范围主要是上海商学院师生。E 代表"快餐小屋"的定位，价格中下，产品种类较多，辐射范围除了上海商学院的学生外，还有一些周边学校的学生、居民。该店的特色在于快餐食品既有中式的点心也有西式的汉堡、薯条，并且提供送餐服务。

"市场定位图"显示，"快餐小屋"的市场定位方案采用的是"填补定位"策略，也就是为避免市场现有的竞争对手，将产品定位在目标市场空白的部分。这样能够迅速在市场上站稳脚跟，并能在消费者或用户心目中迅速树立新的品牌。这一方案的风险较小，成功率较高。而且同时提供中式及西式的食品，能够满足不同顾客的需要，使产品在种类上具有竞争优势，有利于在奉浦地区发展出一定的规模，以达到经营目标。

2."快餐小屋"的经营特色

(1)"快餐小屋"为目标顾客提供便捷购买、优质食品、合理价格与热诚服务。首先，对商品摆放进行程式化设计，使消费者在10分钟内购买到所需要的商品。其次，确保商品的质量，加强管理，以优质的食品满足目标顾客的需求。提供便民服务，可以考虑提供减肥套餐、运动型套餐、老年人套餐、中式早点、西式下午茶，提供特殊食品与服务(包括外送早餐服务)。最后，以合理的定价吸引消费者，击败竞争者，抢占市场份额，树立快餐小屋独具匠心的第一形象。

(2)营业布局，食品样品陈列简洁优雅，环境布置宽敞亮堂。本小组成员认为：针对该地段的消费层次上的实际情况，“快餐小屋”的营业布局，食品样品陈列和环境布置都应该与绿地南桥老街即将入住的居民和一批又一批考入上海商学院的学生消费需求特点相适应。设计宽敞的货架，留出更多的空间，开放休闲区，让顾客可以在用餐后小坐休息，利用自己的手提电脑免费上网。店堂环境布置要求简洁优雅，适当播放背景音乐。力求使消费者耳目一新，对本店留下良好、深刻的印象。“快餐小屋”的布局在方便快捷的前提下，还可以进行微小的改变，这对该店的发展是有益的。

(五)“快餐小屋”开发的分析结论

综合上述各项评估分析，“快餐小屋”是一项可行的投资项目。其理由如下：

1. 快餐消费潜力大

随着经济的发展、教育水平的提高，人们的生活方式已发生了翻天覆地的变化。但“民以食为天”，和人们生活息息相关的“食”依然是重中之重。而生活环境的变化，为快餐业的发展提供了一个广阔的空间。上海商学院奉贤校区周边餐饮店提供的产品品种比较单一，越来越不能满足上海商学院学生及周边企事业单位职工的需要，因此这部分客户群是“快餐小屋”的目标客户。

2. “快餐小屋”的选址是正确的

新址选在奉贤区环城东路458号，位于上海商学院东门口，背依上海商学院，面向新建成的高级住宅区，交通便利，目标客户群比较密集，顾客有较强的购买力。

3. “快餐小屋”具有一定的投资收益

新店开发资金为21.4万元，与周边的店铺相比略高(主要是租金及装修费较高)。经估算，月经营利润为5408元，年经营利润为64896元，经营安全率为25.26%，说明经营的风险较小，可以列为优良店铺。年投资收益率为30.33%，投资回收期为3.3年，说明此项目具有一定的收益。

本项目小组认为：新店开发的投资风险与回报是成正比的，鉴于“快餐小屋”选址地目前由金叶超市转租，转租进程未结束，所以有充足的时间供决策者讨论和准备。希望决策者能充分考虑本项目小组的报告，有效地进行“快餐小屋”环城东路店的开发。

(资料来源：上海震旦职业学院精品课程《市场营销学》实训报告样式)

第四章 营销策略

内容简介

营销策略执行是营销战略的实施和延伸，也是营销职场必然涉及的技能。按照营销人员的职业能力设计营销策略，旨在培养其必备的产品认知能力、商务谈判能力、分销渠道设计能力及营销传播能力。这一部分包括：商品感官质量审评、CIS设计、广告创意设计、分销渠道设计及模拟商务谈判。

训练一　商品感官质量审评

一、实训任务

第一，通过商品感官质量审评，掌握感官质量审评方法；
第二，以茶叶为代表性商品，运用感官质量审评方法对其质量进行审评；
第三，通过了解大类产品的基本质量特征，为产品营销奠定良好的基础。

二、实训要求

第一，掌握感官检验法、理化检验法等基本质量检验方法；
第二，掌握茶叶的主要成分及特性、茶叶的分类、主要品种及其特征；
第三，掌握茶叶及茶具的选购技巧；
第四，掌握茶叶感官质量审评的基本程序。

三、理论指导

（一）商品质量检验方法

1. 感官检验法

感官检验法，又称“感官分析”、“感官检查”或“感官评价”，是利用人的感觉器官作为检验器具,对商品的色、香、味、形、手感、音色等感官质量特性作出判断和评价的检验方法。

感官检验法在商品流通领域中使用比较广泛。处在流通领域中的商品都已经通过出厂检验且配有合格证,但在储存、运输或进出货过程中,经常需要对商品的外形结构、外观疵点、色泽、硬度、弹性、气味、声音、包装物等品质变化作出判断,所以流通中的检验以感官检验为主。另外,对于某些特殊商品的感官检验(比如酒类的品评),国家还制定了检验标准。感官检验的优点是:不需要复杂的精密仪器、简便易行、快速灵活、成本低、可以依赖实践经验进行判断;缺点是:准确度低、检验项目受感官能力限制、只能得出初步判断、需要进一步检验等。

感官检验法可以分为视觉检验法、嗅觉检验法、味觉检验法、触觉检验法和听觉检验法等。

(1)视觉检验法。视觉检验是用人的视觉器官来检验商品的外形、结构、颜色、光泽以及表面状态、疵点等质量特性。凡是直接能够用眼睛分辨的质量指标都适合采取视觉检验法。

视觉检验中,有时要使用标准样品。如茶叶、烟叶、棉花、羊毛和生丝等商品均制定有标准样品。标准样品是实物标准,它是标准的另一种存在形式,它与文字标准合在一起构成完整的标准形态。自从 20 世纪初美国研制成功第一个冶金标准样品(Standard Sample)以来,经过约 100 年的发展,和我国均已经建立了完整的标准样品管理体系,体系包括一套行政管理和技术管理法规体系和相应层次的管理机构。我国标准样品技术委员会还分别批准成立了冶金、有色金属、环保、农药、气体化学品、无损探伤、酒类等 7 个分技术委员会以及多个专业技术工作组。

视觉检验鉴定者应该具有丰富的关于被鉴定商品外观形态方面的知识,并熟悉标准样品中各等级需满足的条件、特征和界限;视觉鉴定过程中要注意对光线强弱的要求。

(2)嗅觉检验法。嗅觉检验是通过人的嗅觉器官检查商品的气味,进而评价商品的质量。这种方法适用于食品、药品、化妆品、洗涤用品、香料等商品的气味检验和评价;也适用于一些通过燃烧气味进行品质成分鉴定的检验实验。例如,当食品或工业品的质量发生变化时,气味也会发生相应的变化;某些具有吸附性的商品,吸收了其他异味则会影响商品本身的品质;某些商品本身具有独特的芳香气味,有时质量产生变化或进行不适当的加工会改变这种独特的香气,这些情况都可以通过嗅觉检验法来对商品进行鉴定。嗅觉鉴定者要具备所要求的生理条件和丰富的实践经验。同时,嗅觉鉴定场所也要符合鉴定标准的要求。

(3)味觉检验法。味觉检验法是利用人的味觉器官检查有一定滋味要求的商品(如食品、药品等),并作出一定判断的检验方法。通常酒类品评主要使用味觉检验法。商务部制定了《酒类商品批发经营管理规范》和《酒类商品零售经营管理规范》,并对品酒员、品酒师、高级品酒师进行三级管理。中国酿酒协会设有白酒品酒员培训班,学员通过考核合格后,可以获得中国酿酒协会颁发的全国统一专业资格证书。鉴于味觉检验依靠检验者味觉的敏感度，检验者味觉的敏感度决定了检验结果的准确性，为此国家制定了GB/T12312-1990《感官分析・味觉敏感度的测定》标准以评判检验者味觉的敏感度。

(4)触觉检验法。触觉检验是利用人的触觉感受器官对被检商品的反应来评价商品质量。如触摸、按压、拉伸、拍敲、抓摸商品，从而评判商品的光滑细致程度、软硬程度、干湿程度、弹性拉力、弹力大小等特性。

(5)听觉检验法。听觉检验法是凭借人的听觉器官来检验商品质量的方法。如检查玻璃、陶瓷、金属制品有无裂纹；评价家用电器、乐器的音质等。

以上5类感官检验方法各有特点，在进行实际检验时可以综合运用。感官检验要运用人的感觉器官，要求操作者具有灵敏的感觉，有良好的生理、心理素质，有丰富的商品知识和实践经验。在实施感官检验时还要注意检验环境的配合，一般要求检验场所空气清新，无异味；光线柔和自然，避免使用强光或有颜色的光线；场地安静，装饰搭配不影响检验效果。

2. 理化检验法

理化检验法是在一定环境条件下的实验室中，借助各种仪器、设备和试剂，运用物理、化学的方法来检测、评价商品质量的一种方法。它主要用于检验商品的成分、结构、物理性质、化学性质、安全性、卫生性以及对环境的污染和破坏性等。

理化检验法的优点包括：检验结果精确，可用数字来定量表示(如成分的种类和含量、某些物理化学特性、机械性能等)；检验的结果客观，不受检验人员主观意志的影响，从而使得对商品质量的评价具有客观而又科学的依据；能深入地分析商品成分的内部结构和性质，能反映商品的内在质量。

理化检验法的局限性包括：需要一定的仪器设备和场所，成本较高，要求的条件较为严格；往往需要破坏一定数量的商品，消耗一定数量的试剂，费用较高；要求检验人员具备扎实的基础理论知识和熟练的操作技术。因此，商业企业较多采用理化检验法，一般将其作为感官检验之后，必要时进行补充检验的方法。

理化检验法主要包括化学分析检验法、仪器分析检验法、物理检验法、生物学检验法等。

(1)化学分析检验法。化学分析检验法是利用化学原理与方法，应用试剂与仪器对商品的化学成分及其含量进行测定，进而判断商品品质是否合格的检验方法。

化学鉴定的主要内容是化学分析，包括定性分析与定量分析。定量分析又分为重量分析和滴定分析两类。重量分析是将试样中的被测成分与其他成分分离，根据被测成分的重量计算占试样重量的百分含量，如各类食品的水分含量、灰分含量、纤维素含量等。滴定分析是将已知准确浓度的标准溶液通过滴管滴加到被测溶液中直到等当点，然后根据体积计算被测成分含量的方法。各类食品中的蛋白质含量、酸度等都使用滴定分析法。

(2)仪器分析检验法。仪器分析检验法是采用光、电等比较特殊或复杂的仪器，通过测量商品的物理性质或化学性质来确定商品所含化学成分的种类(定性)、含量和化学结构以判断商品质量的检验方法。仪器分析检验法包括光学分析法和电学分析法，光学分析法是通过被测成分吸收或发射电磁辐射的特性差异来进行成分鉴定的，具体有比色法、分光光度法、荧光光度法等。如利用光量光谱仪可以在1～2分钟内测出钢中20多种合金元素的含量；用气相色谱法测定绝缘油中溶解气体的组分含量（该种方法是判断运行中的充油电力设备是否存在潜伏性的过热、放电等故障，以保障电网安全有效运行的有效手段，也是充油电气设备制造厂家对其设备进行出厂检验的主要手段）。变压器油色谱分析系统采用单柱流程系统，一次进样即可完成绝缘油中溶解气体组分（包括氢气、氧气、甲烷、乙烯、乙烷、乙炔、一氧化碳和二氧化碳）含量的全分析。电学分析法是利用被测物的化学组成与电物理量之间的定量关系来确定被测物的组成与含量，具体有光谱法、电位滴定法、电解分析法等。

仪器分析检验法投资成本比较高，普及起来比较困难。但是，仪器检验法的检验速度快、准确度高，当检测量达到一定程度时单位检测成本会降低。如美国一直使用大型X射线装置检验集装箱，X射线对装在铁盒里的核弹或浓缩钚无能为力，所以出于安全考虑，美国劳伦斯·利弗莫尔国家实验室2004年试验用活性中子探寻法检测可疑货物，每个集装箱不到1分钟的时间就可以完成扫描，差错率小于千分之一，而且对人和货物都安全无害。

（3）物理检验法。这是在一定的实验环境条件下，利用各种仪器、器具作为手段，运用物理的方法来测定商品质量指标。物理检验法包括一般物理检验法、光学检验法、热学检验法、机械检验法、力学检验法、电学检验法。

①一般物理检验法。一般物理检验法即通过各种量具、测量仪、天平及专门仪器来测定商品的长度、细度、面积、体积、厚度、比重、黏度、渗水性、透气性等一般物理特性的方法。例如，棉纤维长度和细度的测定。

②光学检验法。光学检验法是通过各种光学仪器来检验商品品质的方法。该方法可以用来检验商品的物理性质，也可以用来检验某些商品的成分和化学性质，常用的仪器有显微镜、折光仪、旋光仪、比色计等。如用折光仪来检测油脂的折光率，可以判断油脂的新陈；利用旋光仪检测糖液的比旋光度，可以测定溶液中可溶性固体物的含量等。

③热学检验法。热学检验法是利用热学仪器测定商品的热学特性的一种检验方法。这一方法可以用来检验商品的熔点、凝固点、沸点、耐热性能等，如对玻璃、金属、塑料、橡胶等商品的质量检测。

④机械检验法。机械检验法是利用各种力学仪器来测定商品机械性能的检验方法。工业品的质量指标，如抗拉强度、抗压强度、断裂伸长率、抗顶强度、硬度、弹性、塑性、脆性等多采用这种检验方法。机械检验法使用的仪器设备有万能材料试验机、冲击试验机、扭力试验机、硬度试验机等。

⑤力学检验法。力学检验法是指通过各种力学仪器测定商品的力学性能的检验方法。这些性能主要包括商品的抗拉强度、抗压强度、抗弯曲强度、抗冲击强度、抗疲劳性

能、硬度、弹性、耐磨性等。

⑥电学试验法。电学试验法是利用电学仪器来测定商品所具有的电学特性的一种检验方法。检验的项目有电阻、介电系数、电容、电压、电流强度等。电学检验的优点是：节省材料、检验速度快、结果准确。

(4)生物学检验法。生物学检验法是食品、药品和日常工业品质量检验的常用方法之一，包括微生物学检验法和生理学检验法两种。

微生物学检验法是利用培养法、分离法、显微镜观察法、形态观察法等，对商品中有害微生物存在与否及其存在的数量进行检验，判断其是否超过允许限度。微生物学检验法是判断商品卫生质量的重要手段。

生理学检验法是用来检验食品的可消化率、发热量及营养素对机体的作用及食品和其他商品中某些成分的毒性等的一种检验方法。检验中有时使用鼠、兔等进行毒理、病理试验。经过动物试验后验证无毒害，经有关部门批准，才能在人体上进行试验。现在科学家们正在尝试避免使用动物做试验，寻找更好的办法对一些有毒化学品进行检测。如马歇尔航天飞行中心的科学家利用微生物在低重力下对有毒化学品敏感导致游动速度和方向都发生改变的现象检测化学品、废水和潜在污染源。这一机理对检测化妆品的生理毒性、过敏反应等非常有效。

(二)茶叶基本知识

茶叶就是对茶树的嫩叶或嫩芽进行加工制成的干制品。茶叶起源于我国，相传公元前2700年前，神农氏最早发现茶树。如今，茶叶与咖啡、可可并称为“世界三大饮料”，我国也被称为“茶叶的故乡”。茶叶具有重要的生理功能，可止渴解热、兴奋神经、解除疲劳、促进消化、利尿解毒、补充维生素；能预防辐射，对减肥、美容、防癌有一定效果。

1.茶叶的主要成分及特性

(1)茶叶的主要成分。

①茶多酚。茶多酚也称“茶单宁”或“茶鞣质”，是一类多酚化合物的总称，包括儿茶素、黄酮、花青素、酚酸四类化合物，其中儿茶素在茶多酚中所占的比例最大。儿茶素具有杀菌、降压、强心等功效，对尼古丁和吗啡等有毒生物碱还有解毒作用。儿茶素与茶叶质量关系密切：它既与饮茶的功效有关，也是决定茶叶色、香、味的主要成分。

②生物碱。茶叶中的生物碱主要是咖啡因、茶碱和可可碱等，一般含量为2%～4%。纯的咖啡因是针状结晶，微溶于冷水，其溶解度随水温升高而增大，会出现“冷后浑”现象。咖啡因能使中枢神经兴奋、解除大脑疲劳、强心利尿，并能减轻酒精、烟碱等有害物质对人体的伤害。

③芳香油。也叫“茶香精”，是酯、醇、酮、酸、醛类等有机物的混合物，易挥发。它是赋予茶叶香气的最主要成分。茶叶中芳香油的含量极少，约为0.003%～0.02%(干茶)。一般情况下嫩叶高于老叶，高山茶多于平地茶，红茶多于绿茶。由于芳香油属易挥

发成分，所以陈茶的茶香较差。

④蛋白质和氨基酸。茶叶中含有较多的蛋白质，约为17%～20%（干茶）。除蛋白质外，还含有一定量的游离氨基酸（1%～3%），氨基酸有利于改善茶汤的滋味，使茶汤具有鲜爽味。

⑤糖类。茶叶中含糖约为20%～30%，有单糖、双糖及淀粉、纤维素、果胶质等多种糖类成分。单糖和双糖能使茶汤具有甜醇味，还有助于提高茶香。可溶性果胶质可以使茶汤具有醇厚感。

⑥色素。色素是构成干茶、茶汤、叶底颜色的主要物质。绿茶的色素物质主要是叶绿素，故茶绿、汤绿、底绿。红茶的色素主要是儿茶素的氧化产物——茶黄素和茶红素等，因此茶红、汤红、底红。

(2)茶叶的特性。

①陈化性。茶叶经长时间贮存后，会出现香气下降、色泽变暗等变化，即陈化现象。这主要是因为茶叶的香气成分芳香油易挥发，经长时间贮存后，香气散失。

②吸湿性。茶叶由于经干制形成了疏松多孔的组织结构，并且茶叶的很多成分如茶多酚、咖啡因、糖类、蛋白质等都具有亲水性，所以茶叶具有很强的吸湿性。

③吸附异味性。茶叶的多孔结构和疏松状态使茶叶具有较强的吸附异味性。茶叶在储运、销售与存放过程中应避免与有异味的物质接触，以免影响茶叶的质量，甚至丧失饮用价值。

2. 茶叶的种类

我国茶叶种类繁多，按茶叶加工方法不同，可分为绿茶、红茶、乌龙茶、花茶、紧压茶等。

(1)绿茶。绿茶是我国茶叶中产量最多的一种。我国绿茶产品约占世界绿茶产量的70%，花色品种也居世界之首，每年的出口量约为5万多吨。绿茶的加工过程为："鲜叶—杀青—搓捻—干燥—绿毛茶"。绿茶的品质特点是：干茶色绿、味道清香、鲜醇爽口、浓而不涩，其冲泡后清汤绿叶。杭州西湖龙井就以"色绿、香郁、味甘、形美"四绝著称。

(2)红茶。红茶是我国茶叶产量中次多的一种，其中，工夫红茶以做工精细而闻名，远销海外60多个国家和地区。红茶为发酵茶，即茶叶中的茶多酚在酶的作用下发生了氧化，其加工工序为："鲜叶—萎凋—揉捻—发酵—干燥"。红茶的品质特点为：干茶色泽乌黑油润，冲泡后红汤红叶，香味如甜花香或蜜花香。福建的"正山小种"出现最早且品质也最好。

(3)乌龙茶。乌龙茶又称"青茶"，属半发酵茶类。青茶加工工序为："晒青—摇青—凉青—杀青—初揉—初烘—包揉—复烘—烘干"。青茶的品质特点为：干茶外形条索粗壮，色泽青灰有光，冲泡后茶汤橙黄清澈，香味浓郁有如花茶。青茶中，岩茶采制技术最为精细，质量也最好。岩茶外形粗壮、紧实，色泽油润红点明显，不带梗，香味浓而持久，其中，最著名的有闽北的"武夷岩茶"。入口微苦后转甜的闽南"安溪铁观音"、广东潮安

"绿叶镶红边"的凤凰单丛水仙也都是青茶中的名品。我国宝岛台湾也盛产青茶，其中"台湾乌龙"较为著名。

(4)紧压茶。紧压茶又称"黑茶"，是用较粗老的鲜叶加工而成的，是藏族、蒙古族、维吾尔族等少数民族日常生活的必需品。黑茶一般经杀青、揉捻、渥堆、干燥等工序压制而成。其主要类别有砖茶、饼茶、圆茶、方茶等。黑茶的品质特点是：色泽黑褐油润，汤色橙黄或橙红，香味纯正不苦涩，叶底黄褐粗大。黑茶的品种主要有：湖南黑茶(每块约重 2 千克)、湖北的老青茶、四川边茶、滇桂黑茶，其中以云南普洱散茶和方茶最为著名。

(5)白茶。白茶是我国的特产，因采摘细嫩、叶背多白茸毛的芽叶而得名，产量较少，主要产于福建的福鼎、政和、松溪和建阳等县。白茶的品质特点是：毫色银白，具有"绿装素裹"之美感，芽头肥壮，汤色黄亮，滋味鲜醇，叶底嫩匀。白茶的主要品种有银针、白牡丹、贡眉、寿眉等。

(6)黄茶。黄茶也属我国的特产，因在制茶过程中将茶叶进行闷堆捂黄而得名。黄茶的品质特点是：黄叶黄汤，多数叶芽细嫩显毫，香气浓醇。黄茶的品种主要有湖南的"君山银针"、"北港毛尖"，四川的"蒙顶黄芽"和安徽的"霍山黄芽"等。

表 4—1 中国茶叶分类

种类	发酵程度	制作过程	品 种
白茶	不发酵茶	制作时不炒、不揉，萎调时间长	白毫银针等
黄茶	不发酵茶	茶叶揉捻后盖布，让茶叶操持在较高的温度及温度之下，促使茶叶氧化，使得茶叶变黄。	君山银针、黄芽、沩江白毛洒、黄汤、黄大茶、大叶青、海马宫茶
绿茶	不发酵茶	制作重点在于"杀青"，用高温破坏茶叶中的酵素作用，停止茶叶发酵。	碧螺春、龙井、毛峰
青茶	部分酵茶	制作重点在于"静置搅拌"，将萎调的茶叶摊帮在�篱上静置及翻动搅拌，茶叶在反复挤压碰撞后，边缘细胞受到破坏，进而促进氧化作用，产生"绿叶镶红边"的发酵效果。	包种茶、高山乌龙、冻顶乌龙、金萱、四季春、翠玉、铁观音、白毫乌龙(东方美人)
红茶	全发酵茶	红茶的重点是在发酵，让茶叶在空气中氧化，产生了茶黄素、茶红素、茶糊素，因此茶汤呈深红色。	云南滇红、祁门红茶、畅兰红茶、阿萨螺
黑茶	后发酵茶	将茶叶的温度控制在适合的环境下进行增湿，通常不能超过 43℃，利用菌种的好氧反应，将茶叶中的植物蛋白水分解成氨基酸、并分解茶叶的叶绿素，氧化过程产生茶红素及茶褐素。	普洱、茯茶

3. 茶叶的选购方法

确定自己欲购的茶类后，究竟怎样区分各种茶的花色、等级及其他品质指标呢？一般先从特色、价格等方面考虑，通过感观辨别来进行判别。

(1)一摸。以手触摸可判别茶的干燥程度。选一片茶叶，以手折断，断片放在拇指与食指之间用力一捻即成粉末则干燥程度是足够的，若为小碎粒则干燥度不足，即使购买，也需事后加以处理，否则不易保存。

表 4—2　判断茶叶含水量的感官标准

含水量	手感	手捻	嫩梗	茶香
5%	很刺手	即成粉	轻折即断	香气高
7%	感觉刺手	即成粉	轻折即断	香气充足
10%	有些刺手	有片末	稍用力可折断	香气正常
13%	微感刺手	略有碎末	用力可折断、但梗皮不脱离	香气微弱

(2)二看。将茶放入样盘中(若无,可用白纸代替),双手持盘以顺或逆时针方向旋转摇动以看干茶外形——是否具该花色的特色;色泽——是否新鲜;匀净度——是否均匀,无杂物;整碎度——是否完整,少断碎。

(3)三嗅。嗅闻干茶的香气。香气的高低——浓淡;香型——清香、甜香、花果香;气味的纯异——辨别是否有烟、焦、酸,馊、霉等劣变气味和各种夹杂的气味。

(4)四尝。当干茶的含水量、外形、色泽、香气均符合要求后,取数条干茶放入口中含嚼辨味,根据味觉进一步了解茶的内质优劣,但这一点需有审评的基本功方能做到。

(5)五泡。取一撮干茶(约 3～4 克)置茶杯中,冲入沸水 150～200 毫升,泡绿茶不必加盖,其他茶均需加盖。5 分钟后将茶汤倒入另一杯或碗中,嗅叶底的香气,看汤色,尝茶味,观看和触摸叶底。

4. 茶具的选择

茶具是指茶杯、茶壶、茶碗、茶盏、茶碟、茶盘等饮茶用具。中国的茶具种类繁多,造型优美,除实用价值外也有颇高的艺术价值,因而驰名中外,为历代茶爱好者所青睐。根据制作材料和产地的不同,茶具可分为陶土茶具、瓷器茶具、漆器茶具、竹木茶具、玻璃茶具和金属茶具等。

(1)陶土茶具。陶土茶具中的佼佼者首推宜兴紫砂茶具,它早在北宋初期就已经崛起,成为独树一帜的优秀茶具,在明代大为流行。紫砂壶和一般陶器不同,其里外都不敷釉,采用当地的紫泥、红泥、团山泥焙烧而成。由于成陶火温较高,所以烧结密致,胎质细腻,既不渗漏,又有肉眼看不见的气孔,经久使用,还能吸附茶汁,蕴蓄茶味。紫砂传热不快,不致烫手,若热天盛茶,则不易酸馊,即使冷热剧变,也不会破裂,甚至还可直接放在炉灶上煨炖。紫砂茶具还具有造型简练大方、色调淳朴古雅的特点,外形似竹节、莲藕、松段和仿商周古铜器形状。《桃溪客语》说:"阳羡(即宜兴)瓷壶自明季始盛,上者与金玉等价。"

(2)瓷器茶具。瓷器茶具的品种很多,主要包括青瓷茶具、白瓷茶具、黑瓷茶具、彩瓷茶具和红瓷茶具等。

①青瓷茶具。青瓷茶具的生产可追溯到东汉时期,那时已经能够生产透明发光、色泽纯正的青瓷了,到了晋代,青瓷茶具开始发展,那时青瓷的主要产地在浙江,最流行的是一种叫"鸡头流子"的有嘴茶壶。六朝以后,许多青瓷茶具拥有莲花纹饰。宋朝时五大名窑之一的浙江龙泉哥窑达到了鼎盛时期,生产各类青瓷器,包括茶壶、茶碗、茶盏、茶杯、茶盘等,那时的青瓷已经能够畅销各地。到了明代,青瓷茶具在制作工艺上又有了很大的改进,质

地更加细腻，造型更加端正，生产出来的青瓷茶具驰名中外。在众多青瓷茶具中，以浙江的龙泉青瓷最为著名。龙泉青瓷茶具在造型上的基本特色，是对传统器形选择的继承。一些已经被定性的器物造型，很好地被传承了下来。因为，茶具本身色泽青翠，青瓷茶具用来冲泡绿茶，有益于汤色更加鲜美，但是，如果用青瓷茶具来冲泡红茶、白茶和黑茶等，就会使这些茶的汤色从视觉上发生变化，这也是青瓷茶具冲泡别的茶叶的不足。

②白瓷茶具。白瓷茶具有坯质致密透明，上釉、成陶火度高，无吸水性，音清而韵长等特点。因色泽洁白，能反映出茶汤色泽，适合冲泡各类茶叶，传热、保温性能适中，加之色彩缤纷，造型各异，堪称“饮茶器皿中之珍品”。早在唐朝时，河北邢窑生产的白瓷器具已“天下无贵贱通用之”。唐朝诗人白居易还作诗盛赞四川大邑生产的白瓷茶碗。元代，江西景德镇所产白瓷茶具已远销国外。白瓷茶具通常造型精巧、装饰典雅，其外壁多绘有山川河流、四季花草、飞禽走兽、人物故事，或缀以名人书法，颇具艺术欣赏价值。所以，其使用最为普遍。

③黑瓷茶具。黑瓷茶具始于晚唐，鼎盛于宋，延续于元，衰微于明、清。这是因为自宋代开始，饮茶方法已由唐朝时的煎茶法逐渐改变为点茶法，而宋代流行的斗茶又为黑瓷茶具的崛起创造了条件。

宋人衡量斗茶的效果，一看茶面汤花色泽和均匀度，以“鲜白”为先；二看汤花与茶盏相接处水痕的有无和出现的迟早，以“盏无水痕”为上。时任三司使给事中的蔡襄，在他的《茶录》中就说得很明白：“视其面色鲜白，着盏无水痕为绝佳；建安斗试，以水痕先者为负，耐久者为胜。”而黑瓷茶具，正如宋代祝穆在《方舆胜览》中说的“茶色白，入黑盏，其痕易验”。所以，宋代的黑瓷茶盏成了瓷器茶具中的最大品种，福建建窑、江西吉州窑、山西榆次窑等都大量生产黑瓷茶具，从而成为黑瓷茶具的主要产地。黑瓷茶具中，建窑生产的“建盏”最为人称道。蔡襄《茶录》中这样说：“建安所造者最为要用。出他处者，或薄或色紫，皆不及也。”建盏配方独特，在烧制过程中使釉面呈现兔毫条纹、鹧鸪斑点、日曜斑点，一旦茶汤入盏能放射出五彩纷呈的点点光辉，从而增加了斗茶的情趣。明代开始，由于“烹点”之法与宋代不同，黑瓷建盏“似不宜用”，仅作为“以备一种”而已。

④彩瓷茶具。彩色茶具的品种花色很多，其中以青花瓷茶具最引人注目。青花瓷茶具，其实是指以氧化钴为着色剂，在瓷胎上直接描绘图案纹饰，再涂上一层透明釉，然后在窑内经 1300℃左右高温烧制而成的器具。然而，对“青花”色泽中“青”的理解，古今有所不同。古人将黑、蓝、青、绿等诸色统称为“青”，故“青花”的含义比今人所理解之义要广。它的特点是：花纹蓝白相映成趣，有赏心悦目之感；色彩淡雅，有华而不艳之力。加之彩料之上涂釉，显得滋润明亮，更增添了青花茶具的魅力。

元代中后期，青花瓷茶具开始成批生产，特别是景德镇，成了中国青花瓷茶具的主要生产地。由于青花瓷茶具将中国传统绘画技法运用在瓷器上，所以对绘画工艺水平的要求特别高。这也可以说是元代绘画的一大成就。元代以后除景德镇生产青花瓷茶具外，云南的玉溪、建水，浙江的江山等地也有少量青花瓷茶具的生产，但无论是釉色、胎质，还是纹饰、画技，都不能与同时期景德镇生产的青花瓷茶具相比。明代，景德镇生产的青花瓷茶具，诸如茶壶、茶盅、茶盏，花色品种越来越多，质量越来越好，无论是器形、造型、纹饰等都冠绝全国，成为其他生产青花瓷茶具窑场模仿的对象。清代，特别是康熙、雍正、乾隆时期，青花瓷茶具在古陶瓷发展史上又进入了一个历史高峰，它超越前朝，影响后代。康熙年间烧制的青花瓷器具更是史称“清代之最”。

⑤红瓷茶具。明代永宣年间出现的祭红，娇而不艳，红中透紫，色泽深沉而安定。古代皇室用这种红釉瓷做祭器，因而得名“祭红”。因烧制难度极大，成品率很低，所以身价特高。古人在制作祭红瓷时，可谓不惜工本，用料如珊瑚、玛瑙、寒水石，甚至黄金，可是烧成率仍然很低。“祭红”的烧成仍是一门“火的艺术”，即使有了好的配方也常有满窑器皆成废品之例，故有“千窑难得一宝，十窑九不成”的说法。

红瓷历来就是古代皇室和国内外收藏家渴求的珍品，但千百年来历朝创烧的红釉瓷器中，唯独没有象征吉祥喜庆、最为中国人喜爱的大红色瓷。而今借鉴历代红釉瓷的烧制经验，运用现代科技手段，进行配方创新，使用比黄金还贵重的稀有金属“钽”，历经数年，终于在高温下能批量烧制出与国徽、国旗一致的，极为纯正的高温红釉瓷，从而结束了中国瓷器无纯正大红色的历史。从此，昔日只有皇室专享的彰显富贵尊崇的红釉珍品，如今已成为走出国门的国瓷珍品、国宾礼品、政务礼品，也成为日常生活中的商务礼品、节庆礼品、收藏品等，极大地丰富了人们的社会活动，美化了现代生活，开创了中国陶瓷的新篇章。

(3)漆器茶具。漆器茶具始于清代，主要产于福建福州一带。福州生产的漆器茶具有“宝砂闪光”、“金丝玛瑙”、“釉变金丝”、“仿古瓷”、“雕填”、“高雕”和“嵌白银”等品种，特别是有了红如宝石的“赤金砂”和“暗花”等新工艺以后，使之更加鲜丽夺目，惹人喜爱。

(4)竹木茶具。隋唐以前，中国饮茶虽渐次推广开来，但属粗放饮茶。当时的饮茶器具，除陶瓷器具外，民间多用竹木茶具。陆羽在《茶经·四之器》中开列的 28 种茶具，多数是用竹木制作的。这种茶具，来源广、制作方便、对茶无污染、对人体又无害，因此，自古至今，一直受到茶人的欢迎。但缺点是不能长时间使用，无法长久保存，失却了文物价值。到了清代，在四川出现了一种竹编茶具，它既是一种工艺品，又富有实用价值，主要品种有茶杯、茶盅、茶托、茶壶、茶盘等，多为成套制作。

竹编茶具由内胎和外套组成，内胎多为陶瓷类饮茶器具，外套用精选慈竹，经劈、启、揉、匀等多道工序，制成细如发丝的柔软竹丝，经烤色、染色，再按茶具内胎形状、大小编织嵌合，使之成为整体如一的茶具。这种茶具，不但色调和谐、美观大方，而且能保护内胎，减少损坏；同时，泡茶后不易烫手，并富含艺术欣赏价值。因此，多数人购置竹木茶具，不在其用，而重在摆设和收藏。

(5)玻璃茶具。到了现代，玻璃器皿有了较大的发展。玻璃质地透明、光泽夺目，可塑性大，形态各异，用途广泛。用玻璃杯泡茶，茶汤的鲜艳色泽，茶叶的细嫩柔软，茶叶在整个冲泡过程中的上下穿动，叶片的逐渐舒展等，可以一览无余，这可说是一种动态的艺术欣赏。特别是冲泡各类名茶，茶具晶莹剔透。杯中轻雾缥缈，澄清碧绿，芽叶朵朵，亭亭玉立，观之赏心悦目，别有风趣，更兼玻璃杯价廉物美，所以深受广大消费者的喜爱。玻璃器具的缺点是容易破碎，比陶瓷烫手。

(6)金属茶具。自秦汉至六朝，茶作为饮料已渐成风尚，茶具也逐渐从与其他饮具共享中分离出来。大约到南北朝时，中国出现了包括饮茶器皿在内的金属器具。到隋唐时，金属器具的制作技术达到高峰。

20世纪80年代中期，陕西扶风法门寺出土的一套由唐僖宗供奉的鎏金茶具可谓是金属茶具中罕见的稀世珍宝。但从宋代开始，古人对金属茶具褒贬不一。元代以后，特别是从明代开始，随着茶类的创新、饮茶方法的改变，才使金属茶具逐渐消失，尤其是用锡、铁、铅等金属制作的茶具，用它们来煮水泡茶，被认为会使“茶味走样”，以致很少有人使用。但用金属制成贮茶器具，如锡瓶、锡罐等，却屡见不鲜。这是因为金属贮茶器具的密闭性要比纸、竹、木、瓷、陶等好，具有较好的防潮、避光性能，有利于散茶的贮藏。因此，用锡制作的贮茶器具，至今仍流行于世。

四、实训操作

(一)茶叶审评的意义

茶叶的审评在茶叶收购、拼配、销售、科研中均十分重要，是评定茶叶等级和规格的主要技术依据。目前，国内外贸易活动中仍采用感官检验法来审评茶叶。茶叶审评的技术性强，有严格的评审制度。往往需要认识和掌握各种茶叶的特征，以及外形和内部质量优劣的情况。这样，审评结果才能正确可靠。

茶叶的品质主要是依靠人的感觉(视觉、嗅觉、味觉、触觉)来鉴定。相对于理化检验，茶叶感官审评的主要内容是茶叶品质、等级、制作等质量问题，包括外形、汤色、香气、滋味、叶底这五项，简称“五项因子”，对其相应定义了500余条专用评茶术语。

(二)茶叶感官质量审评的实施条件

感官审评需要有一个适合的评茶室，室内光线要充足、均匀，避免阳光直射。室内墙壁、门窗、天花板宜涂成白色，并安装足够的灯管以便在自然光较少时使用。评茶室要求干燥清洁，最好设在楼上远离有异味的场所。评茶室设有干评台、湿评台、样茶柜架，分别用于审评样茶的外形，存放茶样。评茶需要如下专门用具：

1. 审评盘

审评盘用于审评茶叶的外形，以木质为宜，涂成白色，形状有方形和长方形，规格为23×23×3厘米或25×16×3厘米。

2. 审评杯

审评杯用来泡茶和审评香气，瓷质白色，杯盖上有一小孔，在杯柄对面的杯口上有一弧形或锯齿形，容量一般为150毫升。

3. 审评碗

审评碗用于审评茶叶的汤色和滋味，白色瓷质，容量与审评杯一致。

4. 叶底盘

叶底盘是审评叶底时使用的，一般为木质，涂成黑色，有正方形（10×10×2厘米）和长方形（12×8.5×2厘米）两种。

5. 天平秤

天平秤用来称量茶叶。

6. 计时器

计时器用来记录开汤的时间。

7. 网匙

网匙用于取茶汤中的碎片茶渣。

8. 茶匙

茶匙用于取茶汤评滋味。

9. 吐茶筒

审评时吐茶及盛废水茶渣用。

10. 烧水壶

烧水壶用于烧开水。

（三）茶叶感官质量审评的步骤

茶叶感官质量审评可以分为干评和湿评。按外形、香气、汤色、滋味、叶底的顺序进行。不同类别的茶叶，彼此间有较大差别。同类茶叶不同等级的质量特征也可在审评中区别出来。一般操作程序为：

1. 把盘

审评精茶外形一般是将茶样倒入木质审评盘中，双手拿住审评盘的对角边，一手要拿住样盘的倒茶小缺口，用回旋筛转的方法使盘中茶叶分出上、中、下三层。一般先看面装，再看中段茶。外形包括形状、色泽、级别、老嫩、整碎、净度等内容。各种商品茶都有特定的外形，这与制茶方法密切相关。审评各种茶外形的共同之处在于要求形态一致，以规格零乱、花杂为次，在依据实物标准样品划分等级时，尤其强调嫩度、整碎和净度。

2. 开汤

开汤俗称"泡茶"或"沏茶"，为审评内质的重要步骤。一般将红、绿、黄、白散茶，称取3克投入审评杯内，然后以慢快慢的速度冲泡满杯，5分钟时按冲泡次序将杯内茶汤滤入审评碗内。开汤后应先嗅香气，看汤色，再尝滋味，后评叶底（审评绿茶有时先看汤色）。

3. 嗅香气

嗅香气应一手拿住已倒出茶汤的审评杯，另一手半揭开杯盖，靠近杯沿用鼻轻嗅。

为了正确辨别香气的类型、高低和长短，嗅时应重复一两次，但每次嗅的时间不宜过久，一般是 3 秒左右。嗅香气应以热嗅、温嗅、冷嗅相结合进行。热嗅重点是辨别香气正常与否及香气类型和高低，温嗅能辨别香气的优次，冷嗅主要是为了了解香气的持久程度。茶叶中已知的香气成分达百种之多，组成上的差异就形成了各种不同的香气，如绿茶多具清香，红茶显糖香，黄茶有甜熟香，乌龙茶有花果香，白茶透毫香，黑茶带陈香，各种花茶尚含附加的花香。

4. 看汤色

汤色是指冲泡茶叶后，沥入审评碗中的茶汤呈现的颜色、亮度与清浊度。就茶叶本身而言，不同的茶树品种、加工技术和贮运等因素都会影响汤色，如绿茶多绿明，红茶显红亮，乌龙茶为橙黄(红)色，黄茶、白茶为黄色，黑茶具棕色等。但审评不同茶类对汤色的明暗、清浊的要求是一致的：汤色明亮清澈表示品质好；汤色深暗浑浊，则品质表现差。

5. 尝滋味

尝滋味时茶汤温度要适宜，以 50℃左右为佳。评茶味时用瓷质汤匙从审评碗中取一浅匙吮入口内，由于舌的不同部位对滋味的感觉不同，所以茶汤入口后要在舌头上循环滚动，才能较正确、全面地辨别滋味。审评滋味主要按浓淡、强弱、爽涩、鲜滞、纯异等标准来评定优次。审评不同的茶类，对滋味的要求也有所不同，如绿茶要求鲜爽，红茶强调滋味浓度等，但各类茶的口感都必须正常无异味。

6. 评叶底

将冲泡过的茶叶倒入叶底盘或审评盖的反面，拌匀、铺开、揿平，观察其嫩度、匀度和色泽的优次。不同茶叶的叶底形态、色泽不尽相同，如绿茶色绿，红茶具紫铜红，青茶红绿相映，黑茶深褐，黄茶呈黄色，白茶多显灰绿。又如条形茶的叶底芽叶完整，而碎茶则细碎匀称。各类茶也有相同之处：均以明亮调匀为好，以花杂欠匀为差。茶叶的品质审评一般要通过上述 5 个项目的综合观察，才能正确评定品质的优次和等级价格的高低。

审评结果可以填写在表 4—3 中：

表 4—3 茶叶感官质量审评表

茶叶品种	级别	干茶外形	茶汤			叶底	审评意见
			香气	汤色	滋味		

五、实训评价

1. 实验态度(25 分)

学生在进行茶叶感官质量审评实验时，要树立严谨的态度，切不可将实验和品鉴混为一谈，更不能将实验室视为茶馆，端正实验态度是进行实验评价的重要指标。

2. 实验准备(25 分)

实验准备包括知识的储备和实验工具、材料的准备。实验工具、材料由指导教师统一提供，知识的储备包括茶叶基本知识及茶叶感官质量审评的基本程序，实验准备直接影响到实验效果。

3. 实验过程(25 分)

实验过程中，重在考查学生是否能够按照茶叶感官质量审评的基本程序进行操作，即按照把盘、开汤、嗅香气、看汤色、尝滋味、评叶底的顺序依次进行。

4. 实验结果(25 分)

重在考查学生通过实验得到的实验结果是否和实际结果相符以及相符的程度。两者之间相符程度越高，量分越高，反之则越低。

六、实训范例

"六安瓜片"感官质量审评

六安瓜片品质独特，成品与其他绿茶大不相同：叶缘向背面翻卷，呈瓜子形，自然平展，色泽宝绿，大小匀整。每一片均不带芽和茎梗，微向上重叠，形似瓜子，内质香气清高，水色碧绿，滋味回甜，叶底厚实明亮。假的则味道较苦，水色较黄。六安瓜片宜用开水沏泡，沏茶时雾气蒸腾，清香四溢；冲泡后茶叶形如莲花，汤色清澈晶亮，叶底绿嫩明亮，气味清香高爽，滋味鲜醇回甘。六安瓜片还十分耐冲泡，其中二道茶浓郁清香，香味最好。

表 4—4 不同品级六安瓜片的特征

品级	形状	色泽	嫩度	净度	香气	滋味	汤色	叶底
一级	形似瓜子，匀整	色绿上霜	嫩度好	无芽梗、漂叶和茶果	清香持久	鲜爽醇和	黄绿明亮	黄绿匀整
二级	瓜子形较匀整	色绿有霜	较嫩	稍有漂叶	香气较纯和	较鲜爽醇和	黄绿尚明	黄绿匀整
三级	瓜子形	色绿	尚嫩	稍有漂叶	香气较纯和	尚鲜爽醇和	黄绿尚明	黄绿匀净
极品	瓜子形，平伏，大小匀整	宝绿上霜	嫩度高显毫	无芽梗、漂叶和茶果	清香高长持久	鲜爽，回味甘甜	清澈晶亮	嫩绿鲜活
精品	瓜子形匀整	翠绿上霜	嫩度好显毫	无芽梗、漂叶和茶果	清香高长	鲜爽醇厚	清澈晶亮	嫩绿鲜活

1. 把盘

(1)望色。通过观望应具备铁青(深度青色)透翠之色，老嫩、色泽一致说明烘制到位。

(2)闻香。通过嗅闻应具备透鼻的香气，尤其是有如烧板栗那种香味或幽香的为上乘；有青草味的说明炒制功夫欠缺。

(3)嚼味。通过细嚼应感受头苦尾甜、苦中透甜的味道，略用清水涮口后有一种清爽甜润的感觉。

(4)观形。通过察看应具备片卷顺直、长短相近、粗细匀称的条形,表明形状大小一致、炒功到位。

2. 开汤

茶具一般选用白瓷茶杯(碗),以泉水或深井水为佳,没有条件的可选用矿泉水或纯净水等 PH 值近于中性的水质为宜。根据茶具容量,放入适量茶叶,不宜过多。为避免片茶原香流离,主张用开水高冲、缓收、起壶至茶具 2/3 处加盖稍候片刻(新嫩茶不宜满加盖)。片刻后,即可审评。

3. 嗅香气

靠近杯碗口或口面,感觉是否有悠悠的茶叶清香;以其香味浓度体验茶叶的香醇。

4. 看汤色

用碗盖拂动茶叶查看汤色,一般是青汤透绿、清爽,没有一点浑浊。其叶片颜色依时节有所不同,一般谷雨前 10 天的茶草制作的新茶泡后叶片颜色有淡青、青色的,不匀称;相近谷雨或谷雨后茶草制作的片茶,泡后叶片颜色匀称,一般是青色或深青的,茶汤相应也浓些,若时间稍候一会儿青绿色也深些。干茶开水发汤后,先浮于上层,随着叶片的开汤,叶片一一地自下而上陆续下沉至杯碗底。由原来的条状开发为叶片状,叶片大小相近,片片叠加。

5. 尝滋味

通常是先慢喝两口茶汤后,再细细品味,正常都有微苦、清凉并伴有丝丝的甜味。用茶草制作的片茶沏泡的茶汤,往往能够明显感觉到茶汤的柔度。

6. 评叶底

将冲泡过的茶叶倒入叶底盘或审评盖的反面,先将叶张拌匀、铺开、揿平,观察起嫩度、匀度和色泽的优次。优质六安瓜片的叶底应当黄绿匀整。

训练二 CIS 设计

一、实训任务

第一,要求学生把“CIS 设计”的理论运用到实践中,联系有关项目,为某个项目设计具体的形象策划方案。

第二,要求学生依据企业形象设计的内容,根据具体的情况,对“CIS 设计”中的“理念识别”、“行为识别”和“视觉识别”分别进行设计。

第三,要求学生通过“CIS 设计”实训项目的训练,更好地理解企业形象策划的重要作用,掌握企业进行形象策划的基本技能。

二、实训要求

第一，要求教师对"CIS设计"在市场营销活动中的实践应用价值给予说明，调动学生参与实训项目的积极性。

第二，要求教师对"CIS设计"中的"MI"、"BI"、"VI"三个子系统的操作步骤、设计思路和设计方法进行具体指导。

第三，要求学生为所在学校进行形象策划。通过对所在学校背景的调查，结合企业形象设计的内容，正确运用企业形象策划的原则、步骤和时机，加深对企业形象策划的理解，树立正确的企业形象策划理念。

第四，要求教师提供"CIS设计"实训范例，供学生操作参考。

三、理论指导

（一）企业形象策划的概念

企业形象策划是指企业形象识别系统策划，是运用统一的整体传达系统将企业经营理念与精神文化传达给企业周边的关系或团体，并使其对企业产生一致的认同感与价值观，从而形成良好的企业形象和促进企业产品销售的策划。

企业形象策划不同于局部的营销策划，它是一个系统工程，也是一个整体系统，它由理念识别（MI）策划、行为识别（BI）策划、视觉识别（VI）策划三个子系统组成，这三个子系统有机地结合在一起，相互作用，形成完整的企业识别系统。

企业形象策划中的三大基本要素各具特色，并且其重点各不相同。理念识别策划是企业最高层次的思想系统和战略系统，它是企业的灵魂，是企业形象策划的核心和原动力。它通过行为识别策划、视觉识别策划表现出来。行为识别策划是企业内外各项运行活动的行为方式，是动态的识别形式。它规范着企业内部的组织、管理活动与对外的经营过程和社会活动，它实际上是企业的运作模式。视觉识别策划是体现企业经营理念和设计、精神文化的外在视觉形象设计，是企业形象策划最直观、最外在的部分，是静态的识别符号，也是企业形象策划中与社会公众联系最为密切、影响层面最为广泛、能直接快捷地向社会传递企业信息的部分。同时，视觉识别策划本身具有美学价值，能艺术地提升企业形象。如果把企业形象策划比喻为人的形象策划，那么理念识别策划是人的思想策划，行为识别策划和视觉识别策划则分别是人的行为举止和外表形象，三者共同构成了企业形象策划的完整内涵。

（二）企业形象策划的特征

1. 多面性

企业形象不是挂在墙上的一副单调的平面绘画，它是社会空间中的企业组织在公众心里的立体反映。由于公众的层次不同、观察的角度不同和需求不同，所以每个人都可能从个人需要出发，站在特殊的角度来观察同一种企业行为，该企业的形象特征在公众心目中就明显带有从这一角度所看到的侧面所具有的特征。例如，政府官员与普通客户对一个企业组织的评价取向往往不同，政府官员注重企业的总体价值、社会价值和长期发展价值，而客户则更多地注重产品本身的价值。从总体上来看，不同的企业其社会存在的价值不同、目的也不同。这说明每一家企业的形象都存在多面性，所以不能对所有企业提出同样的形象要求。

2. 创新性

企业形象策划的思维过程是一种创造性思维过程。策划设计往往追求独创性，从而以新颖的策划设计方案提高企业形象活动成功的概率。创新性是企业形象策划的生命力，它集知识、智慧、谋划、新奇于一身，不断放射出耀眼的光芒，成为当今企业谋求发展的一大法宝。只有创新的企业形象行为才能吸引公众的眼球，才能吸引公众参与企业形象活动，在活动中接受企业形象的信息，达到塑造企业形象的目的。任何成功的企业形象策划都是具有创新性的策划。

3. 可变性

人们对某一事物形象的形成有赖于信息的刺激，人们对这一事物的形象的改变也借助于信息的刺激。就一般认识规律而言，事物对人们的刺激使人们产生了对该事物的认识、理解及评价，从而在心目中形成该事物的形象。同样的道理，要想改变这一形象也是可能的，只是需要一个更加强烈的信息刺激而已。企业形象的形成与改变也是同样的道理。

4. 思想性

企业的形象策划过程是一种思维过程，它受到思想特质支配的人脑的制约，并通过策划者对社会环境、企业条件和策划目标的分析来完成。思维方式是人类运用思维规律、思维方法进行思维活动的综合表现形式，是人类进行思维的具体模式，其随着科学技术的进步、社会生产方式的变革而改变。不同的文化背景下会出现不同的思维方式，不同的思维方式会产生不同的谋略策划，并产生不同的效果。因此，在策划时要充分考虑所处国家的政治、经济、文化、民族心理、价值观等，并且作为一种社会活动在思想上作出正确的引导。

（三）CIS 策划设计

1. MI——理念识别策划

CIS 策划开始于 MI。MI 是 BI 和 VI 的基础，即 BI 和 VI 都是在 MI 的基础上进行设计与实施的。MI 策划主要包括企业理念的开发、企业理念的定位和企业理念的实施等内容。

（1）理念识别的定位。理念识别主要有如下类型：目标导向型、团结创新型、产品质量与技术开发型、市场营销型、优质服务型。

①目标导向型。用精炼、概括的用语反映出企业所追求的精神境界和经营战略目标。

②团结创新型。用简洁、精炼、概括的用语反映出企业团结奋斗的优良传统以及拼搏、开拓、创新的团队精神和群体意识。它的主要目标是企业的内部公众。

③产品质量与技术开发型。用简洁、精炼、概括的用语突出强调企业名牌产品的质量或强调尖端技术的开发意识,以此来代表企业精神、展示企业形象,有效传达企业对社会的贡献。

④市场营销型。它的目标是外部公众,强调市场的覆盖和开拓,争创最佳的经济效益。

⑤优质服务型。它的主要目标也是企业的外部公众,它着重强调的是"顾客是上帝"的原则。

(2)企业理念的应用。企业理念主要用于标语、口号、广告、企业歌曲。

①标语、口号。标语用于横幅、墙壁、标牌上,陈列起来或四处张贴使员工随时可见,从而形成一种舆论气氛和精神氛围。口号是用生动有力、简洁明了的句子来表达。标语和口号的表达方式可以是比喻式、故事式、品名式和人名式等。

②广告。企业理念一般比较稳定,而广告语可以根据不同时期、不同地域、不同环境进行灵活改变。

③企业歌曲。优秀的企业歌曲能够激发人们团结、奋进、向上的激情。

2. BI——行为识别策划

行为识别策划包括企业内部的行为识别和企业外部的行为识别。

(1)内部的行为识别。进一步规范企业的内部行为,这是BI设计的关键内容,包括员工招聘、员工考评、员工实训、员工激励、员工行为、领导行为和内部沟通等。

(2)外部的行为识别。企业外部的行为识别主要包括广告行为、推销行为、推广行为、公共关系等。

3. VI——视觉识别策划

在企业的视觉识别系统中包含两类要素:基本要素和应用要素。

VI的基本构成要素有企业名称、企业品牌、标志、标准字、印刷字体、标准色彩、企业象征造型及企业标语口号等。这些基本要素不仅单独予以应用,而且通过组合构成企业识别标志应用于企业生产经营过程中,从语义名称、形象感染、色彩冲击这三方面传播企业的视觉识别形象。

(1)企业名称。企业定名的要诀在于:

①简洁。越单纯、明快的名称,越易于和消费者进行信息交流,从而刺激消费者的遐想。

②特殊。强调特殊性,使之独一无二。

③新异。名称新奇、标新立异。

④响亮。取名节奏感强，响亮有气势。

⑤巧妙。巧妙利用联想的心理现象，使企业名称能给人以好的、吉利的、优美的、高雅的等多方面的提示和联想，较好地反映出企业的品位，在市场竞争中给消费者好的印象。

(2)标志设计。企业在标志的设计中必须注意以下几点：简洁鲜明，富有感染力；把握一个“美”字，使符号的形式符合人们对美的共同感知；在保持相对稳定性的同时，也应具有时代精神，适时作必要的调整和修改。世界各地企业标志设计的发展趋势的总特点是出现了“感性凌驾理性”的发展新趋势。

(3)标准字设计。所谓“标准字”是指企业在各种场合下使用的宣传内容(包括广告、标志、名称以及各种媒体)都要使用统一的字体。确定标准字的原则在于：

①集中表现企业理念。

②体现企业的统一性和独立性，通过标准字加以统一和规范，给人以独特完整的形象。

③给人一种可靠和稳定的感觉。

(4)企业标准色。在视觉识别中，标准色占有十分重要的位置，确定标准色时要体现商品的特性并能感染公众。比如，能够引起食欲的颜色有红色、橙色、茶色、不鲜明的黄色、温暖的黄色、明亮的绿色，这些颜色统称为“食欲色”，其中，纯红色不但能引发食欲，还能给人以“好滋味”的联想。绿色较容易给人以好感。

(四)企业形象策划的过程

1. 企业形象调研

为了增强导入企业形象行为的目的性，使企业形象的设计开发取得更好的成效，我们必须对企业的形象进行广泛而深入的调查。调查报告是否完善、充实是决定企业形象策划成败的关键。

(1)企业形象调研的程序。这一程序包括调查准备阶段、资料收集阶段、整理分析阶段、报告写作阶段和总结评估阶段。

(2)企业形象调查的内容。调查内容包括企业外部环境调查、企业内部环境调查以及企业形象调查。

2. 企业形象策划方案的制定

通过企业形象调查研究，了解企业形象环境，确定企业形象问题。企业为完善自身形象或进一步提高自己的形象，需要分析现有条件，并设计最佳行动方案。企业形象策划方案设计程序如图 4－1 所示。

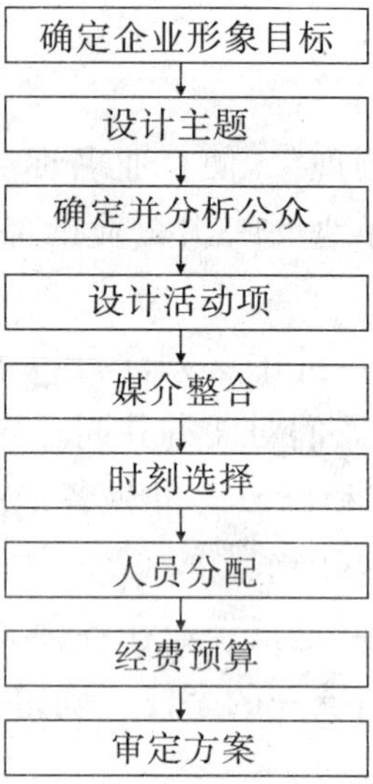

图 4－1　企业形象策划方案设计程序

3. 企业形象策划方案实施

企业形象策划方案的实施是企业形象策划方案所规定的目标和内容变为现实的过程，是整个企业形象塑造工作中最为复杂、最为多变、最为关键的环节。一项企业形象策划方案的实施，其重要性足以和拟订方案本身相比。从某种意义上说，实施甚至比方案的拟订更为重要。

4. 企业形象策划评估

在提出企业形象策划活动实施效果的评判标准和要素后，企业形象评估人员该做的就是认真比较预期与实际实施效果之间的差距。在比较差距的过程中，重要的是寻找发生差距的原因。在提出评判的标准时，必须先找到一个基点，然后以这个基点来衡量实际的情况。

通过比较，评估人员可以在大量原始记录和数据中仔细搜索和考查发生差距的原因，撇去主观人为因素的影响，更多地从客观的角度去审查发生的原因。这样，提出的看法会更有助于今后企业形象策划活动的改进。

四、实训操作

其一，以班为单位分为若干组，每小组 5～10 人。

其二，各小组分别为所在学校进行形象策划。

其三，各小组分别提交形象策划方案，由教师和学生共同评分，以选出优胜组。

五、实训评价

“CIS 设计”实训项目总分 100 分，实训评价标准及其评价分值如表 4—5 所示。

表 4—5 CIS 设计评价标准及其评价分值

评价指标	评价标准	评价成绩
一、MI 设计 $\sum 30$	1. 学校使命清晰(10 分) 2. 学校精神概括准确(10 分) 3. 办学思想清晰(10 分)	
二、BI 设计 $\sum 30$	1. 学校管理行为策划合理(10 分) 2. 公关策划新颖(10 分) 3. 学校宣传材料新颖(10 分)	
三、VI 设计 $\sum 40$	1. 学校视觉识别设计合理(10 分) 2. 学校校标新颖(10 分) 3. 学校校训设计准确(10 分) 4. 校徽设计新颖(10 分)	

六、实训范例

范例一 常州国际商城企业形象策划方案

(一)企业概况

常州国际商城是由香港天安中国投资有限公司、常州市天宁区商业总公司、工行信托投资公司三方投资组建的大型商业基础设施项目。项目总投资 2500 万美元,集商业旺铺、办公写字、餐饮娱乐、商务营房等于一体,建筑面积 5 万平方米,是一座多功能的综合性楼宇。1995 年 7 月,商场部分试营业,1997 年 1 月 25 日,商场投入正式营业。

(二)导入 CIS 的背景

地处上海经济区辐射圈中的常州商业经济在得以长足发展的同时,也正面临着一场愈演愈烈的无情竞争。就是在这样的背景条件下,常州国际商城商场准备于 1995 年 7 月部分投入试营业。

1. 导入 CIS 前市场状况

当时常州的市场情况存在着这样一对矛盾——有限的市场容量和无限的经营能力之间的矛盾。

(1)有限的市场容量表现在这样几个方面:

①常州位于沪宁线中段,东有沪苏锡,西有宁镇扬,商圈难以向两翼辐射。

②它不是一个现代化大城市,而是一个典型的小城市,市民购物的交通方式 60%为自行车,居民聚集区距市中心仅为 15 分钟的自行车路程,甚为方便。因此,它难以形成多极化的商业中心,而位于市中心的商业楼盘则很容易形成虎踞龙盘之势。

③它的旅游资源十分匮乏,流动人口极为有限。有资料统计显示,1993 年,常

州的境外旅游者(包括外商投资者)全年仅为2万人次,而同期苏州、无锡则高达30万人次。由此可见,常州的零售业缺乏旅游业这一坚实基础的支撑,零售市场呈典型的地区、区域市场特征。

据以上分析,可以确立这样的论点:常州百货零售业的市场容量具有很大的局限性。

(2)无限的经营能力表现在:近年来,由于市场经济、流通体制改革,以及经济过热、固定资产投资规模过大的作用,所以商业经营企业与日俱增,尤其是大型零售商业,高楼大厦如雨后春笋般地拔地而起,这些都使得常州百货零售业的经营能力有了一个很大的提升。与之相反,市场的容量却未随之相应扩大,商家不断提升的经营能力与有限增长的市场容量之间的矛盾进一步导致了现今的商业竞争趋向白热化。常州百货零售业的竞争模式已由"大鱼吃小鱼"转入"大鱼吃大鱼"模式。

2. 企业所处地理位置

商城所处的火车站地段一向被视为黄金地段,但是如果仅以流动人口为消费对象,那它远不能满足国际商城近2万平方米商销的经营能力,因此国际商城的市场定位应该是流动人口和固定人口市场并举。而要吸引本市固定居民,其环境条件远不如市中心的商业繁华地段。

3. 企业导入CIS的有利条件

在常州国际商城导入CIS时起决定因素的是其内部因素。

(1)合资企业运作机制的优势。国际商城为常州首家中外合资大型商业企业,由此产生了全新的用人和管理体制。

(2)业已奠定的实践基础。讲求树立企业形象并不是自导入CIS之日起,早在1992年企业成立之时就非常强调时刻维护与体现企业的形象,要求员工把自己看作企业的一部分,任何时候都要以企业的利益为重,最初倡导的员工精神就是"忠于公司利益,实现自我价值",它体现了现代人良好的职业风范与追求。

(3)员工素质普遍较高及年龄的年轻化。商场营业员的文化程度都在高中以上,管理人员更是向社会公开招聘的,均是具有一定经验、资历与阅历的各方面专业人才。整个公司现在的688位员工,平均年龄为22.8岁,这一点也利于CIS在企业内部的传播与推广,利于CIS在组织内部的渗透。

4. 行业内其他企业与CIS相关的行动

近年来,我国掀起的CIS风潮,除了工业企业纷纷导入CIS获得了巨大成功外,百货业导入CIS也风起云涌。上海一百、深圳新世界广场、广州新大新等都已意识到企业形象这一无形资产对于服务业来讲是直接需求,均希望通过CIS战略将企业理念、行为识别与视觉三者进行有机统一,使之真正进入一种系统、科学、合理的形象状态,从而在激烈的商战中独树一帜,创造信誉良好的服务形象。

正是基于以上情况的考虑,常州国际商城选择了CIS。在1995年试营业前夕,常州国际商城就全面导入CIS，以期在机遇与挑战并存的商业竞争之中，树立企业整体形象，亲切地走向社会，开拓现代服务业的新天地。

（三）CIS导入的策划方案

受托担任CIS整体设计的专业形象公司在企业的密切配合下，进行了企业前期实态和外部市场的调研作业。经过一系列紧张而有序的开发设计，至1995年底完成了策划与设计工作。包括作为CIS体系核心的MI（即理念部分），规范员工行为的BI部分，以及以标志、标准字为核心的VI等部分。

1. 企业理念识别系统策划

（1）企业理念。常州国际商城确定了“贡献富裕新生活”为企业的经营理念及企业使命。其内涵要义：一是为日益繁荣、富裕的新生活作出贡献；二是把富裕、繁荣奉献给现代大众，让他们体会一种新生活。努力遵循受益社会又反哺社会、回报公众的这种高品位的商业准则，清楚地表达出企业存在于社会的意义，引起社会的反响并取得认同，形成一种良性的互动循环。商城进行的公关活动和促销活动都要围绕这一主线，体现出国际商城的现代商业观：受益于社会又反哺社会。

（2）经营思想。确立起“以人为本，建立国际大视野，创造卓越企业”的经营思想，也就是要在明确了“做什么”的同时解决好“怎么做”的问题。

以人为本。人是企业最大的资本，是企业的出发点与归宿点。国际商城最重要的一点就是确立“人”为第一要素，它又包括3层含义：

①人才是企业成功之母。一个企业集聚了人才不一定就会成功，但是没有人才却是绝对不会成功的。市场经济的核心是竞争，而竞争的核心是人的智力的竞争。企业的运转与更新、转换与发展与每一个人的坚韧意志与勤奋劳作及每一个人的充分想象力、务实的冒险胆略不可分离。

②人是企业管理中最活跃的因素。人不是一成不变的，人是动态的、变化的、发展的。

③人事工作是企业里最难做的工作。一个企业成亦在人，败亦在人。

（3）企业定位。处在这样一个世纪交替的时代，经济发展日益趋于全球化、世界化的态势。作为一家新兴的商业企业要用更高更远的眼光看待这一发展动态，经营立足高起点，服务追求国际化，努力与国际经济接轨。

2. 视觉识别系统策划

（1）企业形象定位。用卓越的管理、卓越的质量、卓越的形象树立起国际商城的国际化形象。

（2）企业标志。这是企业理念的直接核心体现。标志的整体如植物状造型，透过绿色和标准色给人以勃勃生机的感觉及强烈的视觉冲击力；3点立足象征着“人和、严谨、高效”的现代企业行为基准；向外呈扇形舒展象征着企业国际化发展的思路以及向外拓展的战略。这些都准确地体现了企业的经营思想与行为基准，向企业内外进行整体传达。

(3)员工的仪容仪表。员工穿戴统一的衣服、帽子，绿底白字的指示吊牌。

(4)企业象征物。采用一个活泼可爱的卡通形象RJP作为企业的吉祥物，这个形象既显示了企业的亲和力，又表示出商城是一个充满了活力的企业。

3. 企业行为识别系统策划

(1)全面开展公关活动，致力于建立各方关系，树立具有良好亲和力的企业形象。

①加强与社会各界的联系，争取社会公众的理解与支持。积极依靠常州市委、市政府，争取其认同，将本企业纳入市内重点培植的大型企业集团，以获得优惠待遇。

②密切关注市委宣传部以及各新闻媒体的宣传取向，结合企业发展战略适时造势，争取成为公关媒体宣传的重点。

③建立并保持与客户的良好关系，为客户提供超值服务，以良好的信誉提高企业的美誉度。

④真诚参与社会公益活动，提高企业知名度与美誉度。

⑤积极开展公共宣传活动，强化企业的形象与向心力。

(2)精心选用和实施广告策略，宣传企业的服务宗旨。

①常州国际商城广告词："开创美好未来，提高生活质量"，"托起城市辉煌，营造舒适购物环境"。

②广告标的：以诱导性广告为主体。常州国际商城服务对象是广大市民，因此采用这种广告可以吸引消费者前来购物。

(3)企业内部管理行为策划。

①企业行为基准：人和、严谨、高效、卓越。这是对企业内部员工行为的一种规范与约束。员工之间倡导人和，工作态度务必严谨，工作效率实现高效，共同创造卓越的企业。

②企业口号：忠于公司利益，实现自我价值。

③员工共同价值观：公司为上，事业为先；集体为根，企业为本；清正廉洁，淡泊名利；团结友爱，正直为人；以客为尊，我为人人。

④员工的工作格言：国际商城是我家，我爱商城我爱家；商品有价，服务无价。

⑤员工礼仪：坚持礼貌待客，谈吐文雅，行为文明。

范例二　星巴克企业形象设计

(一)品牌文化定位

"星巴克"这个名字来自美国作家麦尔维尔的小说《白鲸》中处事极其冷静、极具性格魅力的大副，他的嗜好就是喝咖啡。

麦尔维尔在美国和世界文学史上有很高的地位，但麦尔维尔的读者群并不算大；没有一定文化教养的人是不可能去读《白鲸》这本书的，更不要说去了解星巴克这个人物了。

由此可以清晰地明确星巴克的目标市场定位：不是普通的大众，而是一群注重享受、休闲、崇尚知识、尊重人本位的富有小资情调的城市白领。

（二）星巴克六大使命宣言

一是提供完善的工作环境，并创造相互尊重和相互信任的工作氛围；
二是秉持多元化是企业经营的重要原则；
三是采用最高标准进行采购烘焙，并提供最新鲜的咖啡；
四是高度热忱满足顾客的需求；
五是积极贡献社区和环境；
六是认识到盈利是未来成功的基础。

（三）星巴克人的观点

星巴克人认为，他们的产品不单是咖啡，咖啡只是一种载体。而正是通过咖啡这种载体，星巴克把一种独特的格调传送给顾客。咖啡的消费很大程度上是一种感性文化层次上的消费，文化的沟通需要的就是咖啡店所营造的环境文化能够感染顾客，并形成良好的互动体验。

（四）经营理念

星巴克公司以心对待员工，员工以心对待客人，客人在星巴克享受的不仅是咖啡，而是一种全情参与活动的文化体验。一杯价值为 3 美分的咖啡为什么在星巴克会卖到 3 美元呢？星巴克为什么既能为顾客带来期望的价值，又能让企业获得更可观的利润呢？一个重要的原因就是星巴克始终坚持“尊重员工，从顾客出发，与员工及客户多赢”的经营理念。

（五）星巴克的诉求

顾客体验是星巴克品牌资产的核心诉求。就像麦当劳一直倡导销售欢乐一样，星巴克把典型的美式文化逐步分解成可以体验的元素：视觉的温馨，听觉的随心所欲，嗅觉的咖啡香味等。

（六）星巴克的价值观

“星巴克出售的不是咖啡，而是人们对咖啡的体验。”这是星巴克的价值主张。星巴克所创造出的“咖啡之道”使每个光临的顾客都有独特的体验。通过咖啡这种载体，星巴克把美国文化中比较细致、中产阶级的一面和特殊的格调传递给顾客，展示了美国生活中轻松友好的一面。

（七）经营定位

1. 第三生活空间

在美国，人们每天例行的人际交谊活动逐渐丧失。星巴克探察出这种趋势，在忙乱、寂寞的都市生活中把咖啡店装点成生活的"绿洲"，让附近民众有休憩的小天地、静思的环境和交际的场所，为人们塑造了一个除了家和上班之外的"第三生活空间"。

2. 小资体验

许多顾客认为，花费5～10分钟的时间到星巴克品尝异国情调的咖啡和体验雅皮的感觉能为乏味的日子增添浪漫情趣。在这里，他们要的不是喝一杯咖啡，而是享受喝咖啡的时刻。

3. 始终坚持品质

为了保证品质，星巴克始终坚守四字原则：拒绝加盟。星巴克不相信加盟业主会做好品质管理。

4. 拒绝贩售人工调味咖啡豆

星巴克不屑以化学香精来污染顶级咖啡豆。

5. 拒绝进军超市

星巴克不忍将新鲜咖啡豆倒进超市塑胶容器内任其变质走味。

6. 选购最高级咖啡豆

做最完美烘焙的目标永远不变。

7. 始终保持风格

星巴克的过人之处在于既创造了统一的外观，同时又加入变化，利用风格体现美感，从而创造了视觉冲击。星巴克结合不同的地点，使每家店都有与众不同的特色。但是丰富多彩的视觉享受、浓郁咖啡香味的嗅觉享受、美妙音乐的听觉享受是不变的经典。

（八）星巴克视觉识别系统

1. 星巴克的标志

星巴克的商标有2个版本，第1个版本的棕色商标的由来是一幅16世纪斯堪的那维亚的双尾美人鱼木雕图案，她有赤裸的乳房和一条充分可见的双重鱼尾巴。

后来星巴克被霍华·萧兹先生所创立的每日咖啡合并，所以换了新的图标。第2版的商标沿用了原来的美人鱼图案，但做了些修改，她没有赤裸的乳房，并把商标颜色改成代表每日咖啡的绿色，这样，融合了原始星巴克与每日咖啡特色的商标就诞生了。

目前，位于美国西雅图派克市场的"第一家"星巴克店铺仍保有原始商标，其内贩售的商品也多带有这个商标。这所谓的"第一家"虽仍在派克市场街上，但事实上已经迁离原址。

2. 标准色与标准字

星巴克的绿色徽标是一个貌似美人鱼的双尾海神形象，这个徽标是1971年由西雅图年轻设计师泰瑞·赫克勒从中世纪木刻的海神像中得到灵感而设计的。标志上的美人鱼像也传达了原始与现代的双重含义：她的脸很朴实，却用了现代抽象形式的包装，中间是黑白的，只在外面用一圈彩色包围。20年前星巴克创建这个徽标时，只有一家咖啡店。如今，优美的"绿色美人鱼"竟然与麦当劳的"M"共同成为了美国文化的象征。

3. 空间环境的配合度

空间设计以企业意象、自然优雅的空间感营造出特殊的美式咖啡风格。人们以行为作为空间而被结构化，星巴克的空间其实也是人们创出的符号空间。

（九）星巴克经营管理行为策划

1. 经营模式

坚持"直营"路线是星巴克的一大经营战略。

星巴克所有的店面几乎都是直营店。这些店面由总部进行直接管理、统一领导，其目的是为了控制品质标准。当然也有例外。

星巴克进军海外市场大部分选择与当地合作伙伴共同经营。但同样也恪守直营的戒律，由星巴克直接管理，从而保证每家海外商店都是百分之百的美国星巴克血统。

2. 关系构建

（1）客户资产：星巴克的一个主要竞争战略就是在咖啡店中同客户进行交流，特别重要的是服务生同客户之间的沟通。

（2）员工资产：星巴克要打造的不仅是一家为顾客创造新体验的公司，更是一家高度重视员工情感与员工价值的公司。

（3）供货商资产：星巴克对供应商的挑选、评估等程序相当严格。星巴克花费大量人力、物力、财力来开发供应商，能够与供应商保持长期稳定的关系。

（十）星巴克品牌活力之源

1. 服务创新

星巴克十分注重针对顾客的需求开发新的服务内容。

2. 渠道创新

超级市场是星巴克继续开拓销售的重要途径。

3. 消费教育

星巴克在向亚洲国家扩张的过程中，首先着力推广"消费教育"。

4. 品牌管理

(1)品牌定位:“星巴克”这个名字来自美国作家麦尔维尔的《白鲸》,因此我们可以看出星巴克的目标市场定位是一群注重享受、休闲、崇尚知识、尊重人本位的富有小资情调的城市白领。

(2)品牌识别:星巴克的绿色徽标是一个貌似美人鱼的双尾海神的形象,标志上的美人鱼像传达了原始与现代的双重含义。

(3)品牌诉求:顾客体验是星巴克品牌资产的核心诉求。星巴克把典型的美式文化逐步分解成可以体验的元素(视觉的温馨、听觉的随心所欲、嗅觉的咖啡香味等)。

(十一)星巴克员工教育

星巴克的每一位工作伙伴在每天营运的过程中,就是在不断地实践“one cup at time”。这种一次实务地做一个选择的积极态度正是展现“个人责任”改变世界的方法。

星巴克伙伴透过每一次和客人在店里相遇的机会与瞬间,创造独一无二的服务与价值体验,承诺“用自己的智力、心力和劳力热情地解决问题,而且绝不争功诿过”。

(十二)星巴克内部行为规范策划

1. 文化与理念

星巴克总是把员工放在首位,坚持“员工第一”的理念和价值观。

2. 员工招聘方面

星巴克在选聘员工时,重视人的本质。

3. 员工培训

核心训练是培训员工,使之具备为顾客服务的理论和技巧。

4. 薪酬福利制度

薪资水平锁定在业界前25%的水平。

5. 员工激励制度

制定创新激励、报酬激励、鼓励授权制度。

(十三)企业广告行为策划

1. 环境宣传

星巴克以咖啡制作的四大阶段衍生出:以绿色系为主的“栽种”;以深红和暗褐系为主的“烘焙”;以蓝色为水、褐色为咖啡的“滤泡”;以浅黄、白和绿色系诠释咖啡的“香气”。

2. 感官宣传

嗅觉、视觉、听觉、触觉和味觉共同塑造了星巴克咖啡馆浪漫的情调。

3. 包装宣传

星巴克的美学不仅是借鉴,还融合了自己的风格。不同的标记在基本统一的风格下又显示出其多样性和变化性。

(十四)企业新业务拓展行为策划

星巴克正在着手开拓中国的二线市场,同时试图整合其店铺的所有权,以取代原来的合伙模式。

舒尔茨将中国视为北美以外最重要的市场。这家美国公司在中国内地的18个城市拥有165家咖啡店,其中约有120家坐落在北京或上海地区。该公司一直致力于在中国东北地区增设新店。舒尔茨将这一过程描述为"萌芽阶段"。

(十五)企业市场危机拓展行为策划

全球金融危机以来,星巴克里的一系列广泛变化,从速溶咖啡到撤掉了饮料价格的新菜单板,表明该公司是如何调整其高端定位以适应经济衰退的。

公司期待管理层拟出一个应对经济衰退的计划,其中包括努力使星巴克的产品看起来更物美价廉一些,并通过削减5亿美金的成本来增强投资者们的信心。与此同时,它还打算开设一系列装修更为高雅的店铺,其首家这样的店铺正在开设当中,主打传统咖啡饮料。

(十六)星巴克企业形象策划的执行和效果

企业形象策划的执行程序:
其一,用稀缺性实现品牌归位;
其二,继续提升服务竞争力;
其三,用互动营销巩固顾客体验;
其四,让顾客彼此之间创造价值。

训练三 广告创意设计

一、实训任务

在教师指导下,按照指定主题和规则,提供真实的企业背景,学生可以通过团队合作的方式开展广告创意的构思和设计,以达到传播企业形象的特定目的。

二、实训要求

第一,掌握广告的概念、种类及特点等基本知识。
第二,掌握广告目标策略、广告信息策略、广告媒体策略及广告效果的测定。
第三,了解广告理性诉求和感性诉求两种方式,并能够在实践中灵活运用。

第四，了解广告创意的相关知识，掌握广告创意设计的一般程序，并能够结合实际情况进行操作。

三、理论指导

（一）广告的概念、种类及特点

广告一词源于拉丁语，有"注意"、"诱导"、"大喊大叫"和"广而告之"之意。广告作为一种传递信息的活动，是企业在促销活动中被普遍重视且应用最广的促销方式。市场营销学中的广告是指广告主以促进销售为目的，付出一定的费用，通过特定的媒体传播商品或劳务等有关经济信息的大众传播活动。从广告的概念可以看出：广告是以广大消费者为广告对象的大众传播活动；广告以传播商品或劳务等有关经济信息为其内容；广告是通过特定的媒体来实现的，并且广告主要对使用的媒体支付一定的费用；广告的目的是为了促进商品销售，进而获得较好的经济效益。

根据不同的划分标准，广告有不同的种类。

1. 根据广告的目的划分

（1）商品广告。它是针对商品销售开展的大众传播活动。根据产品所处的不同生命周期，又可以分为报道性广告、劝告性广告和提醒性广告。报道性广告，亦称"开拓性广告"。如：新产品刚上市，通过广告向目标市场介绍该产品的性质、用途、价格等，以求得到市场的认可。劝告性广告，又叫"竞争性广告"。产品进入成熟期，目标市场的竞争对手增多，市场容量趋于饱和，这时的广告以说服为目标，使消费者加深对某种产品的印象，以吸引保守的购买者，使原有的购买者增加使用频率。提醒性广告，也叫"备忘性广告"或"提示性广告"，是指对已进入成熟后期或衰退期的产品所进行的广告宣传，目的在于提醒顾客，使其产生惯性需求。

（2）企业广告，又称"商誉广告"。这类广告着重宣传和介绍企业名称、企业精神、企业概况（包括厂史、生产能力、服务项目情况）等有关企业信息，其目的是提高企业的声望、名誉和形象。

（3）公益广告。公益广告是指不以盈利为目的而为社会公众切身利益和社会风尚服务的广告。公益广告是企业或社会团体向消费者阐明它对社会的功能和责任，表明自己追求的不仅仅是从经营中获利，而且还参与如何解决社会问题和环境问题。

2. 根据广告传播的区域来划分

按照广告覆盖面的大小，可以将广告分为国际性广告、全国性广告、区域性广告和地方性广告。

（1）国际性广告是指选择具有国际影响的媒体发布的广告。国际性广告是伴随着国际经济一体化、国际市场的逐渐形成而产生的一种广告。这种广告通常宣传的是国际品牌的产品或企业。例如，美国的万宝路香烟、德国的西门子电器等。

(2)全国性广告是指产品或服务遍及全国,并采用全国性媒体发布的广告。例如,青岛海尔的电冰箱、中粮集团的福临门食用油等在我国中央电视台做的广告。

(3)区域性广告是指将广告诉求对象限定在某个地区,如东南地区、西北地区、华北地区等,通常选择地方性的媒体来发布广告。

(4)地方性广告是指产品或服务只覆盖某地区,并采用该地区媒体发布的广告。这类广告多为零售企业或地方工业企业所发布的广告,广告宣传的重点是诱使人们购买本地区的某一产品。

此外,还有其他一些分类。例如,按广告的艺术形式划分,可分为文字广告、表演广告和演说广告;按广告发布的媒体不同,可分为报纸广告、杂志广告、广播广告、电视广告、因特网广告等。

3. 广告的特点

(1)传播面广。广告是借助大众媒体来传播信息的,它的公众性和普及性赋予广告突出的"广而告之"的优点。广告主可以通过电视、报纸、广播、杂志等大众传媒在短期内迅速将其信息告之众多的目标消费者和社会公众,这是人员推销等其他促销方式无法与之比拟的。

(2)传递速度快。广告是借助大众媒体来传递信息的。大众传媒是一种迅捷的信息传播途径,它能将广告主发行的信息在很短的时间内传达给目标消费者。因此,在现代信息化社会中,广告是一种富有效率的促销方式。

(3)表现力强。广告是一种富有表现力的信息传递方式,它可以借助各种艺术形式、手段与技巧,将一个企业及其产品感情化、性格化、戏剧化,增强其说服力与吸引力。

(4)广告费用支出具有投资的特点。广告费用作为一种投入,其产出是增加了销售利润。广告产出的效益虽不是直接的,但广告促进了销售,在销售扩大带来利润扩大的过程中广告起了重要的作用。广告效果有时产生的虽不是即时效应,但却是一种积累效应。

(二)广告目标策略

企业的广告目标取决于企业市场营销组合的整体战略要求和企业营销管理的不同阶段。要给广告确定具体的目标,归纳起来有以下几种。

1. 以告知为目标

以此为目标的广告主要向市场介绍新产品的问世。目的在于使潜在顾客了解新产品,提高认知,在市场上唤起初步的需求。

2. 以说服为目标

这一广告目标是使消费者和用户不仅知道企业产品的名称,还要使他们了解企业及产品特点。这种广告在产品成长期配合差异性市场策略特别有效。

3. 以增加销售量为目标

以此为目标的广告除了对商品进行详细的介绍外,一般还附有图示、说明价格、信贷条件、购买地点，有时还有广告附表。顾客通过阅读这样的广告，即可以决定是否购买。决定购买后，只需要填写广告附表即可成交。

4. 以提醒为目标

当产品进入成熟期之后，应配合营业推广，采取以提醒为目标的广告。因为，这时市场对此产品已经相当熟悉，没有必要再像投入期那样详细地介绍产品，只要向目标受众提醒它的销售地点和新的附加利益等即可。

（三）广告信息策略

确定了广告目标之后，企业就要设计广告的内容，作出广告信息决策。

1. 广告信息创作

广告信息创作的内容直接依据广告主所追求的目标市场及产品竞争定位策略选择。同时，还要具体研究目标市场不同年龄、不同收入、不同购买动机的人群对广告信息的理解程度，设计几种不同的信息内容，评估、预测潜在市场对不同信息内容的销售反映函数。在此基础上评估、选择最佳的信息表达方式。

2. 广告主题选择

广告主题应根据所推销的商品和不同的广告对象确定。如果广告对象是最终消费者，宣传就应着重强调追求感情动机，这样容易成功；如果是工业用户，就把重点放在追求理性购买动机上。但无论是追求感情动机还是理性购买动机，广告主题最重要的是要强调产品在使用中给买主带来的收益。

企业在确定广告主题时，应注意以下原则：第一，掌握目标市场的社会经济条件所决定的买方利益的综合情况。第二，从目标市场所期望的利益中选择较为重要的因素。第三，选择较为重要的目标市场利益，检查竞争对手是否也在用其广告主题，避免使用竞争者已采用过的广告主题。第四，广告主题应突出，针对性强，以有效吸引目标市场的注意力。

3. 广告信息表达

广告信息的表达方式，一般包括：

(1)生活片断。表现人们在日常生活中正在使用广告中的产品。

(2)生活方式。强调本产品如何适应人们的生活方式。

(3)音乐化。把企业或产品形象用广告歌来表达，歌词反复强调产品名称。

(4)想象与情趣。为产品制造一个能够唤起人们美好联想的气氛与形象。

(5)拟人化。使产品人格化，让其能说话。一些日用品和儿童用品的广告信息经常采用此方法表达。

(6)科学证明，显示调查证明或科学实验。表明产品符合科学标准，一些家庭用保健品常用此方法。

（四）广告媒体策略

为了正确地选择各种广告媒体，实现广告目标，企业在选择媒体之前，必须对媒体的接触度、频率和效果作出决策。接触度是企业必须在一定的时期内使多少人接触广告；频率是企业决定在一定时间内，平均使每人接触多少次广告，频率过多费用太高，频率过少又难以加深受众记忆；效果是指广告显露的效果。

1. 广告媒体的种类

广告媒体的种类很多，主要包括报纸、杂志、电视、广播、户外广告、邮件等。各种媒体接触的听（观）众不同，影响力不同，广告效果也不同。为了实现广告的接触度、频率和效果等目标，应了解各类媒体的主要优缺点，以选择适当的广告媒体。

（1）报纸灵活性高，迅速及时，成本低，地理选择性好，可信度高。主要局限是保存性较差，内容庞杂，易分散注意力，清晰度也较差。

（2）杂志的针对对象明确，收效好，保存率高，阅读率也较好，可采用套色印刷有利于吸引读者注意。局限性是传递信息的延迟性较大，读者范围也有限。

（3）电视是能够把形象、声音与动作结合起来的媒介，能够较好地吸引观众的注意力，在短时间内给人留下深刻的印象。主要局限是成本高、时间短、对象缺乏可选性。

（4）广播传播信息迅速及时，不受场所限制，成本较低。主要局限是速度快不易记忆，无处查阅，没有视觉上的刺激，不易加深印象。

（5）户外媒体的地理位置应选择得当，并合理利用各种美术、造型等艺术手段，使广告鲜明、醒目、美观、简明，从而容易记忆。局限是受空间限制，无法表达复杂的内容。

（6）邮件媒体针对对象明确，选择性好，传播信息迅速及时。但不易生动化、形象化，比较呆板，所涉及的范围也有限。

2. 选择媒体时应考虑的因素

（1）目标市场接触媒体的习惯。例如，对青少年顾客来说，电视广告的效果最好。

（2）产品种类。例如，为妇女服装做广告，选择彩色印刷杂志广告会很有吸引力。

（3）广告信息。选择何种媒体取决于广告信息本身。例如，复杂的技术信息在广播和电视中都难以说清，而选择专业杂志和邮寄广告较为理想。

（4）成本费用。电视广告成本很高，而广播、报纸相对成本较低。

（五）广告效果的测定

广告效果有经济效果和社会效果之分，也有即效性效果与迟效性效果之分，还有促销效果和广告本身效果的分类。本书按促销效果和广告本身效果进行测定。

1. 广告促销效果的测定

广告促销效果，也称“广告的直接经济效果”，它反映广告费用与商品销售量（额）之间的比例关系。广告促销效果的测定是以商品销售量（额）的增减幅度作为衡量标准的。测定方法很多，主要有以下几种：

（1）广告费用占销率法。通过这种方法可以测定出计划期内广告费用对产品销售量（额）的影响。广告费用占销率越小，表明广告促销效果越好；反之则越差。其公式为：

广告费用占销率=[广告费/销售量(额)]×100%

(2)广告费用增销率法。此法可以测定计划期内广告费用的增减对广告商品销售量(额)的影响。广告费用增销率越大,表明广告促销效果越好;反之则越差。其公式为:

广告费用增销率=[销售量(额)增长率/广告费用增长率]×100%

(3)单位费用促销法。这种方法可以测定单位广告费用促销商品的数量或金额。单位广告费用促销额(量)越大,表明广告效果越好;反之则越差。其公式为:

单位广告费用促销额(量)=销售额(量)/广告费用

(4)单位费用增销法。此法可以测定单位广告费用对商品销售的增益程度。单位广告费用增销量(额)越大,表明广告效果越好;反之则越差,其计算公式为:

单位广告费用增销量(额)=[报告期销售量(额)-基期销售量(额)]/广告费用

(5)弹性系数测定法。此法是通过销售量(额)变动率与广告费用投入量变动率之比值来测定广告促销效果。其公式为:E=(△S/S)/(△A/A)。

其中:S——销售量(额);

△S——增加广告费用后的销售增加量(额);

A——广告费用原有支出额;

△A——增加的广告费用支出额;

E——弹性系数,即广告效果。E值越大,表明广告的促销效果越好。

影响产品销售的因素很多,广告只是其中因素之一,单纯以销售量(额)的增减来衡量广告效果是不全面的,因而,上述测定方法只能作为衡量广告效果的参考。当广告促销效果不理想时,也不应轻易否定广告的作用,而应从其他方面来考虑分析。

2. 广告本身效果的测定

广告本身的效果不是以销售数量的大小为衡量标准,而主要是以广告对目标市场消费者所引起的心理效应的大小为标准,这些心理效应包括对商品信息的注意、兴趣等。因此,对广告本身效果应主要测定知名度、注意度、理解度、记忆度、视听率、购买动机等项目。测定方法中,常用的有以下几种:

(1)价值序列法。它是一种事前测定法。其具体做法是邀请若干专家、消费者对事先拟定的几则同一商品的广告进行评价,然后依次排出第一位、第二位、第三位等;排在首位的表明其效果最佳,选其作为可传播的广告。

(2)配对法。它也是一种事前测定法。其具体做法是将针对同一商品设计的不同的两则广告配对,请专家、消费者进行评定,选出其中一例。评定内容包括广告作品的标题、正文、插图、标语、布局等全部内容。

(3)评分法。此法既适合于事前测定,又适合于事后测定。其具体做法是将广告各要素列成表,请专家、消费者逐项评分。得分越高,表明广告自身效果越好。

(4)访查法。这是一种主要适合于事后测定广告效果的方法。其主要做法是通过电话、直接走访等方式征集广告接受者对广告的评价意见,借以评价广告的优劣。

进行广告效果测定，目的不仅仅是为了回答广告投入是否值得的问题，同时也是为今后的广告活动提供借鉴。因此，应当将广告测定的结果与预定的目标进行对比，找出差距，分析原因，以便进行修正。如表 4—6 所示。

表 4—6 广告修正策略表

第一年的目标		市场占有率达到 10%	零售店的配销密度达到 25%	目标市场的知名度达到 50%	营销费用控制在销售额的 50%
6个月	预计	5%	15%	30%	60%
	实际	3%	12%	25%	60%
	修正策略	增加 5%的广告投资。	给经销商更高的毛利和激励，和更多的批发商保持联系。	改进对目标市场的广告诉求。	保持严格的成本控制，尤其是广告费的增加，以及给经销商更高的毛利。
12个月	预计	10%	15%	50%	50%
	实际	8%	15%	60%	60%
	修正策略	知名度虽高。但市场占有率却很低，表示产品绩效不佳。根据深度调查的结果，考虑改进产品。	产品在店头的位置可能是个问题，继续与零售商保持良好关系。	广告必须强调产品的实用性与知名度。	确实找出营销费用最高的项目，建立更严密的控制措施，并注意营销费用的有效性。

（资料来源：傅浙铭，吴晓灵.营销八段：企业广告管理.广州：广东经济出版社，2000.）

（六）广告创意相关知识

1. 广告创意的含义

广告创意是为了达到促进产品或服务销售的目的、实现广告目标，经过创造性思维而获得的独特的“好的主意”或“好的点子”。广告创意是广告作品的灵魂。一部广告作品如果没有很好的创意则会形同枯槁、味同嚼蜡，若有好的创意则形象丰满可爱、秀色可餐。从某种意义上来说，广告创意的优劣决定着广告作品质量的高低。

2. 广告创意与策划的关系

广告策划的主要内容包括广告环境分析、产品研究、消费者行为研究、竞争对手研究、广告目标确定、广告定位、广告创意、广告战略、媒体选择、广告发布时机的确定、广告费用预算、广告效果调查及评估等。广告策划与创意的区别在于策划是宏观战略，而创意是微观战术；策划是广告活动的主体，创意是广告活动的中心；策划是整体程序，创意是局部环节；策划强调系统性，创意突出跳跃性。

3. 广告创意与广告制作设计的关系

俗话说：“玉不琢，不成器。”好的“主意”和“点子”必须借助一定的技术和手段才能得以展现。再好的创意点子如果不能转变成现实形态，那么仅仅只能称之为“幻想”。所以，广告制作设计是完成广告创意的载体。

4. 广告创意与艺术的关系

广告创意应当体现一定的艺术性，但广告又不是纯粹的艺术品。尤其是站在商业广告的角度来看，广告的功能主要应该体现在提醒消费者注意和吸引消费者购买。再好看的商业广告，再具有艺术价值的商业广告，如果不能促进产品的销售，那都是画饼充饥、海中捞月。

5. 广告创意的作用

(1)吸引消费者的注意。好的广告创意善于捕捉消费者的目光，吸引受众眼球，引起大众的强烈关注，而不是简单的哗众取宠。如 Extra 无糖口香糖广告以触目惊心的“牙齿”充当创意的视觉中心，让人不得不联想到如何保护自己的口腔卫生，广告进而向消费者表明 Extra 无糖口香糖是最佳的口腔清洁卫士。

(2)保持消费者的兴趣。好的广告创意善于长期维持消费者的兴趣，保持消费者的长期偏好。深圳电视台形象推广招贴广告画，运用新娘的红色盖头烘托出深圳电视台电视节目的口号——“每天都有新感觉，每天都娶个新媳妇”。如图 4—2 所示。

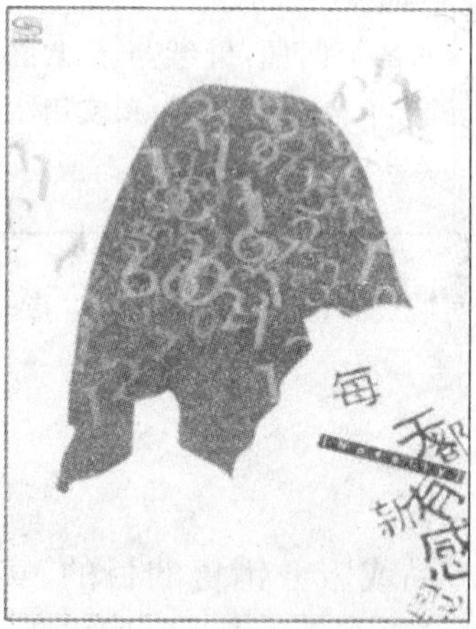

图 4-2 深圳电视台形象推广招贴广告

上图表明，含蓄是一种技巧，能起到以一当十、言简意赅之功效。对待“新感觉”这一诉求概念，作者深知言语有限、意趣无穷这一道理，巧用新娘的红盖头隐喻电视节目的新意，从而避免了广告中泛滥成灾的那种喋喋不休、咋咋呼呼、强加于人的表现样式。

(3)促进消费者行动。好的广告创意易于促进消费者开展现实购买行动。可口可乐的球场平面画，对足球、球网、球场和球迷进行产品形象造型的悖异图形表现，让产品与足球运动之间的密切关系及其价值取向得到张扬，对现场球迷饮用可口可乐有积极的刺激作用。如图 4—3 所示。

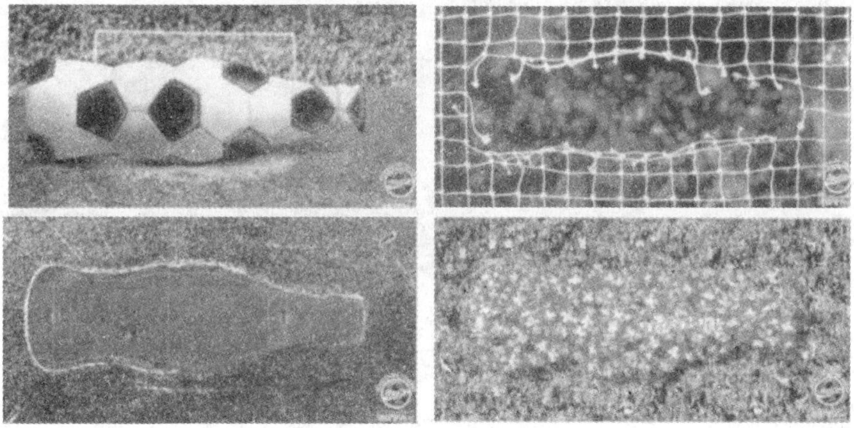

图 4－3 可口可乐的球场广告

6. 成功的广告创意的特征

（1）创意必须切中主题。广告创意实际上来自于广告定位，广告定位又来自于产品定位。产品定位是指凸显企业产品的优点以区别于竞争对手产品的过程，也就是标新立异、鹤立鸡群的过程。商业广告立足于产品，由此产生了广告定位，进而产生了广告主题。广告主题或者说广告的中心思想有没有被体现，也就显得非常重要，这牵涉到广告活动、广告作品的成败。

（2）创意必须易于理解。创意如果过于复杂就很可能达不到传播信息的效果，因为受众根本就不懂、不理解。千万不要希望消费者在理解广告作品方面会下很大的功夫，这一点很不现实。

如图 4－4，这幅丝袜的平面广告，简洁明快、重点突出，随着午餐罐头盒盖被掀起，映入眼帘的是一双双穿着丝袜的美腿。消费者一看便知道，丝袜广告真正是秀色可餐。

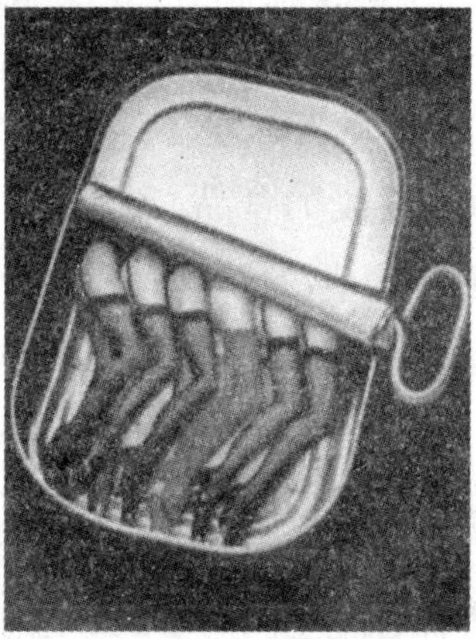

图 4－4 丝袜广告

（3）创意必须有独创性。广告创意切忌千篇一律。如果和别人都一样，等于是给别人做广告，那不如不做广告。万宝路的广告设计和形象代言，自产品诞生之日起就没有改变过：草原、骏马、西部牛仔，展开了美国开拓西部的生动画卷，也构建了美国人开拓创新的优秀文化，所以这样的形象极具独创性。如图 4—5 所示。

图 4－5　万宝路香烟广告

（七）广告诉求方式的运用

1. 广告功能诉求的起源及运用

广告诉求方式的基本形式可以分为功能诉求（Unique Selling Proposition，简称 USP）和情感诉求（Emotion Selling Proposition，简称 ESP）。功能诉求是指广告诉求定位于受众的理智动机，通过真实、准确、公正地传达企业、产品、服务的客观情况，使受众经过概念、判断、推理等思维过程，理智地作出决定。

功能诉求的首创者是世界著名广告人罗瑟·瑞夫斯，他设计的“M&M 巧克力，只溶在口，不融在手”的广告语，至今还被传为佳话。1954 年，瑞夫斯接受 M&M 糖果公司的委托，为其生产的巧克力制作创意广告。瑞夫斯通过详细的市场调查后，发现在当时的美国巧克力市场中，只有 M&M 巧克力有糖衣。原本不起眼的一个产品特征，瑞夫斯却如获至宝——巧克力虽然是大众喜爱的食品，却容易在温暖的环境下融化，影响它纯正的口味，而糖衣能够延缓它的融化。瑞夫斯的构思很快形成：在电视广告中只见到两只手，旁白道：“M&M 巧克力，只溶在口，不融在手”。该广告创意体现了产品独特的优点，简单清晰，广告词朗朗上口，很快就变得家喻户晓。

瑞夫斯把这种广告手法定义为“独特销售说辞策略”。独特销售说辞策略是典型的功能诉求，重在突出产品独一无二的功能，对后世产生了深远的影响。许多著名品牌都通过运用该策略达到了强占消费者心理空间、先入为主的效果。

如宝丽来一次成像照相机的一则广告。根据产品的特点，广告经营者拍摄了一部主题为“一次成像照相机可以做其他照相机做不到的事”的广告片。片中的场景是医院产房的休息室内，一个小男孩想跟随父亲去产房看望刚刚出生的妹妹，但医院规定：除了产妇的丈夫外，其他人一律不许进入产房。男孩的父亲用宝丽来一次成像照相机从产房拍了婴儿的照片后，立即回到休息室，让婴儿的小哥哥看，男孩高兴异常。画外音响起："为了那些不能共度重大时刻的人。"

再如，美国的宝洁进入中国的洗发水市场时，根据东方人的发质特征，推出了飘柔、潘婷和海飞丝三种主打产品。宝洁清醒地认识到当时的中国洗发水市场发展尚属于早期，便在广告上运用了功能诉求，"飘柔——使头发更加柔顺"，"潘婷——营养护发、富含维他命原B5"，"海飞丝——头屑去无踪，秀发更出众"。在市场竞争不激烈、消费者不成熟的状况下，宝洁的功能诉求如入无人之境，先声夺人，在消费者心目中留下了不可磨灭的印象。众多的后来者争相效仿宝洁，让产品去诉求同样的功能，岂知是东施效颦，适得其反。

2. 情感诉求在现代广告中的运用

现代广告一方面依赖于高新技术，另一方面又紧紧抓住人类的情感生活，从而策划出以情感为包装形式的广告作品。未来，情感将成为广告创意诉求的重点，因为情感是没有国界的、全人类共通的语言，富有人情味的广告会为任何国别的人所接受。

情感诉求所传达的情感通常有以下几种：

(1)爱情。其中包括爱情的真挚、坚定、永恒和爱情所赋予人们的幸福、快乐、忧伤等。

爱情是人类生活永恒的主题，自然也就成为商家渲染产品的常用手段。比如，在阿尔卑斯奶糖的电视广告中，背景选择了合家欢乐，一起分享奶糖的场景。奶糖的香浓带来了无限的甜蜜。其乐融融中，一只宠物狗也不甘寂寞，用嘴巴衔起一整篮的奶糖，摇头晃脑地来到心上人的身边。一轮明月之下，两只狗儿亲密地依偎在一起，整个画面充满了温馨与浪漫，不禁让人触景生情。这则广告巧妙地运用了拟人化的动物来突出阿尔卑斯奶糖传递爱情的主题。

(2)亲情。包括家庭之爱及由此带来的幸福、快乐、思念、牵挂等。

如佳洁士牙膏的广告。央视播出的佳洁士牙膏广告，大意是妈妈牙疼，女儿看在眼里急在心里，砸碎心爱的存钱罐，给妈妈买了支佳洁士牙膏。这则广告一改过去与高露洁广告相似的实证风格，采用情感诉求方式，让现代小皇帝以崭新的形象出现，既注重广告的文化导向、提升了广告的文化品位、使受众产生情感上的共鸣，同时又使纯真、可爱的小女孩与佳洁士品牌形象一同在消费者的脑海里打上深深的烙印。

(3)乡情。包括与此相联系的对故乡往事的怀念、对故乡景物的怀念等。

如南方黑芝麻糊广告。广告选择了以主人翁对童年和故土的回忆为主要线索——故乡江南幽深的小巷，穿着朴素的大娘一声亲切悠扬的叫卖声，我们便走进了主人翁的思念，"小时候，每当我听到黑芝麻糊的叫卖声，我就再也忍不住了，一股浓香，一缕温暖，南方黑芝麻糊。"整个广告画面质朴、怀旧，既突出了浓浓的乡情，也暗寓了南方黑芝麻糊的悠久历史和传统工艺，从而挖掘出人们记忆深处的温馨，使得消费者在情感上对该品牌产生强烈的共鸣。

(4)生活情趣。利用日常生活中大部分人都有切身感受的生活情趣来进行诉求，这些情趣包括幽默、悠闲、乐趣等。

在情感诉求类广告中恰当地运用幽默不失为一种广告妙计，它能使人们在令人捧腹的笑声中获得商品的有关信息，从而变成对产品的好感。如莱文·汉特列施密特和毕弗斯梯夫·洪恩广告公司为苏伯鲁汽车制作的广告《你总是伤害它》。伴随着主题歌"你总是伤害你所爱的"便出现了这样一个情景：车顶堆满了野营装备，男人使劲下压后车盖，想把过多的物品塞进去，妻子和丈夫在一片吵架声中"嘭嘭"地甩门。随后，画外音缓缓道出："人们憎恨他们的车，不好好地使用和保护车。不过，自从1974年以来登记的苏伯鲁轿车的90%仍在街上"。广告的幽默将严肃的推销目的包容在轻松诙谐的喜剧气氛之中，引导人们观看广告，唤起消费大众的热情，从而造成一种自然的传播默契，以达到广告促销的目的。

(5)恐惧。通过描述某些使人不安、担心、恐惧的事件或这些事件发生的可能，以引起受众对广告信息的特别关注，从而达到广告促销的目的。

如央视的一则关于倡导可持续发展、保持生态平衡、节约自然资源的广告，别出心裁地设置了未来的人类拍卖地球残余资源的场景，如拍卖全世界最后一瓶干净的饮用水、全世界最后一瓶干净的空气，其竞标价格惊人。整个广告引起人们对生存环境恶化的担忧，发人深省，意味深长。

(6)个人的其他心理感受。包括满足感、成就感、自豪感、归属感等。

奇瑞自加入上海汽车集团以来，短期内即成为国产轿车十大品牌之一，销售量连年名列前茅。在央视一套，"奇瑞东方之子"闪亮登场，"成功人士的实力座驾，40岁的愿望30岁达成"一语道破"东方之子"为成功人士量身定做的初衷。

以上广告是在帮助媒体受众诠释满足感和成就感，希望引起他们的内心共鸣。

在许多描述归属感的广告中，关于新生代个性化消费的作品尤为引人注目，值得一提。

如麦当劳的"我就喜欢"的售点广告："我就喜欢"没有一式两份的演绎。它，请你有个人意见，用你最乐意的方式表达自己。用一句"我就喜欢"撑住乐观积极、快乐、有主见、热爱热诚、完全忠于你最喜爱、最独特的人生吧！祝"我"这一代，处处阳光灿烂。我就喜欢！

该广告卖点锁定在新生代一族，生动刻画了个性化、多样化的消费方式和现代化的生活模式，使新生代受众耳目一新、如鱼得水。

随着社会的前进和经济的发展，现代广告的诉求方式也呈现出情理结合、情景交融、功能诉求和情感诉求相结合的趋势。但无论诉求方式和表现形式如何变化，这一切都是为了强调和竞争对手的差异来赢得消费者的青睐，从而更好地为目标市场服务。

四、实训操作

（一）广告调查——没有调查就没有发言权

其一，环境调查。

其二,市场调查。
其三,消费者调查。
其四,产品调查。
其五,竞争对手调查。
其六,广告公司与媒体调查。
其七,广告效果调查。

(二)广告定位——新的传播方法

其一,确定你的商品所处的位置。
其二,占据消费者的头脑。
其三,看待竞争和竞争对手。
其四,使用资金。

(三)广告创意

其一,创意开发的思维状态与策略。
其二,广告创意开发的步骤。
其三,广告创意的确定。

(四)确定表现手段及寻求恰当的表现形式

其一,创意表现方式的确定。
其二,广告设计元素的发现。

五、实训评价

(一)平面广告类

其一,广告创意好,整体效果佳(25 分)。
其二,美工好,色彩搭配合理,生动逼真(20 分)。
其三,作品突出广告主题,能很好地启发媒体受众,引起共鸣(25 分)。
其四,有创新性,构思新颖(20 分)。
其五,作品介绍简明扼要,普通话标准,信息丰富,感染力强(10 分)。

(二)文案策划类

其一,作品创意好,构思新颖(20 分)。
其二,作品注重前期调研和市场分析,可行性强(20 分)。
其三,作品突出广告主题,能很好地启发阅读者以引起共鸣(25 分)。

其四，作品符合文案策划的格式标准，语句结构合理，易上口，言简意赅(25 分)。

其五，作品介绍简明扼要，普通话标准，信息丰富，感染力强(10 分)。

(三)动画类

其一，突出广告主题，有新颖性(20 分)。

其二，演绎生动，能深刻表达该广告的内涵或主题，能打动人心或者风趣幽默(25 分)。

其三，DV 剧演员配合默契，有较高的可听性和吸引性，影像流畅；Flash 和 Powerpoint 制作出来的作品画面精美流畅(25 分)。

其四，有良好的背景设置，从而能为作品的演绎营造良好的氛围(20 分)。

其五，作品介绍简明扼要，普通话标准，信息丰富，感染力强(10 分)。

六、实训范例

铜陵学院“天翼部落杯”第四届大学生广告创意大赛

(一)大赛简介

铜陵学院大学生广告创意大赛于 2007 年由学院大学生市场营销学会发起，旨在通过校企合作的方式，鼓励大学生为企业真实广告主题进行广告创意制作，从而培养大学生的创新意识、锻炼应用能力，打造高素质应用型人才。经过多年的发展，该项比赛已逐渐规范成熟，并受到校内外各方面的一致好评。

铜陵学院“天翼部落杯”第四届大学生广告创意大赛由学院大学生市场营销学会组织实施，由中国电信铜陵分公司、铜陵市蓝天手机卖场及铜陵市明昌眼镜店全程赞助和参与。本次大赛的广告主题为天翼 3G 智能手机应用，活动主题为“独具创意在自己，应用实践在校企”。本次大赛在全院广大广告创意爱好者的热情参与下，历时 1 个多月，由学院和企业专家严格评审，从近 100 幅征集作品中遴选出 18 幅晋级决赛，入选团队在决赛现场进行自我风采及作品展示，并由院内外专家组进行现场评分。

18 位晋级决赛的选手陆续各显身手，为全场嘉宾及广大观众带来了一场异彩纷呈、赏心悦目的盛宴。平面作品充满视觉冲击、线条流畅简洁，让人浮想联翩；视频作品真实感人、制作美轮美奂，让人流连忘返。选手们的自我风采介绍也各具特色，充分展示了当代大学生创新进取的良好风貌。通过近 2 小时的激烈角逐，决赛共产生 13 个重要奖项，包括特等奖 1 名、最佳创意奖 1 名、最佳人气奖 1 名、一等奖 1 名、二等奖 2 名、三等奖 3 名及优秀奖 4 名。其中，2008 级营销本科班熊大广同学设计的广告视频作品，巧妙运用安卓机器人的形象充分展示了海信 E89 手机的全方位功能，充满时代感，冲出重围勇折桂冠，荣膺特等奖。“未来战士的新武器”等作品通过创新手法创造出与众不同的视听观赏效果，夺得了其他 8 个重要奖项。

（二）部分平面作品展示

1. 作品一（作者：2007级艺术设计2班方菲菲）

广告解析：众所周知，现在是高科技信息时代，不管在工作、学习还是日常生活中，电脑在我们的生活中都起着非常重要的作用。3G智能手机具有独立的操作系统，像个人电脑一样支持用户自行安装软件、游戏等第三方服务商提供的程序，并通过此类程序不断对手机的功能进行扩充，同时可通过移动通讯网络来实现无线网络接入。跟电脑比起来，它小而薄，便于随身携带。该作品采用了夸张的手法：把电脑丢进了垃圾箱，“有了3G智能手机，还要电脑干什么？”有了天翼3G智能手机，电脑都可以扔了。这寓意着3G智能手机功能强大，备受消费者青睐。如图4—6所示。

图4-6　3G智能手机广告

2. 作品二（作者：2008级市场营销1班）

广告主题：海信E89，小身材，大智慧

广告解析：广告整体采用青绿色给人以清新活泼的感觉，广告主题是一个魔方，用魔方体现出E89的功能变换无穷。E89的各种网络软件，变化出E89作为安卓系统所拥有的无限软件扩展，左边的滑板少年为整个画面增添动感元素，滑板少年的肢体动作和表情表现出顾客对E89的拥有欲望。如图4—7所示。

图4-7　海信E89手机广告

训练四　分销策略设计

一、实训任务

第一，要求学生把分销策略理论运用于营销实践，联系有关项目或资料，为某一产品开拓销售渠道，设计具体的"分销计划方案"。

第二，要求学生依据分销策略要求，根据市场需求状况，分析竞争对手的分销策略，选择最佳的分销渠道，对分销计划的"长度"、"宽度"、"成员"等方案进行设计。

第三，要求学生通过"分销计划方案"实训项目，更好地理解分销策略的重要作用，掌握分销计划方案设计的基本技能。

二、实训要求

第一，要求教师对"分销计划方案设计"在市场营销活动中的应用价值给予说明，调动学生开展课业操作的积极性。

第二，要求教师对分销计划的"长度"、"宽度"、"成员"这三种方案设计的操作步骤、设计思路和设计方法进行具体的指导。

第三，要求学生根据市场开发项目的有关资料及市场信息资料，为项目开发指向的分销渠道进行设计，完成"分销计划方案"的设计任务。

第四，要求教师提供"分销计划方案设计"实训范例，供学生操作时参考。

三、理论指导

（一）分销渠道的含义与职能

在市场营销理论中，有两个与渠道有关的术语经常不加区分地交替使用，这就是市场营销渠道和分销渠道。

市场营销渠道是指配合起来生产、分销和消费某一生产者的产品和服务的所有企业和个人。也就是说，市场营销渠道包括参与某个产品供产销过程的所有有关企业和个人，如供应商、生产者、商人中间商、代理中间商、辅助商以及最终消费者或用户等。

分销渠道通常指促使某种产品和服务顺利地经由市场交换过程转移给消费者使用的一整套相互依存的组织。其成员包括产品（服务）从生产者向消费者转移过程中，取得这种产品和服务的所有权或帮助实现所有权转移的所有企业和个人。因此，分销渠道包括商人中间商（因为他们帮助转移所有权），还包括处于渠道起点和终点的生产者、中间商和最终消费者或用户，但不包括供应商和辅助商。

分销渠道对产品从生产者转移到消费者所必须完成的工作加以组织，其目的在于消除产品（或服务）与使用者之间的分离。分销渠道的主要职能包括：

1. 研究

收集拟订计划和进行交换所必需的信息。

2. 促销

进行关于所供应物品的说服性沟通。

3. 接洽

寻找可能的购买者并与之进行沟通。

4. 谈判

为了转移所供物品的所有权，就其价格及有关条件达成最后协议。

5. 订货

分销渠道成员向制造商进行有购买意图的沟通行为。

6. 配合

使所供应的物品符合购买者需要，包括分类、分等、装配、包装等活动。

7. 物流

组织产品的运输、储存。

8. 融资

为补偿渠道工作的成本费用而取得或支出资金。

9. 风险承担

承担与渠道工作有关的风险。

10. 付款

买方通过银行或其他金融机构向销售者支付账款。

11. 所有权转移

所有权从一个组织或个人向其他组织或个人的实际转移。

12. 服务

渠道提供的附加服务支持，如信用、交货、安装、修理等。

（二）分销渠道的类型

1. 分销渠道的层次

分销渠道可根据其渠道层次的数目来进行分类。在产品从生产者转移到消费者的过程中，任何一个对产品拥有所有权或负有推销责任的机构都可视为一个渠道层次。生产者和消费者也参与了将产品及其所有权转移到消费领域的工作，因此也被列入每一类渠道中。但是，市场营销学以中间机构层次的数目来表述渠道的长度（图 4—8）。

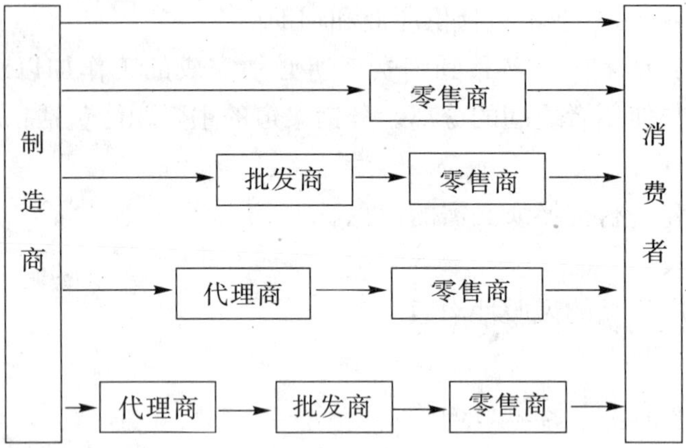

图4-8 销售渠道的长度

2. 分销渠道的宽度

分销渠道的宽度是指渠道中的每个层次使用的同种类型中间商的数目，它与分销策略密切相关。企业的分销策略通常分为三种，即密集分销、选择分销和独家分销。

(1)密集分销是指制造商尽可能通过大量负责的、适当的批发商和零售商推销产品。消费品中的便利品和产业用品中的供应品通常采取密集分销，从而使广大消费者和用户能随地买到。

(2)选择分销是指制造商在某一地区仅仅通过少数精心挑选的、最合适的中间商推销产品，选择分销适用于所有产品。相对而言，消费品中的选购品和特殊品较宜采用选择分销方式。

(3)独家分销是指制造商在某一地区仅选择一家中间商推销产品。通常双方协商签订独家经销合同，规定经销商不得经营竞争者产品，以便控制经销商的业务经营，调动其经营积极性。

(三)分销渠道的设计

要设计一个有效的渠道系统，必须经过以下步骤：

1. 分析顾客需要的服务产出水平

设计渠道的第一步是要了解消费者在目标市场购买什么商品、在什么地方购买、为何购买、何时购买和如何买。营销人员必须了解目标顾客需要的服务产出水平——人们购买一个产品时想要的和期望的服务类型和水平。

通常，渠道可提供以下服务产出：

(1)批量大小——批量是分销渠道在购买过程中提供给顾客的单位数量。

(2)等候时间——顾客等待收到货物的平均时间。顾客一般喜欢快速交货渠道，而快速服务要求较高的服务水平。

(3)空间便利——空间便利是渠道为顾客购买提供的方便程度。

(4)产品齐全——顾客一般喜欢较多的花式品种，以获得更多的选择机会。

2. 确定渠道目标与限制

如前所述，渠道设计问题的中心环节是确定到达目标市场的最佳途径。每一生产者都必须在顾客、产品、中间商、竞争者、企业政策和环境等构成的限制条件下，确定渠道目标。所谓“渠道目标”，是企业预期能达到的客户服务水平（何时、何处、如何对目标顾客提供产品和实现服务）以及中间商应执行的职能等。

3. 明确各种渠道备选方案

确定渠道的目标与限制之后，是明确各主要渠道的备选方案。各渠道的备选方案涉及两个基本问题：一是中间商的类型与数目；二是渠道成员的特定任务。

4. 评估各种可能的渠道备选方案

每一渠道备选方案都是产品送达最后顾客的可能路线。生产者要解决的问题就是从那些似乎很合理但又相互排斥的备选方案中选择最能满足企业长期目标的一种。因此，生产者必须对各种可能的渠道备选方案进行评估。其评估标准有三个，即经济性、控制性和适应性。

（1）经济性标准。企业是追求利润的，因此，三项标准中，经济性标准最为重要。这可以用许多企业经常遇到的一个决策问题来说明，即“应使用自己的推销力量，还是使用销售代理商”。假设某企业希望其产品在某一地区取得大批零售商的支持，有两种方案可供选择：一是向该地区营业处派出 10 名销售人员，除了给付基本工资外，还根据推销业绩给付佣金；二是利用该地区已和零售店建立密切联系的销售代理商，由代理商派出 30 名推销员，推销员的报酬按佣金制支付。这两种方案可能导致不同的销售收入和成本。判别一个方案好坏的标准，不应只是其能否导致较高的销售额或较低的成本、费用，而是其能否取得最大化的利润。

（2）控制性标准。使用代理商无疑会增加控制问题。因为代理商是一个独立的企业，它所关心的是自己如何取得最大利润，所以可能不愿与相邻地区同一委托人的代理商合作，也可能只注重访问那些与其推销产品有关的顾客，而忽略对委托人来说很重要的顾客。代理商的推销员同样可能无心了解与委托人产品相关的技术细节，也很难正确、认真对待委托人的促销资料。这些都是企业在权衡自己对代理商的控制力度时应考虑到的问题。

（3）适应性标准。评估各渠道备选方案时，还要考虑自身是否具有适应环境变化的能力。每个渠道方案都会有规定的期限，某一制造商决定利用销售代理商推销产品时，可能要签订 5 年合同。在这段时间内，即使采用其他销售方式会更有效，制造商也不得任意取消销售代理商的代理资格。因此，一个涉及长期承诺的渠道方案，只有在经济性和控制性方面都很优越的条件下才能予以考虑。

四、实训操作

（一）分销渠道“长度”设计

根据具体情况选择分销渠道，即根据产品因素、市场状况、中间商情况、企业本身条

件、宏观环境因素来选择渠道的"长"或"短"。具体方案设计如下:

1."最短渠道"方案

生产者→消费者。

此方案中,公司直接把产品销售给消费者,有利于商品的快速销售;有利于了解市场,促进产销沟通;有利于提供售后服务、节省流通费用以及控制商品价格。不足之处是:企业在产品销售上需要花费一定的物力、人力、财力;销售范围受到较大限制,影响产品的销售量。

最短渠道是工业用品分销采取的主要模式,在消费品市场中这种模式有扩大的趋势。最短渠道的形式有厂商直销产品、派员上门推销、邮寄销售、电话销售、电视销售及网上销售等。

2."短渠道"方案

生产者→零售商→消费者。

这是通过零售商完成销售的渠道方案。一般来说,销售批量大、市场比较集中或技术复杂、价格较高的产品适合采取本策略。短渠道可以使商品迅速到达消费者手中;减少商品损耗,便于做好售后服务;节省流通费用,降低产品价格。但不足之处是:企业面对众多的零售商,其购销业务会非常繁忙。需要注意的是,采用此方案需要对零售业现状进行分析、评估,然后再作决策。

3."长渠道"方案

生产者→批发商→零售商→消费者;

生产者→代理商→批发商→零售商→消费者。

此方案是采用2～3个中间商完成销售。一般来说,销售量较大、市场范围广、技术不是很复杂、价格较低的产品宜采用长渠道策略。长渠道可以使生产者充分利用各类中间商的优势来扩大销售,但也会增加流通费用和消费者的负担。采用"长渠道"方案,需要对批发商或代理商的状况进行分析,以便选择合理的分销渠道。

4."多模式"方案

一般来说,企业都会同时选择多种分销渠道。在多种分销渠道模式中,无论是制造商,还是零售商、批发商或代理商,在产品销售中都有各自的优势和劣势。这种模式要求对各种分销渠道进行比较,充分利用最有优势的渠道模式作为企业的主要分销渠道,并使其他渠道与之配合。

(二)分销渠道的"宽度"设计

设计分销渠道还要设计渠道的"宽度",也就是确定渠道中同一层次中间商的数目,以明确分销面的大小。在确定中间商数目时,需要根据产品、市场、中间商和企业的具体情况,考虑采用广泛性分销策略、选择性分销策略还是独家分销策略,以设计相应的方案。

1. “宽渠道”方案

此方案适用于广泛性分销策略。方案要求企业尽可能多地选择中间商，通过多家中间商形成广泛的分销面，迅速地把产品推入流通领域，使消费者随时随地都能买到产品，从而提高产品的销售效率。该方案的不足之处是：每个层次的同类中间商较多，生产者与中间商的关系比较松散，不利于加强合作。

2. “窄渠道”方案

此方案适用于选择性分销策略。方案要求企业在某一区域目标市场中选择一些中间商来销售自己的产品，被选择的中间商在当地市场上应有一定的地位和声誉。这种渠道有利于制造商借助中间商的信誉和形象提升产品的销售能力，其不足之处在于：这样的中间商往往要求较高，索取的销售折扣会较大，从而使制造商开发市场的费用较高。

3. “最窄渠道”方案

此方案适用于独家分销策略。方案要求企业在某一区域目标市场中只选择一家中间商销售其产品，被选择的中间商一般在当地极有声望且居于市场领先地位。此方案的设计目的是借助中间商的良好形象和优势，迅速提高其产品知名度，同时避免假冒伪劣产品对厂商的冲击。采用独家分销策略，厂商一般要给中间商较大的促销支持，中间商也会因为能获得独家分销的利益而通力合作。在该方案的销售过程中，运货、结算手续将大为简化，从而便于销售管理，也便于信息反馈。该方案的不足之处在于：产品销售的市场面较狭窄，市场占有率低，消费者购买不便，经营风险也较大。

（三）分销渠道的“成员”选择

1. 渠道成员的评估因素

在选择渠道成员时，需要对有关中间商成员进行评估。具体的评估因素有：合法经营资格、目标市场定位、地理位置、营销策略、销售能力、服务水平、储运能力、财务状况、企业形象和管理水平等。

2. 渠道成员的选择要求

在进行渠道成员评估的基础上，应该根据最优化原则选择商家，选择最有实力、最善于销售、最守信誉的中间商作为自己企业的合作伙伴，本着双赢的原则，把分销渠道网络落在实处。当然，最优化原则是相对于产品、企业的自身条件而言的。

五、实训评价

“分销计划方案设计”实训项目，总分 100 分，实训评价标准及评价分值如表 4－7 所示。

表 4—7　分销计划方案设计评价标准及其评价分值

评价指标	方案设计评估标准(70%)	方案分析评估标准(30%)	评价成绩
渠道长度设计 $\sum 30$	能够从产品、市场、企业条件、环境状况出发,设计合理、有效的分销渠道方案; 方案内容具体、有针对性、具有可行性。(没有达到的酌情扣分)	方案分析能够紧扣主题,分析全面、正确,条理清楚。(没有达到的酌情扣分)	
渠道宽度设计 $\sum 30$			
渠道成员设计 $\sum 40$			

六、实训范例

江铃汽车分销渠道设计

(一)江铃汽车设立分销渠道管理部门

如图 4—9 所示,江铃公司设立了管理分销渠道的相关部门,包括销售部、市场部、顾客服务部、财务部等。

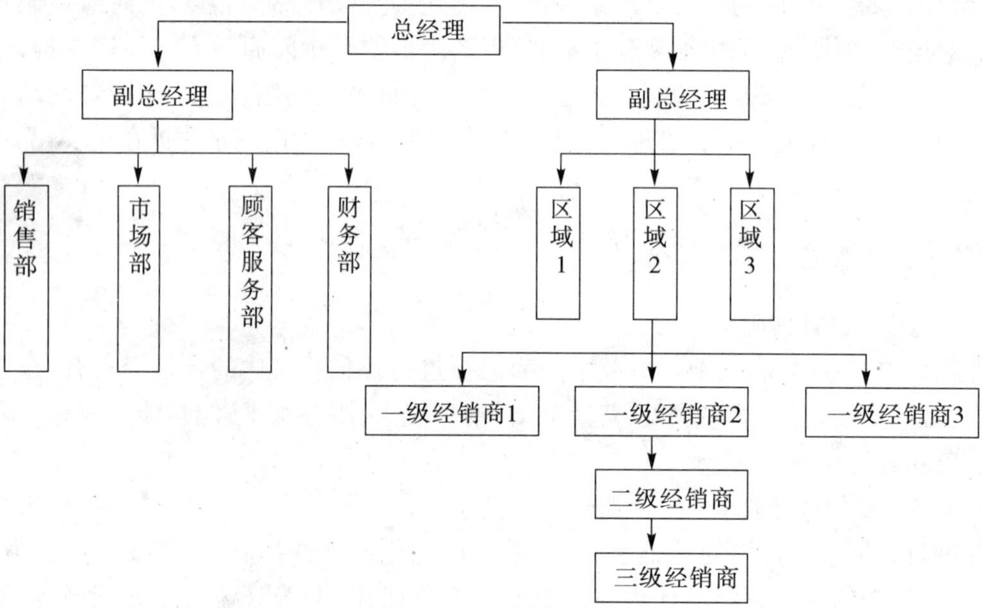

图 4-9　江铃分销渠道组织结构

江铃的经销商须保证品牌专营且具备一定的资金实力;具备相关车型的销售经验和先进的经营理念;积极开发所在区域的市场,保证江铃品牌在该区域内占据一定的市场份额;具备江铃统一的形象识别系统;具备相应的组织机构和独立的人员配备。

江铃品牌店分为以下两种:

一是分品牌专营 A 级店。A 级店应具有独立的组织管理机构,面积不得小于 150 平方米的独立展厅,至少有 8 名专职销售人员。

二是分品牌专营B级店。B级店应具有相关组织管理机构，有面积不得小于100平方米的独立展厅，至少配备5名专职销售人员。

江铃的经销商要遵循江铃的“双限”政策，也就是限价、限区域销售政策。限价销售政策是指品牌专营分销商的实际销售价格不能低于江铃公司所规定的产地最低价；限区域销售政策是指在江铃一级代理商制定的区域内进行市场开拓和开展销售活动。

（二）江铃汽车分销渠道模式分析

1. 渠道模式

江铃公司国内经销商网络采用的是单层次契约式的垂直营销系统。

2. 渠道设计依据

江铃公司充分考虑了汽车产品购买者的心理需求，采用品牌专卖的方式经营江铃系列产品。

3. 渠道宽度

江铃公司采用了选择性分销和独家分销相结合的方式。在经济发达的市场，采用选择性分销的方式；而对于经济欠发达地区，则采用独家分销的方式。江铃公司的出口销售采用的是代理制，即在出口国当地寻找有实力的汽车经销商作为汽车代理商代理进口，然后批发给分销商，再由分销商卖给用户。

（三）江铃公司选择中间商的原则

在选择经销商时，江铃公司主要遵循以下原则：

1. 诚信

诚信是双方合作的基础，因此，选中的经销商必须是诚实而且具有良好信誉的。

2. 经验及能力

具有丰富的分销经验及管理能力。

3. 高效率

一个好的经销商应该是高效率的，即销售速度快、货款回收快、资金流通快，这样才能实现高效分销。

4. 具有共同愿景和合作精神

经销商具有不同于生产者发展目标的经营策略和企业文化，为了避免不同的利益主体之间发生冲突，需要双方具有共同意愿和合作精神。

（四）江铃汽车分销渠道管理分析

1. 渠道成员管理分析

(1)客户管理。由于已充分认识到可以通过管理客户而达到留住忠实客户的目的，所以江铃公司已经成立了客户管理中心。

(2)经销商管理。江铃公司建立了一套完整的评估体系用于经销商的管理，对经销商的管理内容主要有：日常操作管理、报表系统管理、服务管理、违规操作管理、财务管理等。公司内部各职能部门也都有各自的评估指标，分别按月度、季度和年度等不同的周期对经销商进行考核，这样可以动态地发现经销商在某个领域中所存在的问题。公司相应部门会对其情况向管理层作出汇报，以采取不同的方式对经销商的行为进行纠正。另外，公司还有完善的信息反馈机制和举报系统。

(3)冲突管理。冲突的类型主要有三种：水平渠道冲突、垂直渠道冲突和多渠道冲突。江铃公司的水平渠道冲突主要表现为一级经销商与二级、三级经销商之间的冲突，冲突多为一级经销商以自己的强势地位打压二级、三级经销商；垂直渠道冲突主要表现为不同区域的经销商之间的窜货，为了争取一个大订单而产生的冲突；而多渠道冲突则表现得不是很突出。冲突发生后，江铃公司会派出专门人员进行处理，并采取一些预防措施。

2. 物流管理分析

物流就是将合适的产品，以合适的数量，在合适的条件下，在合适的地点和合适的时间，以合适的成本送达顾客。下面从订单、存货管理和运输方式等方面来分析江铃的物流管理情况。

(1)订单管理。江铃公司采取的是网上订单处理系统，每个一级经销商都有自己的账号和密码，他们可以通过网上订单系统操作。主要内容有：正常订单的车型、数量和发运地点等信息；特殊订单的具体需求状况及需求时间信息；日常报表的处理；计划的填写等。经销商的网上订单在江铃公司销售部门相关工作人员的审核下，确保准确无误后，导入江铃公司内部的QAD系统并安排生产发运。

(2)存货管理。江铃公司利用网上订单系统来实现对经销商的库存管理。一套完善的库存管理系统可以及时体现经销商的在途库存、在库库存和已销售车辆等信息。对于每个经销商，其不同的车型有不同的库存指标，当某个经销商的某一车型的库存水平低于正常的库存水平时，系统会自动将该车型的数量显示为红色，从而便于专门的库存管理人员对其进行考核管理，及时安排生产、发运工作。

(3)运输方式。2002年以前，江铃公司的整体发运工作由江铃的自营车队来完成。随着销量的逐步增加以及信息管理系统的需要，为了进一步提升准确度和及时性，江铃引进了第三方物流公司，即与中联物流公司进行合作，由其对江铃所有车型进行配送。江铃还对所运送的车型进行GPS跟踪管理。

为了满足不同客户的需求和适应地域的变化，江铃公司的车辆运送主要以公路运送为主，同时配以一定的水运和铁路运输。为了更加快捷地满足客户对标准车型的需要，江铃公司在全国7个城市建立了中转库，派出专门人员对中转库进行管理。同时，中转库内也有一套完整的信息系统与公司的订单系统对接。

3. 信息管理分析

信息系统主要包括内部信息系统、外部信息系统和营销调研信息系统等。信息管理系统主要开展信息的收集、整理、分析、评估和传送等工作，它为公司的决策层提供辅助功能。

(1)内部信息系统。内部信息系统主要体现为与销售有关的一些信息情况，如订货、销量、存货、应收账款、应付账款、现金流等方面的信息。江铃公司的内部信息系统涉及江铃集团内部的各个部门，因而可以及时反映决策者所关心的一些信息。

(2)外部信息系统。外部信息系统是为获取营销外部环境变化信息而建立的信息系统。其中，外部信息主要是指：①宏观环境方面的信息；②市场信息；③其他信息。

(3)营销调研系统。江铃公司设有专门的营销调研系统，负责营销工作的全面调查研究，包括宏观环境的研究、竞争对手情况的研究、企业自身情况的研究、产品特征的研究、价格的研究和区域特性的研究等。

(五)江铃分销渠道管理问题评估

1. 网络布局不完善

江铃公司目前采用独家分销和选择性分销相结合的分销方式，这种选择有其历史原因。在实行独家分销的城市中有一些经济较发达的城市，如杭州、宁波、武汉等，但是存在许多弊端。

2. 渠道管理的组织形式不完善

目前，江铃公司的分销渠道是由一个部门来统管的，由于该部门成立的时间尚短，所以职能还不是很健全。

3. 协调机制不完善

在与分销商合作的过程中，难免会因利益问题而导致各种各样的冲突。在对分销商的协调管理过程中，江铃的协调机制尚不完善。这种不完善主要表现为：①激励机制尚不完善；②沟通机制不完善。

4. 渠道控制力不强

分销渠道的控制就是指通过对渠道的建立、考核、激励以及渠道冲突的解决等一系列措施来对整个渠道系统进行综合调控。其有一个很重要的控制手段，即渠道力，如奖赏的权力、强迫的权力、专家的权力、认同的权力、法定的权力和信息权力的应用，江铃公司在这方面存在明显的不足。

(六)江铃的分销渠道管理的改进与完善

借鉴国外先进的渠道管理模式，结合江铃目前的渠道管理情况，建议从以下4个方面改进和完善江铃的分销渠道管理：

1. 完善网络规划

江铃公司应对每个大中城市的分销商的数量进行梳理。在实行独家分销的城市，积极寻找1～2家合适的经销商。这一方面可以有效地引入竞争，避免出现总经销商一家独大的局面；另一方面也可以在一定程度上增加销量，有利于整个分销网络的发展，以便更加有效地提升整体的销量。具体的选择方法有：销量组合；比重组合；品种组合；半径组合。

2. 完善渠道管理的组织形式

江铃公司的分销渠道管理是由一个市场规划部门来负责的，目前其管理职能还不是很完善，需要进一步完善的职能有：分销渠道的成员管理、分销渠道的物流管理、分销渠道的财务管理、分销渠道的信息管理、分销渠道成员的绩效评估、分销渠道的冲突和合作的管理。同时，也要加强与销售部门、物流部门、电子商务部和客户关系管理中心的沟通与信息共享。

3. 完善协调机制

要加强对分销渠道的协调，协调与分销商之间的合作伙伴关系。江铃公司要进一步完善协商机制，需要完善的主要措施是：激励机制、互信机制、风险分担机制、信息交流机制、利益分配机制等。

4. 加强渠道控制管理

渠道控制构成了分销渠道管理的核心内容，贯穿于渠道系统运行的整个生命周期之中，其目标是：赢得渠道成员的合作与支持，并在渠道控制中拥有主动权。控制的基本手段有：沟通、利润控制；库存控制；促销方案控制以及掌握尽可能多的下游分销商等。

训练五　模拟商务谈判

一、实训任务

第一，要求学生把商务谈判理论运用于实践，了解商务谈判的作用、主要任务，模拟商务谈判。

第二，要求学生依据教师提供的标的信息和要求，提出各种假设，根据自己的谈判立场、观点、风格等进行模拟谈判。

第三，要求学生通过“模拟商务谈判”实训项目，更好地掌握进行商务谈判的技巧和方法。

二、实训要求

第一，要求教师对“商务谈判”在市场营销活动中的实践应用价值给予说明，调动学生参加实训操作的积极性。

第二，要求教师为学生讲解“模拟商务谈判”实训的步骤、内容及要求。

1. 第一阶段(准备阶段)

该阶段的工作是在课余时间进行的，主要工作有：

(1)分组。

(2)抽签决定谈判的甲、乙方及谈判顺序。

(3)学生根据模拟商务谈判的资料及要求进行准备。准备工作有：各组组长负责召集小组会议，研讨谈判资料，策划谈判总体方案；进行人员分工，确定各议题的主谈判人与辅谈判人，各人根据自己的分工，进一步搜集与议题有关的信息情报(如经济、技术、财务、制度、法规信息等)，策划所负责议题的具体谈判方案；各小组第二次集中，研讨每人具体议题的谈判方案，提出修改意见，然后汇总各人的方案，修订并整合出谈判总体实施方案。

2. 第二阶段(模拟谈判阶段)

该阶段的工作和要求主要有：

(1)要求尽可能按照谈判厅的要求布置谈判教室，如谈判桌、台布、花饰、水杯和欢迎标语的布置等。要求双方谈判人员穿戴整齐、得体，以渲染谈判气氛，提高仿真度。

(2)由指定方(发邀方、主场谈判方)的谈判小组组长主持谈判。

(3)根据教师给定的谈判议题和各自策划的谈判方案展开谈判。

(4)根据教师临场前给出的补充资料，调整谈判方案。

(5)谈判时间限定为 1.5 小时。

(6)谈判过程中教师要在现场作适当指导，但不能过度干涉。

(7)需按谈判过程及要求逐一展开。在谈判过程中，各成员要认真严肃，努力扮演好自己所担当的角色，言谈举止需符合谈判的气氛，以确保仿真程度。

(8)谈判过程记录与结果认定。在谈判过程中，各方均要作记录，对未谈成的项目需另外行文写出说明，并注明未达成一致的原因，由双方组长签字认定；对谈成的项目，双方需签订协议书，并由双方组长签字认定。以上达成议题的确认书、成功谈判的协议书、未达成一致议题的说明以及双方的谈判实施方案，在模拟谈判结束后，需交给指导教师。

(9)模拟谈判结束后，双方各选出一名代表，解密己方的谈判方案，并谈谈对模拟谈判的体会。指导教师要对谈判过程及结果进行讲评。

3. 第三阶段(谈判报告的撰写和成绩评定阶段)

该阶段的工作主要在课余时间完成：

(1)每个谈判小组按要求与格式撰写模拟谈判报告并上交，以作为模拟谈判活动成绩评定的依据。

(2)指导教师根据各谈判小组及其个人在模拟谈判活动中的表现、小组评分及模拟谈判报告，给出每个谈判小组的成绩。

(3)要求学生了解谈判标的的有关资料和信息,为“模拟商务谈判”实训项目设计谈判计划书。

(4)要求教师提供“模拟商务谈判”实训案例,供学生参考。

三、理论指导

(一)谈判概述

谈判是人际交往过程中一项广泛且十分重要的沟通活动,大到国家与国家之间政治、经济、军事、文化的相互往来,小到企业之间的联系与合作都离不开谈判。即使在组织内部,在很多情况下也需要通过谈判,就某些目标同别人进行商讨或使别人接受某个方案。

1. 谈判的目标与结果

谈判是一种目标很明确的行为:人们进行谈判是为了满足需要,建立和改善关系。谈判也是一个协调行为的过程,它的直接目标就是最终达成协议、寻求解决方案。谈判双方各自的具体目标往往是不同的,还有可能是对立的。双方都希望通过谈判达到自己的目标,但实际上往往会有多种结果,如表 4—8 所示。

表 4—8 谈判的不同结果

双赢	一赢一输	两败
双方都获得好处	只有一方获得好处	双方都没有获得好处
强调双向沟通	坚持各自立场	坚持各自立场
双方都有灵活性	一方有灵活性,另一方没有	双方都没有灵活性
着眼于解决问题	着眼于短期利益	各自坚持不能让对方获利
维护长期关系	损害长期关系	损害长期关系

尽管谈判中双方都想达到自己的目标,但是使双方都能获得好的结果才是谈判应该追求的目标,即谈判的目的是达成协议,而不是一方战胜另一方。在谈判过程中,双方要不断调整自己的行为和态度,作出必要的让步,而且能理解对方的要求。这样,谈判才可能取得成功,最终达成双方都较满意的协议,双方长期的合作关系也能够得以建立。

2. 谈判的影响力

通常我们把影响和改变他人心理和行为的能力称为“影响力”。与行政力相比,它更为复杂,具有多面性,而且不能直接发生变化。影响力由多种元素构成,效果也是多方面的,它包含的元素涉及人际关系、被信任程度以及专业知识与技能等诸多方面。人们一般会从以下几个方面感知谈判的影响力。

(1)权力和职务。权力大、职位高会提高影响力,但应明确有影响的人不一定必须有高级行政职务。

(2)人际关系。良好的人际关系有助于形成较高的影响力。某些人由于害怕破坏与你的友好关系，所以有时候不得不接受你的观点和做法，接受你对他们的影响。

(3)社会压力。影响力有时候来自所属群体的需要。由于人们分属不同组织，一般不会反对其所在组织的文化，所以在这种社会压力下，他们就容易接受别人的影响。

(4)说服力。人们一般容易接受符合逻辑的论断，被符合逻辑的论断说服并作出某些事情。

此外，还可以采用其他方法提高影响力，如广泛建立良好的人际关系；增加专业知识和技能；注意沟通的方法和技巧；寻求共同的兴趣、利益和好处；正确提问并注意倾听；合乎逻辑地表达思想、见解和观点。

3. 谈判的基础工作

一项谈判能否取得成功，不仅取决于谈判时的沟通情况，还有赖于谈判前充分、细致的基础准备工作。可以说，任何一项成功的谈判都是建立在良好的准备工作基础之上的。

(1)确认谈判的必要性和需求。在开始准备谈判之前首先要确认这项谈判是否是必要的。如果存在以下情况，则可以考虑不采用谈判的方式。

其一，自己从中得不到任何想要的东西。

其二，时机不当。一定要清楚这是不是可以谈判的时候。例如，正在裁员时，绝不能要求涨工资。

其三，有其他更有效的方法可以达到自己的目标。

除了确认谈判的必要性之外，开始谈判之前还必须清楚自己的问题和需求，这样才能够做到顾全大局。对此，需要做到：

其一，明确问题所在，也就是问题是什么。

其二，准确无误地分析意图，也就是自己需要什么，真正关心的是什么。

其三，明确希望寻求的最好结果是什么，也就是想达到什么目标。

其四，确认能作出的最大让步是什么，也就是至少达到何种程度可以接受。

确定了谈判的必要性和需求就可以开始研究如何进行谈判、需要做哪些具体的准备工作。

(2)研究和收集信息。谈判需要研究和收集的信息主要包括两个方面。

①有关人员的情况。尽量了解被说服人员和谈判对手的情况，包括以下几个方面：

其一，他们的兴趣和爱好或者最爱谈论的话题和论调；他们希望被人们如何看待(比较强硬和果敢、足智多谋、心胸开阔)。

其二，他们是不是易于理解和接受事实。

其三，通常情况下，他们在遇到新思想和见解时的反应和态度如何。

其四，当前他们正在关注和思考的问题。

了解了对方人员的以上情况以后，我们可以考虑：

其一，自己的建议对他们有什么好处。

其二，自己应该采用什么样的方式方法。

其三，双方的共同利益。

其四，可能的反对意见。

②相关的事实和数据。在谈判中，你必须为你的观点和建议搜集相关的事实和论据，包括准备在谈判中使用的材料等。如果能够把它们整理成书面材料、流程图等，这些事实和论据就会更有说服力。对此你需要：

其一，认真搜集和研究对你有帮助的事实；

其二，尽量运用实例和数据说明当前的问题和情况；

其三，用实例和数据证明你的理由和观点。

(3)赢得人们的支持。赢得大家的支持无比重要。因为，不同的人看问题有不同的角度，而集体的智慧可以弥补个人思维的缺陷，所以，为了使你最终能够说服别人，在试图解决问题以前必须获得人们的支持。你可以尽量争取有关人员的帮助，听取他们的意见和想法，从而消除观点、论据中的隐患，使之无懈可击。

(4)规划谈判进程。当确定了自己的问题和需求、通过调查研究获得了信息和数据并赢得了支持以后，就应该开始规划谈判行动的框架了。规划一个行动至少要建立一个框架，并选定切入点。把需要参考的要点写下来，事先把这些要点融会贯通，才能做到胸有成竹。下面提供的是谈判的一个简要步骤。

①Identify：提出问题和共同的基础。在开场白中，要一下子抓住对方的兴趣并说明对他的益处。例如："我有一个想法，能解决我们双方的问题……"或者"我们面临着共同的问题……"。

②Declare：宣布自己的观点和见解，说明希望解决的问题、背景情况以及为什么采取这个解决办法。例如："我认为解决途径是……"或者"我所关心的是……"。

③Explain：解释你的建议，举出事实和数据说明它对对方的益处。

④Ask for：征求和解答对方的不同意见，并逐一加以解释和处理。

⑤Summarize：简要总结，确认对方已经理解，以便落实以后的行动。

当然，上面只是谈判中的一个大致步骤。有些步骤需要反复进行才能达到目的。针对谈判或者被说服对象的不同，我们需要采用的手段也是不一样的，如表4－9所示。

表4－9　谈判对象的类型和说服手段

类型	魅力型	思考型	怀疑型	谨慎型	控制型
关键特征	激情奔放、发号施令、形象思维。	逻辑思维、坚韧不拔、学识丰富。	反复查问、节外生枝、难以掌握。	认真负责、小心谨慎、经济头脑。	逻辑思维、不动感情、注重细节。
说服手段	注重结果、形象生动、聚焦重点。	证据有力、规划周到、叙述全面。	恪守信用、说明得到有威望和有影响的人的保证与支持。	经过验证，方法有效，有成功先例。	程序规范、专家论证、推心置腹。

(二)商务谈判概述

1. 商务谈判的定义

商务谈判指交易的双方为了协调双方的经济关系,满足各自的需求,围绕涉及双方利益的交易条件,彼此通过交流信息、磋商而达到交易目的的行为与过程。

2. 商务谈判的构成要素

商务谈判是一个有机联系的整体。一般来说,商务谈判由 4 个基本要素构成,即谈判主体、谈判客体、谈判议题、谈判时间。

(1)谈判主体。谈判主体就是参加谈判活动的双方。谈判主体的构成非常广泛,可以是自然人,也可以是组织或团体。谈判主体又可以分为关系主体和行为主体两种。关系主体指有资格参加谈判,并能承担谈判后果的自然人或组织、实体等。关系主体必须是谈判关系的构成者,必须有行为能力和谈判资格,能承担责任。行为主体指通过自己的行为来完成谈判任务的人。行为主体必须是参加谈判的自然人,能通过自己的行为来直接完成谈判任务。

(2)谈判客体。谈判客体是相对于谈判主体而言的,指谈判主体所要了解并企图去影响、说服的一方。谈判客体可以是一个自然人,也可以是两个或两个以上的团体;可以只代表个人利益,也可以代表集体乃至国家的利益。

(3)谈判议题。谈判议题指谈判双方共同关心并在谈判中所要协商解决的问题。它是谈判的主要内容,也是谈判主体利益要求的体现。商贸谈判的议题主要有:商品的基本条款、装运条款、保险条款、支付条款、争议与索赔条款等。

(4)谈判时间。谈判时间适当与否对谈判能否取得成功影响颇大。因此,谈判者在进行谈判决策时,不能对谈判时间的选择掉以轻心。一般而言,应以获得最佳谈判效果作为选择谈判时间的基准。

谈判时间对谈判主体的心理影响是不同的。如果对谈判时间进行严格的限制,将会给谈判主体造成很大的心理压力,谈判双方就要针对紧张的谈判时间限制来安排谈判人员,选择谈判策略。反之,谈判策略就会不同。另外,谈判中的时间因素对谈判者选择与把握谈判时机等方面也有影响。

(三)商务谈判准备

1. 明确谈判的目标

商务谈判准备的第一步就是要明确谈判的目标。谈判的目标一般有三个层次:最优期望目标、中等目标、最低目标。

(1)最优期望目标。最优期望目标是指对谈判方最有利的理想目标,即在满足己方利益之外还有一个增加值。

(2)中等目标。中等目标是比较实际的、有实现可能的谈判目标,在特定力量对比下能最大限度地满足己方的利益。要正确地选择、制定洽谈目标，应使目标具有一定的弹性，可以规定一个浮动的界限。在实际推销洽谈中，只要环境允许，谈判方要力争实现这一目标，不要轻易放弃。

(3)最低目标。最低目标是推销洽谈中必须保证达到的最基本目标，它是洽谈成功的最低界限。如：最低成交价格、分期付款的次数与期望、交货期限等。只有实现了这一目标，谈判方才能获得一定的利益。显然，最低目标是一个下限目标，是宁愿谈判破裂也不能放弃的要求或立场，因此又称为"底线"或"底盘"。

2. 信息准备

全面、准确、及时的信息是制定谈判策略的依据。信息准备就是根据谈判的需要，搜集、整理、分析、筛选各种与谈判有关的信息资料。信息准备工作既需要在商务谈判开始前开展，也需要在谈判过程中进行。

信息准备的内容主要有：

(1)己方信息准备。己方信息是指谈判者所代表的组织及己方谈判人员的相关信息，主要包括以下内容：

①经济实力评价。主要是对诸如财务状况、销售状况、资产价值、产品及服务的市场定位、产品竞争情况、企业经营管理水平等指标的评价。

②商务谈判项目的可行性分析。

③商务谈判的目标定位及相应的策略定位。

④谈判人员的整体评价。主要是对谈判人员的构成结构、知识结构、心理素质、谈判经历及成败记录、人际交往及谈判能力等方面的评价。

⑤己方所拥有的各种相关资料的准备状况。主要指相关资料的齐全程度，对核心情报的把握程度，谈判人员对相关资料的熟悉程度等。

(2)对方信息准备。

①对方经济实力和资信评价。主要包括对对方财务状况、资本构成、商务信誉、履约能力、销售及盈利情况、经营管理状况、产品及服务的知名度与美誉度等情况的评价。

②谈判对手的真正需求。如对方的谈判诚意、谈判动机、谈判目标、可能提出的要求及条件、可能接受的最低条件等。

③对方谈判人员的实力情况。主要指对方谈判人员的组成情况、谈判作风、心理素质、性格特征、个人经历、爱好、人际交往及谈判能力、谈判经历及成败记录等。

④谈判对手的谈判时限。指对方所规定的谈判时间及谈判的最后期限。

⑤对方所掌握的信息情况。主要指对方所拥有的信息资料、可能掌握的核心机密、对方对我方的了解程度等。

(3)市场信息准备。市场信息是指与谈判内容有关的市场方面的信息资料。它包括：

①市场总体状况。指与谈判内容相关的国内外市场的总体情况，如地理位置、运输

条件、市场辐射情况、市场容量及潜力等。

②商品需求情况。指的是与谈判相关的商品的市场销售量、销售价格、预期的商品市场生命周期、营销的策略、措施及其效果等。

③市场竞争情况。主要包括竞争者的构成、竞争格局、竞争对手的数量及规模、竞争对手的经济实力、竞争对手的营销能力、竞争对手的产品特征及其知名度与美誉度等。

(4)环境信息准备。环境信息指的是与谈判相关的宏观环境方面的信息资料，主要包括政治状况、经济状况、科技环境、法律制度、社会文化等。

3. 人员准备

商务谈判不是一个人所能完成的，往往要以一定的组织形式作保证，因此，需要成立谈判小组，并做好谈判团队的配备、管理等方面的工作。

(1)谈判人员的专业知识构成。在一般的商务谈判中，所需的专业知识大体上可以概括为有关工程技术方面的知识、有关合同权利义务等法律方面的知识以及有关价格、货运、保险、支付、商检、报关、语言翻译等方面的知识。

(2)谈判队员的分工。当挑选了合适的人员组成谈判团队后，就必须在成员之间根据谈判的内容、要求以及个人的专长做适当的分工，以明确各自的职责，并在谈判的过程中相互协调与配合，取得预期的谈判效果。

4. 场地安排

(1)场地的布置。场地的布置主要包括座位的安排、谈判设备的摆设。谈判场地的布置是否得当是检验谈判人员素质的标准之一。对大型的正规商务谈判而言，如果己方连谈判会场及座位的安排都不符合要求和惯例，就会让对方怀疑己方对本次谈判的重视程度、诚意乃至谈判者的素质，导致对方占尽心理优势，甚至使己方变得非常被动，最终影响谈判的效果。

(2)安排座位，如图 4—10 所示。

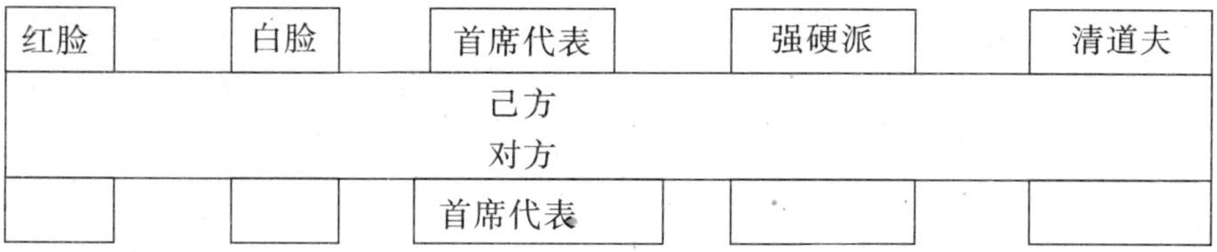

图 4－10 谈判的座位安排

说明：

①首席代表坐在中间，团结所有队友；

②白脸紧挨着首席代表，形成友好、随和的结盟；

③强硬派与清道夫相邻，彼此间的谈判技能可以相互补充；

④红脸坐在桌尾，与其他队员分开；

⑤清道夫坐桌尾，可以看到谈判对手的反应。

5. 模拟谈判

在谈判实践中，为了更好地预见谈判情况，检查谈判准备过程中存在的漏洞，常常需要采取模拟谈判的方法。

（四）商务谈判策略

1. 避免争论的策略

在谈判开局阶段，建立积极、融洽、和谐的谈判气氛对谈判效果的影响非常重大。然而，谈判双方为了谋求各自的利益，不可避免地会在一些问题上产生分歧。分歧出现以后，谈判双方应尽可能地避免争论，并采取下列态度进行协商。

（1）冷静地倾听对方的意见。在谈判中，"听"往往比"讲"更重要。在倾听的过程中，即使对方讲出不中听或对己方不利的话，也不要立即打断对方或者进行反驳。最好的方法是让他陈述完毕之后，先表示同意对方意见，承认自己在某些方面的疏忽，然后对对方的意见进行重新讨论。这样，在重新讨论问题时，双方就能心平气和地进行交流，从而使谈判达成比较满意的结果。

例如，在一次关于建材销售价格的谈判中，买方甲提出"你方的水泥售价太高，不降价无法达成协议。"对此，卖方乙不是立刻进行讨价还价，而是首先表示歉意，对甲方说道："我们也认为价格订得高了些，但由于它成本高，所以报价时只考虑了它的生产成本和赢利指标，而忽略了你们的承受能力，这是我们的疏忽。对此，我们表示歉意。大家谁也不会为了亏本来谈判。因此，我们愿意就价格问题专门进行协商。"这样，对方就会认为你方有诚意继续开展合作，从而在重新讨论价格问题时将显得十分宽容与大度。

（2）婉转地提出不同意见。谈判中，当不同意对方的意见时，切忌直接提出否定对方的意见，以免使对方产生抵触情绪。最好的方法是先同意对方的意见，然后再作探索性的提议。

（3）当产生的分歧使谈判无法继续时，应马上休会。实践证明，休会策略不仅可以避免出现僵持局面和争论的发生，还可以使双方保持冷静，调整思绪，平心静气地考虑双方的意见，最终达到顺利解决问题的目的。

2. 抛砖引玉策略

所谓"抛砖引玉策略"就是在谈判过程中，一方主动地摆出各种问题，但不提出解决问题的办法，而是让对方去提出解决问题的办法。这种策略，一方面，可以达到尊重对方的目的，使对方感觉到自己是谈判的主角和中心；另一方面，又可摸清对方的底细，取得主动。但这种策略在谈判出现分歧时或对方表现出自私自利、寸利必争的时候并不适用。

3. 留有余地策略

此种策略要求谈判人员对所要陈述的内容应留有余地，以备讨价还价之用。在实际谈判中，不管你是否留有余地，对方总是认为你会留一手，你的报价即便是分文不赚，对方也会认为你会赚一大笔，总要与你讨价还价。不作出让步，对方就会不满意。同样，对方提出的任何要求，即使能百分百地满足对方，也不要一口承诺，要让对方觉得你是作了让步后才满足他的要求的。这样可以增加己方要求对方在其他方面作出让步的筹码。

一般来说，此种策略适用于应对自私狡猾、见利忘义的谈判对手，以及在不了解对手或开诚布公失效的情况。

4. 避实就虚策略

该策略是指己方为了达到某种目的和需要，有意识地将洽谈的议题引导到无关紧要的问题上以故作声势，从而转移对方的注意力，实现己方的谈判目标。具体做法是：在无关紧要的事情上纠缠不休，或在对于自己不成问题的问题上大作文章，分散对方对自己真正要解决的问题的注意力，从而在对方失去警觉的情况下顺利实现自己的谈判意图。

5. 沉默策略

谈判开始就保持沉默，迫使对方发言。沉默策略是处于被动地位的谈判者常用的一种策略。这种策略主要是给对方造成压力，使之失去冷静，不知所措，甚至乱了方寸，发言时就有可能言不由衷，泄露出其想急于获得的信息。同时，还会干扰对方的谈判计划，从而达到削弱对方力量的目的。

6. 情感沟通策略

如果与对方直接谈判的希望不大，就应采取迂回策略，即先通过其他途径接近对方，彼此了解，联络感情。情感沟通之后，再进行谈判。实践证明，在谈判中运用感情因素去影响对手是一种可取的策略。

灵活运用该策略的方法有很多，可以有意识地利用空闲时间主动与谈判对手聊天、娱乐、馈赠小礼品、帮助解决私人的疑难问题等。

7. 最后期限策略

从心理学角度来讲，人们对得到的东西并不十分珍惜，而对要失去的可能本来在他看来并不重要的东西却会看得很重要。在谈判双方各抒己见、争执不下时，处于主动谈判地位的一方可以利用人们的这种心理定势，提出解决问题的最后期限和解决条件。期限能给对方造成压力，使对方产生如不迅速作出决定将会失去机会的感觉。因而，最后期限压力会迫使对方快速作出决策。一旦对手接受了这个最后期限，谈判就会很快地顺利结束。

（五）商务谈判的技巧

1. 入题技巧

谈判双方刚进入谈判场所时，难免会感到拘谨。尤其是谈判新手，在重要谈判中，往往会产生忐忑不安的心理。为此，必须讲究谈判的入题技巧，采用恰当的方法入题。

(1)迂回入题。为避免谈判时单刀直入、过于直露而影响谈判的融洽气氛,谈判时可以采用迂回入题的方法,如先从题外话开始寒暄,或从介绍己方谈判人员入题,或从“自谦”入题,或从介绍本企业的生产、经营、财务状况入题等。

(2)先谈细节,后谈原则性问题。围绕谈判的主题,先从谈判的细节问题入题,待各项细节问题谈妥之后,再达成原则性的协议。

(3)先谈一般原则,后谈细节问题。一些大型的经贸谈判,由于要谈判的问题千头万绪,所以双方的高级谈判人员不可能介入全部谈判中,往往要分成若干等级,进行多次谈判,这就需要采取先谈原则、再谈细节问题的谈判方法。只有双方就原则问题达成一致,细节问题才能有谈判依据。

(4)从具体议题入手。大型商务谈判,总是由具体的一次次谈判组成。在具体的每一次谈判会议上,双方可以首先确定本次会议的商谈议题,然后从这一具体议题入手进行谈判。

2. 阐述技巧

(1)开场阐述。谈判人入题后,接着便是双方进行开场阐述,这是谈判中的一个重要环节。在开场阐述时应做到:

①开宗明义,明确此次谈判的议题。

②表明谈判的基本立场及其应得到的谈判利益。

③认真倾听并归纳对方的开场阐述。

④若双方在开场阐述上分歧较大,不要立即与对方争论。

⑤开场阐述应简明扼要,坚持原则,而非进行具体、详细的说明。

(2)让对方先谈。优势谈判理论认为,谈判时应让对方先开出条件。因此,商务谈判中,要想为己方争取到尽可能大的利益空间,一定要让对方首先说出条件,使己方占据主动地位。

(3)坦诚相见。坦诚相见,开诚布公,透露出动机及假设,可以获得对方的好感。但坦诚相见是有限度的,并不是将一切都说出来,而应以既赢得对方信赖又不使自己陷于被动、丧失利益为准。

(4)注意正确使用语言。在运用语言方面要做到:

①准确易懂,简明扼要,具有条理性。

②富有弹性,不走极端。

③发言紧扣主题。

④注意语调、语速、声音、停顿和重复。

⑤使用解围用语。例如:“真遗憾,只差一步就成功了!”“就快要达到目标了,真可惜!”“行百里者半九十,最后阶段是最难的啊!”“这样做,肯定对双方都不利!”“再这样拖延下去,只怕最后结果不妙!”“我相信,无论如何,双方都不希望前功尽弃!”“既然事已至此,懊恼也没有用,还是让我们再做一次努力吧!”

(5)不以否定性的语言结束谈判。从人的听觉习惯考察，在某一场合所听到的第一句话与最后一句话常常能给人留下深刻的印象。故在谈判中，不要以否定性的语言来结束谈判，以免造成对方的不愉快。在谈判终了时，最好给谈判对手以正面的评价，并可稳健、中肯地把谈过的议题予以归纳。

3.提问技巧

(1)提问的类型。

①封闭式提问。在一定范围内引出肯定或否定答复的提问。如"您是否认为售后服务没有改进的可能?"

②开放式提问。开放式提问是指在广泛的领域内引出广泛答复的提问。如"您对当前市场销售状况有什么看法?"

③婉转式提问。婉转式提问是在没有摸清对方虚实的情况下，采用婉转的语气或方法在适宜的场所或时机向对方提问。如"这种产品的功能还不错吧？您能评价一下吗?"

④澄清式提问。澄清式提问是指针对对方的答复重新措辞，使对方证实或补充原先答复的一种提问。如"您刚才说对目前正在进行的这宗生意可以做取舍，这是不是说您将作为全权代表与我方进行谈判呢?"

⑤探索式提问。探索式提问是针对谈判对手的答复要求引申、举例、说明的一种提问。如"我们想增加购货量，您能否在价格上更优惠些?"

⑥借助式提问。借助式提问是借助权威人士的观点和意见影响谈判对手的一种提问。如"我们请教了营销专家史密斯先生，对该产品的价格有了较多的了解，请您考虑是否把价格再降低一些?"

(2)提问的时机。

①在对方发言完毕后提问；

②在对方发言停顿、间歇时提问；

③在自己发言前后提问；

④在谈判议程规定的辩论时间提问。

(3)提问的注意事项。

①提问的速度要适中，既使对方听明白，又不使其感到拖沓、冗长；

②注意对方心境，在适当的时候提出相应的问题；

③提问后给对方足够的答复时间；

④提问应尽量保持问题的连续性。

(4)答复技巧。答复技巧是商务谈判技巧中的重要组成部分。一个谈判者谈判水平的高低在很大程度上取决于其答复问题的能力。商务谈判中，正确的答复往往并不是最好的答复。答复的艺术在于知道在一定条件下该怎么答复，哪些该说，哪些不该说，而不在于答复的正确与否。所以，答复谈判对方的问题也必须运用一定的技巧。应做到：

①不要彻底答复对方的提问。例如，对方对产品价格非常关心，急于直接询问该产品的价格。此时，我方应该首先避开对方的注意力和所提问题的焦点，作如下答复："我相信产品的价格会令你满意的，请允许我先把这种产品的几种性能作一个说明。我相信你们会对这种产品感兴趣的。"

②不要确切答复对方的提问。在谈判中，对于很难答复或不便确切答复的问题可采取含糊其辞、模棱两可的方法作答，也可利用反问方式转移重点。例如，当对方询问是否可以将产品价格再压低一些时，可作如下答复："价格确实是大家非常关心的问题。不过，我方产品的质量和我们的售后服务是一流的。"或"是的，我想您一定会提出这一问题的，我会考虑您提出的问题。不过，请允许我先问您一个问题，可以吗？"

四、实训操作

一次完整的商务谈判应包括谈判准备、正式谈判与结束谈判三个阶段。

1. 谈判准备

谈判准备过程如图 4—11 所示。

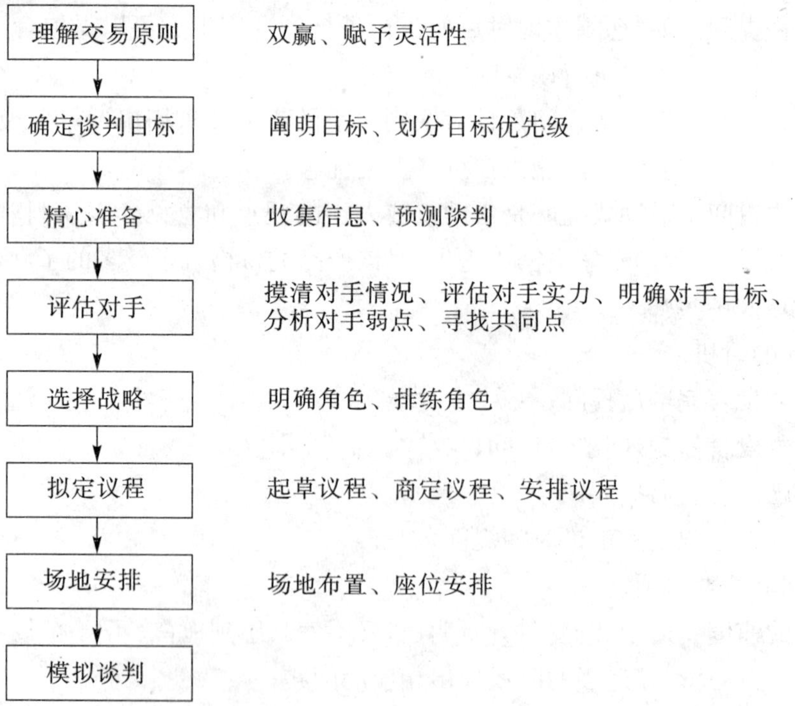

图 4－11　谈判准备过程

2. 正式谈判

正式谈判过程如图 4—12 所示。

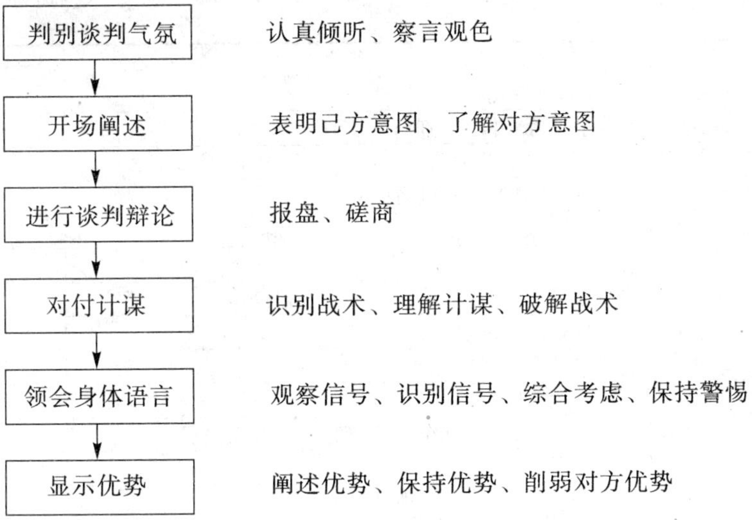

图 4－12 正式谈判过程

3. 谈判结束

结束谈判过程如图 4—13 所示。

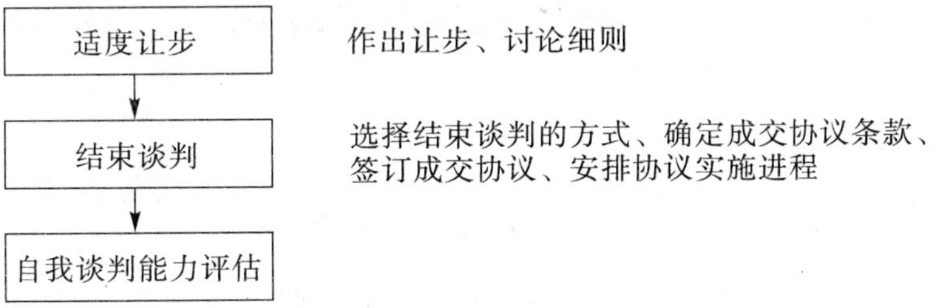

图 4－13 结束谈判过程

五、实训评价

为了能在谈判中取得成功，谈判各方必须评估自己的谈判能力。

表 4—10 谈判能力评估表

序号	表 述	分值选项(分)			
1	作为谈判小组的一员，我能胜任	1	2	3	4
2	在谈判之前我先研究对手				
3	在设计谈判策略之前我要阅读背景资料				
4	我非常清楚对手的主要目标				
5	我选择适合自己目标的谈判策略				
6	我的谈判策略能使我取得预期的谈判目标				
7	对于谈判，我态度灵活				
8	我认为谈判是双方获利的机会				
9	进入谈判，我愿意达成满意的协议				
10	逻辑清晰、条理清楚地表达己方观点				
11	我有意识地运用身体语言与对方交流				
12	我会避免暴露己方的弱点				

续表

序号	表 述	分值选项(分)			
13	在谈判的任何时候，我都保持礼貌				
14	我提出的最后期限合乎实际，并由谈判对方认可				
15	我用直觉来帮助自己理解对方的策略				
16	我能客观地看问题，并能从对方的角度看问题				
17	我知道如何引导对方提出报价				
18	我会避免首先提出报价				
19	通过一系列有条件的报价，我在达成一致意见上取得进步				
20	我把表露感情仅作为策略的一部分				
21	我会定期地总结谈判中已经取得的进步				
22	我有策略地运用拖延来让自己有时间思考				
23	当谈判陷入僵局时，我会引入第三方作为打破僵局的有效途径				
24	我一步步地接近最后目标				
25	在任何可能的时候，我宁愿谈判的各方都是赢家				
26	我保证任何条款都由各方签署同意				
合计					

注：选项1为"从不"，2为"有时"，3为"经常"，4为"总是"。

分值为25～52分，表示"谈判能力差，需学会使用并明白谈判成功所需的基本战略、战术"；

分值在53～83分，表示"有一定的谈判能力，但某些地方有待提高"；

分值为84～104分，表示"谈判能力相当优秀"。

六、实训范例

范例一

以下是一个关于产品供货合同条款和索赔的谈判。

谈判A方：LL工厂(卖方)

谈判B方：LP工厂(买方)

LP工厂和LL工厂是两个长期合作伙伴。LL是LP的模具供应商，其模具供给量占LP工厂使用模具量的80%。但是，LL的模具最近一直有质量问题，这给LP工厂造成了大量的损失。当初两厂签订的协议中规定：LL提供的模具合格率达到95%以上便可。但是，这是一条有歧义的条款，既可以理解为每套模具各个零件的合格率达到95%以上，也可以理解为所有模具的总体合格率达到95%以上。

前一种理解比较有利于LP工厂，后一种理解比较有利于LL工厂。而实际上，正是由于LL生产的所有模具中那不合格的5%造成了LP工厂巨大的损失。LP知道自己一下子不可能完全抛开这个供应商，LL当然也不想失去LP这个大客户。LP提出，先前因LL的次品导致的损失必须由LL承担。而LL坚持认为LP的质检部门在接受LL工厂的模具时就应该看清楚，如果是次品可以退货，而不是等到工厂投入使用以后才发现有问题，因而他们拒绝承担损失赔偿责任。双方交涉多次都没有达成一致，导致双方的高层领导都开始过问此事。LP采购部和LL销售部的经理迫于压力约定本周末碰面，准备通过谈判对此事做一个了结。双方谈判代表都非常清楚，如果这次谈不成回去肯定会受到领导斥责。

谈判目标：

(1)确定对"95%以上合格率"这一条款的涵义。

(2)商议LL赔偿LP工厂损失的事宜。

根据以上所给内容进行模拟商务谈判。

范例二

谈判A方：午子绿茶公司

谈判B方：华之杰塑料建材有限公司

(1)A方背景资料。

①品牌绿茶产自美丽而神秘的某省，该省位于中国的西南部，海拔超过2200米。在那里，优越的气候条件下生长出优质且纯正的绿茶，茶多酚含量超过35%，这一水平高于其他(已被发现的)茶类产品。茶多酚具有降脂、降压、减少心脏病和癌症的发病几率等功效，它能提高人体的免疫力，并对消化、防疫系统有益。

②已注册生产某一品牌绿茶，品牌和创意都十分不错，在省内初步形成了品牌效应。

③已经拥有一套完备的策划、宣传战略。

④已经初步形成了一系列较为顺畅的销售渠道，在全省某一知名连锁药房及其他大型超市、茶叶连锁店都有设点，销售状况良好。

⑤品牌的知名度还不够，但此品牌在未来几年内将会有非常广阔的市场前景。

⑥缺乏足够的资金，需要吸引资金用于扩大生产规模和宣传力度。

⑦现有的品牌、生产资料、宣传策划、营销渠道等一系列有形资产和无形资产的估算价值为1000万元人民币。

(2)A方谈判内容。

①要求B方的出资额度不低于50万元人民币。

②对评估的1000万元人民币资产进行合理的解释(包含品牌、现有的茶叶及制成品、生产资料、宣传策划、营销渠道等)。

③由A方负责进行生产、宣传以及销售。

④收益及资金使用情况。

⑤风险分担问题(例如可以购买保险，保险费用可计入成本)。

⑥利润分配问题。

(3)B方背景资料。

①经营建材生意多年，积累了一定的资金。

②准备用闲置资金进行投资。由于近几年来绿茶市场行情不错，所以投资的初步意向为绿茶市场。

③投资预算在150万元人民币以内。

④希望能够在1年内见到回报,并且年收益率在20%以上。

⑤对绿茶市场的行情不甚了解,对绿茶的情况也知之甚少,但A方提供了相应资料。

⑥据调查得知A方的绿茶产品已经初步形成了一系列较为畅通的销售渠道,在全省某一知名连锁药房销售状况良好,但知名度还有待提高。

(4)B方谈判内容。

①得知A方要求出资额度不低于50万元人民币。

②要求由A方负责进行生产、宣传以及销售。

③要求A方对评估的1000万元人民币资产进行合理的解释。

④如何保证资金的安全,对资金的投入是否会得到回报的保障措施要求进行相应的解释。

⑤要求年收益率达到20%以上,并且希望A方能够用具体材料保证其能够实现。

⑥要求A方对获得资金后的使用情况进行解释。

⑦风险分担问题(例如可以购买保险,保险费用可计入成本)。

⑧利润分配问题。

(5)谈判目标。

①解决双方合资(合作)前的疑难问题。

②达到合资(合作)目的。

第五章 营销管理

内容简介

正确、合理的营销计划是企业成功实现其市场营销目标的关键。营销总结报告用以检查市场营销活动是否达到了营销计划的要求，并为采取调整和纠偏措施提供依据。本章通过两个实训项目，帮助学生了解营销计划的形式和内容、熟悉营销计划的拟订方法和步骤、掌握拟订营销计划、撰写营销总结报告的技能，以提升学生的营销管理能力。

训练一　撰写营销计划报告

一、实训任务

（一）了解市场营销状况

要求学生了解：营销计划主体的基本市场情况；产品过去几年的销售情况、价格及利润；产品主要竞争者的规模、目标、市场占有率、产品质量、市场营销战略和战术的运用；各种分销渠道的销售情况、对计划主体的重要性及其变化情况、主要经销商的经营能力及其变化；影响产品质量和品牌的因素的现状及其变化趋势等。

（二）明确营销目的，制定营销目标

在了解市场营销现状的基础上，运用 SWOT 分析等，确定营销计划主体面临的主要问题。明确其营销目的，并从销售利润、市场占有率、品牌知名度等方面制定营销目标。

（三）选择营销战略

要求学生通过上述分析，合理选择目标市场，完成市场定位，制定营销组合策略，并进行预算安排。

(四)确定行动方案

在完成上述任务的基础上,设计营销计划的方针、政策以及实施方案,最终完成营销计划报告的撰写工作。

二、实训要求

营销计划是为公司的营销活动制定的总体方案。企业要在激烈的市场竞争中立于不败之地,就必须依据市场发展的规律和要求,结合企业的优势与特长,制定正确的营销战略计划,指引企业营销的方向,取得市场竞争的主动权。通过该项实训,要求学生掌握企业的市场营销战略和 SWOT 分析法的内涵及运用。在分析营销计划主体具有的优势、劣势、机遇和威胁的基础上,结合前面相关章节的内容,确定其营销目标、营销战略、营销行动方案等,从而拟订市场营销计划。具体要求如下:

一是以现实或虚拟的企业为背景,确定营销计划的选题。

二是学生以小组为单位(8 人左右)完成本次实训,不得抄袭他人成果。

三是学生要按照计划制定的步骤、方法及要求进行操作,所完成的每一步骤都必须有详细的记录与总结报告。

四是选用的资料、数据真实,计划的内容、格式符合规范。营销计划书的字数不得少于 3000 字,用 A4 纸打印。

五是必须在规定时间内完成。

三、理论指导

(一)市场营销计划的形式

严格地说,市场营销计划是一系列与市场营销活动有关的计划的统称,可以分为品牌计划、产品类别计划、新产品计划、细分市场计划、区域市场计划以及客户计划等。品牌计划通常指单个品牌的市场营销计划;产品类别计划是关于一类产品或产品线的市场营销计划,已经完成的、经过认可的品牌计划应纳入其中;新产品计划是在现有产品线上增加新产品项目以及进行新产品开发和推广活动的市场营销计划;细分市场计划是面向特定细分市场、顾客群的市场营销计划;区域市场计划是面向不同国家、地区、城市的市场营销;客户计划是针对特定的主要顾客的市场营销计划。从时间跨度上划分,市场营销计划又可分为长期战略计划和年度计划等。

(二)市场营销计划的内容

不同行业、不同类型的公司的市场营销计划有所不同。各公司根据高层管理人员或制度的要求，其市场营销计划的格式、内容等方面也会有一定的差别，但是大多数公司的市场营销计划包含的主要内容是基本相同的。一般情况下，一份完整的、科学可行的市场营销计划应包括：内容提要、当前市场的营销状况、问题与机会分析、营销目的和目标、营销战略选择、行动方案、营销预算以及实施和控制等内容。

1. 内容提要

市场营销计划书的开始应该有一个高度概括了计划的核心内容与要点的内容提要，以方便最高管理层迅速了解公司计划的概况和要点。一般包括下列内容：

(1)任务陈述；

(2)基本营销目标(销售额、利润等)；

(3)产品、服务的结构及改变的设想；

(4)目标市场状况说明；

(5)市场潜力；

(6)如何实现目标(具体运用的整体战略、竞争战略、促销战略以及预算情况)；

(7)潜在问题；

(8)计划实施时间表及主要附件。

2. 当前市场的营销状况

在内容提要之后，营销计划的第一个主要内容是提供该产品当前营销状况的简要分析，具体内容包括：

(1)市场基本情况介绍，即市场规模与增长情况、过去几年销售总数量和总金额、不同地区或细分市场的销售情况、消费者或用户在消费观念以及购买行为等方面的动态和趋势；

(2)产品过去几年在销售额、价格、利润等方面的情况；

(3)指出产品主要竞争者的规模、目标、市场占有率、产品质量、市场营销战略和战术的运用以及有助于了解其意图和行为的其他资料；

(4)各种分销渠道的销售情况，各个分销渠道的相对重要性及其变化情况，主要经销商的经营能力及其变化，对经销商进行激励所需要的投入、费用和交易条件；

(5)影响产品或品牌市场营销的宏观环境因素的现状及其变化趋势。

3. 问题与机会分析

问题与机会分析是在充分了解和把握市场营销状况的基础上进行的。在该部分，营销人员通过 SWOT 分析，确定公司面临的主要问题以及对未来的主要设想。

4. 营销目的和目标

目的反映行动和努力最终想要达到的水平或境界。例如，公司的营销目的可能是增加利润、扩大市场份额或提高顾客满意度等。制定目的的意义在于为整个公司的行动提供指导和控制，其充分发挥作用需要转化为可以衡量的目标(目标中包含了任务数量和完成时间的要求)。营销目标不能只是简单的购销量(销售额)或利润，还应该包括诸如市场占有率、品牌知名度、市场开拓等内容。

5. 营销战略选择

公司的营销目标可以通过多种途径实现。在这一部分，营销人员应明确公司的战略选择，并以文字或图表的形式加以说明。其具体内容包括目标市场、核心定位、市场营销组合策略和预算安排这四个方面。

6. 行动方案

营销战略决策需要通过一些更加具体的战术活动来实现。在营销计划的这部分，要将战略决策作为日程表上的内容，也就是要从做什么、何时做、花费多少成本以及达到什么要求等方面全面说明市场营销战略实施中涉及的各个因素、各个环节等所有内容。在计划书中，可以通过图表等形式将具体的活动内容、日期、费用和责任人等直接反映出来，从而使整个行动方案一目了然，便于执行和控制。

7. 营销预算

营销预算是指执行各种市场营销战略、政策所需的最适量的预算以及在各个市场营销环节、各种市场营销手段之间的预算分配。营销预算通常包括销售收入预算、销售成本预算、营销费用预算三部分，它是公司营运的重要控制工具，是协调各个部门工作的重要手段，也是评价营销部门工作绩效的标准和依据。

8. 实施和控制

市场营销计划的最后部分应该包括公司如何掌握计划执行进度的控制事项。常用的做法是把目标、行动步骤、预算等按照月或季度分开，以便上级主管能及时了解各个阶段的实际运行情况，掌握不同部门和环节的任务完成情况。对于未能按时、按要求完成的，要分析原因并作出解释或者提出改进措施。

（三）市场营销计划的拟订步骤

英国学者麦克·唐纳德(1993)提出了拟订营销计划的步骤，具体包括：市场营销审计、SWOT 分析、设想(假定)、确定营销目标、制定营销策略、确定营销项目和程序以及监测与控制。

四、实训操作

以现实企业或虚拟企业为背景，确定营销计划的选题，以公司高层管理人员的身份制定该公司的营销计划书。具体操作指导如下：

（一）公司调查

1. 操作准备与操作内容

(1)选定背景企业，确定调查时间。

(2)了解公司开业(创办)的时间、经营范围、规模、销售额、产品系列、市场区域、经营理念和市场地位等。

2. 方法指导

利用互联网、报刊、企业名录、实地考察等方法收集相关资料，并对资料进行整理。

（二）环境调查

1. 操作准备与操作内容

（1）明确分工，拟订调查计划，确定调查途径、手段和方法。

（2）了解企业营销区域的人口、经济、政治、法律、技术、自然和社会文化状况。

（3）了解企业营销区域的市场规模；顾客需求；产品的销量、价格和利润；竞争对手的产品、价格、渠道及促销策略；企业及竞争对手的市场份额等。

2. 方法指导

运用互联网、报刊及相关出版物搜索资料并汇总。

（三）营销机会分析

1. 操作准备与操作内容

（1）筛选、整理步骤（二）的资料，为分析做好准备。

（2）SWOT 分析：分析机会、威胁，企业的优势及劣势。

（3）寻找营销机会。

2. 方法指导

小组讨论。

（四）目标市场策略选择及产品定位

1. 操作准备与操作内容

（1）进行市场细分并描述其需求特征。

（2）确定目标市场及营销策略（从无差异、差异、集中三种策略中选择）。

（3）进行产品的市场定位。

2. 方法指导

小组讨论。

（五）确定营销目标

1. 操作准备与操作内容

（1）收集公司上一年度的销售额、市场占有率、利润指标。

（2）确定新年度的营销目标，应包括：销售量、利润。原则上各项指标比前一年要有所提升。

2. 方法指导

小组讨论。

（六）制定营销组合策略及实施方案

1. 操作准备与操作内容

(1)确定产品策略。

(2)确定价格策略。

(3)确定渠道策略。

(4)确定促销策略。

2. 方法指导

小组讨论,并对每个策略的重点内容进行文字描述。

（七）编制营销预算

准备营销预算表、损益表(预估销售量及平均价格、营销成本和费用、预期利润,从而编制损益表)。

（八）撰写年度营销计划书

1. 操作准备与操作内容

(1)封面。需标明"企业名称"、"计划名称"、"计划期限"、"编者姓名及所属单位"。

(2)目录。包括各章节的名称。

(3)正文。主要包括:

摘要:简明扼要地概述年度营销计划的重点内容,即确定后的目标市场、市场需求、销售预测、费用和年度营销战略。

企业概况:企业名称、开办历史、经营范围、规模、销售额等。

市场形势分析:行业分析、竞争者分析、公司分析、顾客分析。

SWOT 分析:概述企业面临的机会和威胁、优势和劣势。

营销目标:确定计划想要达到的销售量、市场份额和利润等。

目标市场定位:分别描述年度营销目标、目标市场及产品的特色定位。

营销策略:包括产品策略、价格策略、渠道策略及促销策略。

实施计划:促销活动的时间安排。

营销预算:预估的销售量及平均价格;营销成本和费用;预期利润(要求细分到每个项目)。

评估与过程控制:描述控制销量与利润的方法。

(4)附件。较大的表格需附加说明材料等。

2. 操作方法

小组讨论,分工撰写营销计划书,汇总后用 A4 纸打印。

五、实训评价

第一，每位学生(或以小组为单位)填写实训报告，内容包括：实训项目、实训目的、实训内容、各自承担的任务和完成情况以及小结。

第二，以小组名义按时上交计划书。

第三，由指导教师和小组长组成项目评审组，评定实训的最终成绩，并由指导教师填写成绩。评分等级分为优秀、良好、中等、及格、不及格。

第四，评定标准。优秀：按时完成实训课程所规定的操作程序，认真填写实训计划书。计划书格式规范，内容充实，资料、数据真实，文字准确，语言流畅，取材新颖，有现实意义。良好：按时完成所规定的技能操作程序，认真填写实训计划书。计划书格式规范，内容充实，资料、数据真实，语言流畅。中等：完成了实训课程所规定的技能操作程序，能较认真地填写实训计划书。计划书格式规范，内容基本充实，资料、数据真实。及格：基本完成实训课程所规定的技能操作程序，有较完整的操作资料存档。填写了实训计划书，计划书格式规范。不及格：没有完成实训课程所规定的操作程序。计划书格式不符合基本规范，存在严重抄袭。

六、实训范例

日立盒式录像机的美国市场营销计划书

日立公司曾经在盒式录像机市场经营得十分出色。最初，日立公司选择了廉价电视与立体声设备商店作为它的分销渠道，以低价和促销性的折扣使得它在这类销售网点中捷报频传、大获全胜。现在，盒式录像机市场已趋于成熟，竞争对手纷纷崛起，各竞争对手之间正在为争夺市场占有率而进行战斗。日立公司必须改变其所面临的形势严峻的市场营销地位，以求能在盒式录像机市场上生存下去。

(一)本案概要

1991 年，市场营销计划试图保证日立公司的销售额和利润比前几年有所增长。具体营销目标为：销售额为 22100 万美元，毛利为 5525 万美元，毛利率为 25%，净利润为 600 万美元，市场占有率为 6.3%。这一目标可以通过实施防御性定位和提高顾客对产品的满意度来实现。需要的营销预算为 650 万美元，比上年增加 0.8%。

(二)当前市场营销状况

表 5—1 和表 5—2 是日立公司在美国市场的销售情况。

表 5—1 日立公司录像机的历史销售资料 （单位：百万美元）

年份	市场营销额总规模	销售额	市场占有率(%)
1986	3200	205	6.4
1987	3500	224	6.4
1988	3360	201	6.0
1989	3500	221	6.3
1990	3600	234	6.5

表 5—2 各主要公司的市场占有率 （单位：%）

公司名称 \ 年份	1986	1987	1988	1989	1990
美国无线电公司	12.1	12.1	12.0	12.0	12.1
索尼公司	11.4	11.6	11.7	11.7	11.7
泛美音响公司	10.7	10.8	10.9	10.8	10.8
夏普公司	9.8	9.7	9.8	9.4	9.4
三洋公司	7.0	7.1	6.7	6.6	6.6
弗西尔公司	6.8	6.8	6.4	6.3	6.4
马格拉音响公司	6.8	6.7	6.4	6.3	6.3
日立公司	6.4	6.4	6.0	6.3	6.5
色丽丝公司	6.0	5.8	5.5	5.8	5.8

研究发现，日立公司的市场营销状况大致如下：

1. 市场背景

盒式录像机市场的成长已经停止，该市场领域内的大多数公司都在为维持盈利而奋斗。像许多其他日本公司一样，日元的坚挺是造成日立提价的主因，而激烈竞争的市场和韩国产的低价盒式录像机（如“三星”牌与“金星”牌）进入市场似乎不是其提价的主要原因。然而，一旦“三星”和“金星”占有明显的市场份额时，它们很可能迅速地向市场进行渗透。若此时日立公司再提价，就会给对手提供可乘之机。

日立公司过去一直采用低零售价和高零售折扣的策略，经营一向是十分成功的。但是，日立公司在韩国面对产品时，经营却不怎么成功。那么日立一旦提价，后果将会如何呢？

在许多消费者看来，他们眼中的各种牌号的盒式录像机的差异是不明显的：美国无线电公司、泛美音响公司和索尼公司的产品都一样。产品的缺乏差异性迫使那些知名度低的公司（如日立公司）不得不把市场营销的重点放在零售商店。由于零售商店不愿意经营 5～8 个以上的牌号，所以那些知名度低的公司便为了争夺零售商店而展开了厮杀。

日立的销售情况一直不错，但它的长期获利能力却值得怀疑。由于韩国竞争者的涌入以及零售商已习惯的、并正在提出的更高折扣，使得日立公司不能提价。所以，日立需要在市场上建立一个防御性的定位，或完全停止运行盒式录像机产品线。

2. 市场竞争分析

(1)索尼和泛美音响公司。这两个公司都建立起了超一流的质量形象，它们的产品都在著名商号里溢价销售且几乎没有折扣。

(2)美国无线电公司扣马格拉音响公司。长期以来，这两家公司一直以自己公司的其他电子产品为杠杆向大量的零售网点渗透。它们的价格低于索尼扣泛美音响公司，并与各销售网点联合进行广告宣传。

(3)弗西尔、夏普和三洋公司。在电子消费品市场上，这些公司是第二流的，它们既没有像索尼或泛美音响公司产品那样拥有超一流品质的声誉，又没有像美国无线电公司和马格拉音响公司那样的分销渠道。它们的产品定价都低于前两类公司，并且向销售网点承诺了大量的折扣。

(4)金星和三星公司。这是两家韩国的盒式录像机生产公司。至今，美国消费者对它们的产品还不熟悉，对它们产品的质量水平也了解不多。其产品的价格比所有其他公司产品的价格都低，这便是日立面临的真正威胁。

3. 价格比较

为了便于比较，我们以盒式录像机中的中等价格为基础进行分析(见表5—3)。

表5—3 各主要公司盒式录像机价格 (单位:美元)

公司名称	产品价格
美国无线电公司	390
索尼公司	410
泛美音响公司	410
夏普公司	360
三洋公司	355
弗西尔公司	360
马格拉音响公司	380
日立公司	335
色丽丝公司	370

各竞争公司之间的价格关系是难以评价的。各公司的盒式录像机都有类似的功能特征。价格似乎只是公司形象、产品声誉的函数。由于产品是无差异的，消费者可能拿不定主意，所以这就导致购买的最终原因可能完全是他们对某一商标名称的偏爱。

(三)问题和机会

1. 问题

(1)日立商标的知名度很低。

(2)“日立”盒式录像机没有任何显著的区别于其他品牌产品的特性,“日立”也很难开发出不可能被竞争对手迅速模仿的产品。

(3)“日立”拥有的分销商无论是在数量上还是在质量上都次于它的大多数竞争对手。

(4)只有大约3%的分销商认为“日立”是一个重要的品牌。

2. 机会

(1)在第二流消费品制造企业中,没有一家企业有一个防御性的市场定位。因此,“日立”可以把“三洋”、“弗西尔”、“夏普”从它们所占领的某些销售网点中挤出去,取而代之。

(2)顾客调查表明,大多数消费者都对盒式录像机的《使用说明书》的质量不满意。

(3)由于电子消费品零售商店也面临着可怕的激烈竞争,因此,它们也乐于接受任何能给它们带来竞争优势的计划。所以,只要是任何有利于竞争的计划,它们都会作出积极的反应。

(四)营销目标

1991年,市场营销目标为:用650万美元的营销预算(比上年增加0.8%)达到销售额为22100万美元、毛利为5525万美元、毛利率为25%、净利润为600万美元、市场占有率为6.3%的目标。

(五)营销战略

1. 主要战略

(1)建立一个既有顾客又有零售商的防御性市场定位。

(2)提高产品价格以恢复到原有的利润率水平。

今年的市场营销计划将以建立一个更强的防御性市场定位为中心。对顾客来说,主要通过大大地改善《产品使用说明书》来满足他们的需要;对零售商来说,以开展独一无二的促销运动为重点来满足他们的需要。明年,“日立”的市场定位应该有所改观,从而成为它提高销售价格的基础。日立公司应当执行这一行动,其策略如下:

①在消费者中提高“日立”产品的知名度,增加其对“日立”产品的支持:引进或编制一种特别易于理解的《使用说明书》,为合作广告节目提供一些广告素材,其中心内容在于强调“日立”的《使用说明书》是容易被理解的。

②争取零售商对日立盒式录像机产品的支持:继续执行对零售商给予折扣的计划,提供店内陈设以帮助日立产品的销售。拟订一份零售商宣传计划,强调日立新《使用说明书》的好处。

2. 辅助战略

“日立”将修改并重新印刷《使用说明书》，吸引顾客对新的、易于理解的《使用说明书》的注意。

（六）行动方案

1. 完善《使用说明书》

“日立”已经委托公司外部的专家与本公司的工程部专家共同编制一份新的《使用说明书》。为了使顾客容易理解，“日立”将对盒式录像机进行更新，以使其首先做到易于操作。这些更新正在进行当中，所配新的、易于理解的《使用说明书》的新型盒式录像机将于1990年12月准备就绪并投产。“日立”必须在对新的易于操作的说明书开展一系列活动之前10天，将新型盒式录像机运到目标市场，以便留出时间让各零售商店妥善处理完所有店内现存的日立盒式录像机。

2. 零售商店折扣

“日立”在明年将继续执行今年的数量折扣策略。

3. 推销人员培训

对推销人员的培训将从12月1日开始到进行新的推销活动为止。

4. 开设24小时免费热线电话

1991年2月1日起，公司将开设24小时免费热线电话，以便与顾客讨论有关日立盒式录像机的问题。

5. 零售商店策略

对零售商店的活动安排包括如下将要执行的策略：在新型盒式录像机和《使用说明书》即将运到零售商手中之前，即在1990年12月1日前，日立公司将通知零售商，凡购买10台日立公司产盒式录像机的零售商将免费获得一份关于介绍易于理解说明书的店内样品招贴。每位推销员都将携带一盒录像带，这盒录像带中录有顾客对日立的新型盒式录像机和它的新型操作说明书表现出的极大兴趣及强烈反应的内容，并把这一录像内容播放给零售商看。日立公司还将编制和印刷一本袖珍销售说明书，以便零售商店里的销售人员将它们发给前来光顾的潜在顾客。

6. 店内陈设

委托一家广告代理商设计制作店内陈设。陈设将有1米多高，摆放20台盒式录像机，最大限度地利用楼层空间以充分吸引顾客的注意，使顾客从任何角度都能看到。

7. 展示宣传活动

这一活动将在每一零售商店组织进行。这些展示、宣传活动包括反复播放消费者使用日立盒式录像机和他们对新型录像机表现出的极大兴趣，以及对新型、易于理解的《使用说明书》的强烈反响的录像。录像中还将展示日立公司对盒式录像机产品所做的全部更新并加以说明，以期达到使顾客易于理解和操作日立盒式录像机的目的。

8. 适用广告

如果零售商在合作广告基金上投资的话，那么他们将获得占购买额2%比重的收益。不过这是有条件的，只有当他们将广告宣传的内容集中在介绍日立公司的新型《使用说明书》方面时，零售商才有可能获得这2%的盈利。合作广告基金占广告费用的一半。

9. 公共关系

公司发布新型易于掌握的《使用说明书》的新闻，并发表到销售日立公司盒式录像机产品的零售商所在的当地报纸及有关杂志。

10. 刺激销售商计划

对那些购买5万美元盒式录像机并及时付款的零售商，日立公司向他们提供1年2次的激励活动。具体内容包括：在激励活动期内，零售商将获得合作广告基金的5%；零售商将按额外的5%进行贴现；日立公司厂家销售人员周末在零售店导购。

（七）活动时间安排及预算

表5—4　活动时间安排及预算

活动项目	关键日期	费用(美元)
销售培训	1990.12.01	125000
零售商录像	1990.12.01	85000
新商店陈设	1990.12.20	300000
新《使用说明书》	1990.12.30	30000
开设24小时免费热线电话	1991.02.01	15000
……	……	……

（资料来源：中国营销传播网）

训练二　撰写营销总结报告

一、实训任务

（一）了解市场营销计划的执行情况

要求学生了解市场营销计划的落实与执行情况，包括营销目标的完成、具体销售业绩等；能够运用数据和事实分析营销情况的成绩和失误。

(二)客户群体分析

从收入、职业、年龄等方面分析客户群体的总体特征，借助统计学方法分析并形成客户群体总结报告。通过典型客户，充分掌握客户的基本情况，并据此挖掘潜在客户。

(三)主要合作者评价

通过分析营销工作的执行和落实情况，重点对广告公司、制作单位和媒体等相关单位的信息进行整合并评价，为今后选择合作伙伴提供依据。

(四)撰写营销总结报告

在完成上述任务的基础上，分工撰写营销总结报告。

二、实训要求

通过该项实训，要求学生掌握营销总结报告的具体框架，能够运用定性和定量相结合的方法总结营销工作，结合本章内容撰写营销总结报告。具体要求如下：

其一，以现实企业或虚拟企业为背景，依据其营销计划执行情况或营销活动开展情况确定内容和选题。

其二，学生以小组为单位(8 人左右)完成该项实训，不得抄袭他人成果。

其三，学生按照营销总结报告的内容和撰写步骤，结合案例背景，完成营销总结报告。

其四，选用的资料、数据真实，总结报告的内容、格式符合规范。营销总结报告字数不得少于 4000 字，用 A4 纸打印。

其五，本课程设计必须在规定时间内完成。

三、理论指导

(一)营销总结报告的概念

营销总结报告是对一定时期的营销工作加以分析归纳的书面报告。其目的在于得到经验、教训，用来指导今后工作。总结报告要表达的不是在某个阶段“要做什么、如何做、做到什么程度”的问题，而是在某个阶段已经“做了什么、如何做的、做到了什么程度”的问题。总结报告的内容不是对过去的工作进行叙事的感性回顾，而是以辨别的眼光作出全面、系统、本质的认识，它是对以往工作实践的一种理性认识。总结不仅可以对过去的工作进行检查和评价，衡量是否完成了预定的工作计划，更重要的是可以总结出经验、教训，供拟订和完成新的工作计划做参考，激励和调动工作积极性，以利于今后工作的开展。营销总结报告按内容可分为销售总结、预算总结、活动总结等；按时间可分为月份总结、季度总结、年度总结等；按范围可分为个人总结、单位总结、地区总结等；按总结所涉及的内容可分为全面总结、专题总结等。

（二）营销总结报告的结构

1. 标题

根据营销总结的工作内容和范围，可以写成两种形式：一种是反映全面工作的，如《××公司××年度营销总结报告》；另一种是反映某项或某方面工作的，如《××公司××年一季度销售计划完成情况工作总结》。

2. 正文

营销总结报告的正文没有固定格式，一般由营销工作或计划背景的情况介绍、营销工作情况、经验和教训、今后的设想等部分构成。

（1）营销计划背景介绍。该部分是营销总结报告的开头部分，应概述出总结的对象、目的、项目背景，对已完成工作的任务、条件作出总体评价，从而起到开宗明义的作用。

（2）营销工作情况。该部分是营销总结报告中最基础的内容，也是过去工作成功或失败的直接反映。这部分要写出做了哪些具体的工作，采用了哪些可行的措施、方法及步骤，取得了哪些成绩，还存在哪些失误，必要时还需对客户作出深入的分析。注意在分析失误、特征、现状时，尤其要注重事例和数据的运用。

（3）经验和教训。该部分是营销总结报告的核心内容。一份总结要对今后的工作起到借鉴作用，关键在于是否能够提供经验和教训。在总结时，要依据工作的实际开展情况对经验和教训作客观的分析，根据事物发展的规律，以理性的高度来认识。只有这样，总结的经验和教训才具有借鉴价值。

（4）今后的设想。该部分是总结的结尾部分。主要依据过去营销工作中的经验教训，提出今后如何发扬成绩、纠正失误，将要重点实现目标的大概设想或努力方向，以便为拟订下一步工作计划打下基础。该部分可以写得简明扼要，不宜详细、具体地罗列今后的各项打算。对今后工作的具体要求和安排，应反映在新的营销计划中。

四、实训操作

以现实企业或虚拟企业为背景，确定营销总结报告的选题，以营销计划执行人员或公司高层管理人员的身份去分析营销计划的执行情况并撰写营销总结报告。具体操作指导如下：

（一）营销计划执行情况概述

简述企业或项目背景、营销计划的执行情况。

（二）营销计划执行情况分析

结合事实和数据，分析营销计划完成与否的深层次原因，为营销总结报告的撰写奠定基础。

（三）营销总结

根据营销总结报告的相关理论以及营销计划的执行情况，撰写营销总结报告。

五、实训评价

其一，每位学生（或以小组为单位）填写实训报告，内容包括：实训项目、实训目的、实训内容、各自承担的任务和完成情况以及小结。

其二，以小组名义按时上交计划书，由指导教师批阅并评分。

其三，由指导教师和小组长组成项目评审组，评定实训的最终成绩，并由指导教师填写。

其四，按优秀、良好、中等、及格、不及格五等进行评定。优秀：按时完成实训课程所规定的操作程序，认真填写实训报告书。营销总结报告格式规范，内容充实，资料、数据真实，文字准确，语言流畅，创意新颖，有现实意义。良好：按时完成所规定的技能操作程序，认真填写实训报告书。营销总结报告格式规范，内容充实，资料、数据真实，语言流畅。中等：完成了实训课程所规定的技能操作程序，能较认真地填写实训报告书。营销总结报告格式规范，内容基本充实，资料、数据真实。及格：基本完成实训课程所规定的技能操作程序，有较完整的操作资料存档。填写了实训报告书，营销总结报告格式规范。不及格：没有完成实训课程所规定的操作程序。营销总结报告的格式不符合基本规范，抄袭严重。

六、实训范例

大连亿达东方圣荷西2009年度营销总结报告

（一）项目整体概述

1. 区位及“四至”

（1）区位。东方圣荷西项目位于大连西南学府区、软件园区域、星海湾旅游区的复合地带。地处市中心西行要冲，五一路和西南路交汇处。行政划分属沙河口区，南面规划路可直接与中山路贯通。

（2）“四至”。东临西南路，西向规划路，北临五一路，南接西南路。目前，有1条公路、1条规划路、7条公交线路通向项目区域：14路（熟食品交易市场——星海湾）15分钟可到达星海广场；32路（体育场——红凌路）15分钟可到达体育场商圈；709路（星海公园——青泥洼桥）20分钟可到达市中心的青泥洼商圈，5分钟可到达星海公园；533路（育明高中——中山广场）20分钟可到达市中心的青泥洼商圈，5分钟可到达省重点中学育明高中；33路（东北财经大学——泡崖八区）20分钟可到达飞机场及市区北部。

2. 周边配套

(1)生活配套(半径3千米范围以内)。

医疗:大连医科大学附属第一医院西南路诊所、东北财经大学医院。

教育:(见表5—5)

表5—5 东方圣荷西项目的教育配套设施情况

大学	交通大学、外事职业技术学院、东北大学东软信息学院、辽宁税务高等专科学校、大连医科大学、水产学院
中学	天河中学、十三中学、四十六中学、大连试验学校、第四中学、经贸高中、育明高中、软件园双语学校、辽宁对外经贸学校、大连轻工业学校
小学	马栏小学、北甸小学、文苑小学、兴文小学、西山小学、南平小学、台山小学、群英小学
幼儿园	大连海辰中心幼儿园、小太阳幼儿园、南平幼儿园、智超幼儿园、小天才双语幼儿园、心宁苑双语幼儿园、智童幼儿园、艺术幼儿园、小飞燕幼儿园

购物:距西安路商业圈2.8千米,距和平广场购物中心2.6千米。

(2)办公配套。软件园区、学府区、西安路、和平广场、黑石礁商业中心区。

(3)资源配套。距星海广场2.9千米,距星海公园1.5千米,与西山公园仅一路之隔。

3. 经济技术指标

东方圣荷西的经济技术指标如表5—6所示。

表5—6 东方圣荷西项目的经济技术指标

案名:东方圣荷西		
总占地面积:7.35万平方米	总建筑面积:20.2万平方米	建筑形式:高层板式住宅
容积率:2.3	绿化率:42%	总户数:947户
建筑组成:11栋18～32层	建筑覆盖率:15.6%	开发商:大连软件园

(二)年度目标回顾与问题解析

1. 目标回顾

销售额达到12亿元,楼盘100%清盘。

2. 问题解析

(1)速度要求。10个月的正常销售月,平均每月销售1.2亿元、销售52套。

(2)产品条件。63～343平方米面积区间,100多种平层及跃层户型,产品种类繁多,可以达成快速区分。

(3)形象条件。项目入市两年,市场口碑褒贬不一,“豪宅”形象模糊。

(三)年度销售总结

1. 销售数据统计

2009 年度的销售情况如表 5—7 所示。

表 5—7　2009 年东方圣荷西的销售情况

住宅信息					
销售套数	销售面积	全盘去化率	销售金额	销售均价	
938	4320 万平方米	99%	18.8 亿元	12333 元/平方米	
商业信息					
销售套数	销售面积	全盘去化率	销售金额	销售均价	
15	1978 平方米	99%	3071 万元	15500 元/平方米	
车位情况					
车位	地下车位	销售车位	全盘去化率	销售均价	
数量	586 个	50 个	89%	14 万元/平方米	

具体周成交金额和成交套数走势分别如图 5—1 和图 5—2 所示。

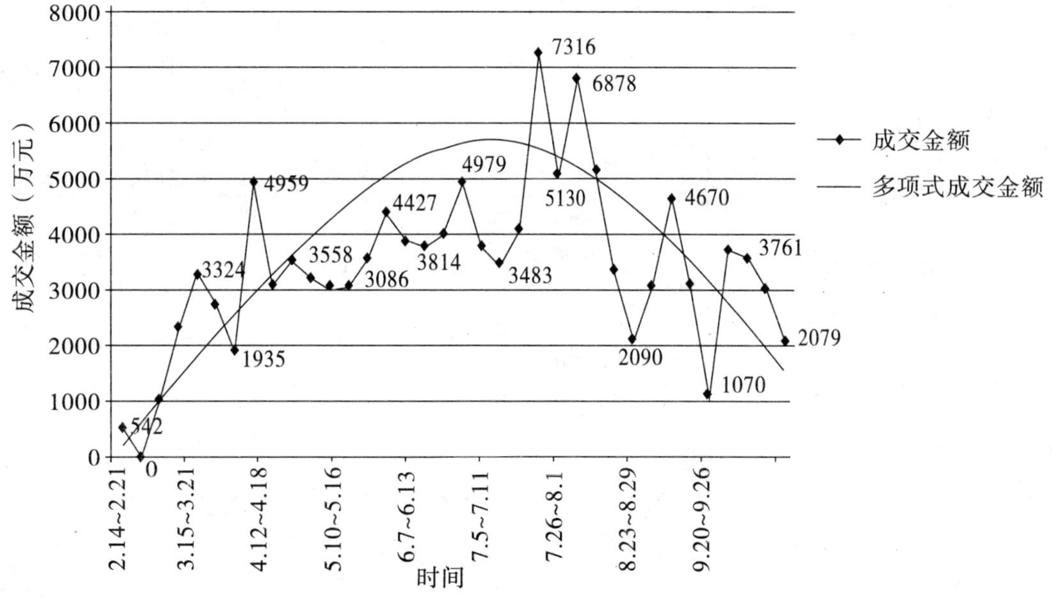

图 5－1　2009 年周成交金额走势

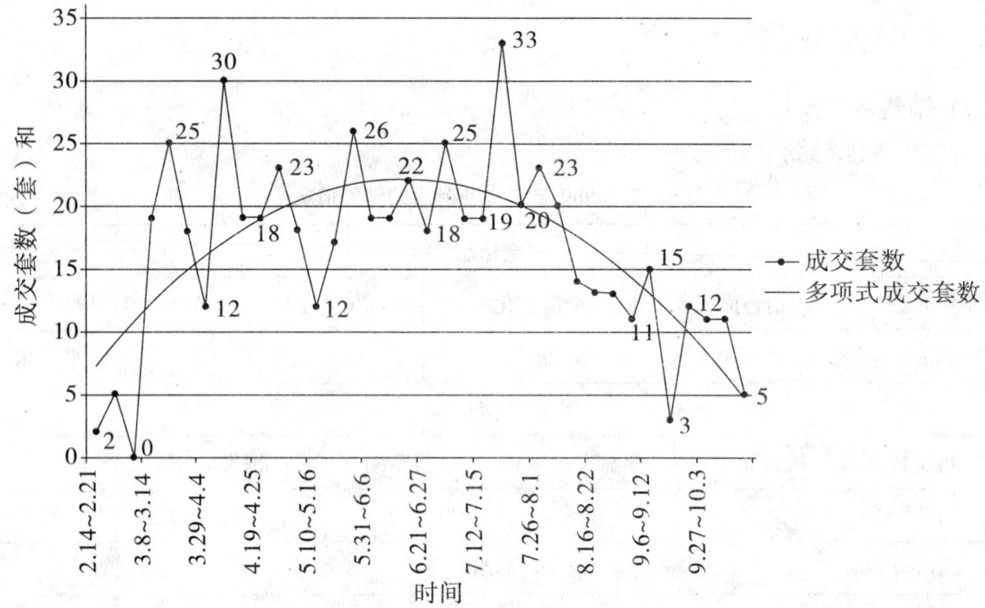

图 5－2　2009 年周成交套数走势

2. 市场分析

2009 年，大连房地产市场快速回暖，各板块项目量价齐升（见表 5—8）。

表 5—8　2009 年大连房地产市场板块价格

板块	指标楼盘	均价（元/平方米）
CBD	中心裕景	17000（含精装）
星海湾板块	东方星海	13000（含精装）
	沿海国际中心	13500（含精装）
泛星海板块	宏都筑景	14000（高层）
	宏都筑景	14000（多层）
西安路板块	美加华公寓	10000
	五四华庭	13000
台山板块	幸福 e 家・福源	13000
	德源筑座	13000
凌水板块	哈佛印象	7000
	大有恬园	6800
西北板块	溪之谷	7000
	暖山	8000
	中海英伦官邸	8000
机场板块	第五郡	11000
	美树日记	8000
高新区板块	中海华庭	7200
小平岛	小平岛	9000

总体来看，具有以下特点：

(1)市场放量集中在机场、西山、旅顺南片区；项目档次北低西高；全市中心板块中，软件园片区最为高端、成熟。

(2)老城区土地开发殆尽，改造、开发的拆迁成本高，且多以商业用地为主。

(3)北部区域建设以经济适用开发为起点，环境和产品档次偏低。

(4)西部资源相对优越，且距离城市中心较近，物业档次走高。

3. 产品盘点

(1)藏珑——比重小，面积小，总价低，快速出货——易。

(2)帝璟——比重最大，面积区间占主流偏上，总价区间大，持续消化——中。

(3)玺岳——比重较大，面积区间偏大，户型种类多，总价区间最大，攻坚消化——难。

根据产品特点，2009年的年度推销总原则为："藏珑"快速入市，抢占小户型市场，人气为王；"帝璟"补货，形成强大产品体系，全面改善客户；"玺岳"收官，圣荷西终极豪宅形象升级。

具体的营销组合策略如表5—9所示。

表5—9　2009年东方圣荷西的营销组合策略

推销产品	推销时间	主力面积	产品特征	目标客户	备注
藏珑	2009年3月	63～135平方米	低总价、精装修、学区房	年轻群体、软件园白领、部分高校教师等	小户型抢占市场，用人气起势，快速消化小户型。
帝璟	2009年5月	135～172平方米	中等面积、中等价格、改善类优质产品、山海景观、产品丰富	城市中产、亿达追随者、软件园中高管、公务员、外地私企业主	小户型消化完毕，纯粹的大户型，项目形象迅速提升。
玺岳	2009年8月	237平方米	中大面积、高总价、终极置业居所、唯一户型、至尊景观	本地隐形富豪、外地富商	终极豪宅形象，终极花园居所。

4. 营销总结

(1)2009年度总体营销思路总结。

①起势。经历过2008年市场的萧条，士气受挫。要在2009年打一个漂亮的翻身仗，开局非常重要。2009年，打开销售局面的正是"藏珑"产品的推出。以"藏珑"开局主要基于下述思考：

其一，小户型总价低，客户群广泛，推出小户型产品来吸引眼球、吸引人气，为项目聚集强势的人气，一扫2008年的阴霾；

其二，利用学区、精装修等手段，有针对性地提高小户型的价值，提升产品的性价比，保证成交率；

其三，作为高端社区的小户型产品，后期消化有一定难度。应在前期推出，迅速消化，在后期打造纯粹的大户型社区，使得推广的目标性更加明确。例如，"藏珑"产品的推出借"东方圣荷西"前期的品牌影响力和极高的产品性价比，迅速打开了销售局面，为 2009 年的后续销售奠定了良好的基础。

②领先。领先并不是指项目的产品领先，而是指在产品推销节奏上领先市场，每一种产品的推出、每一个营销节点，都比竞争对手迅速，从而保证了产品的快速消化。表现为：

其一，2009 年 3 月，"藏珑"小户型推出时，市场上的竞争对手对于当年的形势以及营销节奏尚没有清晰的判断，所有营销动作均没有确定。而此时小户型的推出，领先了市场一步，吸引了大量的关注度，从而迅速打开了销售局面；

其二，当 5 月份市场上充斥着大量的小户型产品时，项目小户型基本售罄。此时推出 160 平方米 3 室"帝璟"开始针对改善型客户提升项目形象，也取得了空前的关注度；

其三，8 月份市场上的主流项目都是改善型居住项目，而此时"帝璟"基本上售罄，开始推出终极王座产品"玺岳"，以大面积、大跃层打造终极居住梦想。

由此可见，2009 年，项目能够实现成功清盘的关键之一就是能够领先竞争对手，抢占目标市场。

③聚焦。2009 年，营销的关键之一在于聚焦。这种聚焦并不是单纯的房源聚焦，而是阶段性地体现于目标聚焦、产品聚焦和营销聚焦。

其一，目标聚焦。每一个阶段都非常清楚阶段性的销售目标是什么，并为这一目标而努力。

其二，产品聚焦。阶段性的产品聚焦和短期内的产品聚焦使得销售人员非常清楚应该推荐什么样的产品。通过不间断地调整目标，集中消化目标产品。

其三，营销聚焦。针对不同阶段的营销策略，所有的营销动作均指向一个目标，统一发出一个声音，从而保证了阶段性营销在市场声音上的深度与广度。

可见，销售端与策划端对于目标的统一认识与统一动作成就了 2009 年目标的实现。

(2)产品入市营销总结。

以"藏珑"产品入市为例，它是作为高性价比产品在波动的市场状态下出世的。2009 年 3 月，大连房地产市场经历了 2008 年一年的沉迷，逐渐显露出放量的端倪。随着 4 月房交会市场的到来，久违的火爆场面重新显现，至此才确定淡市似乎真的悄然离去。5 月，市场依然稳定，但社会各界仍然心有余悸，担心这样的市场能否继续平稳地走下去。

藏珑——大宅中的玲珑产品之意，为东方圣荷西所有产品中面积最小的一部分产品的统称，其面积区间约是 63～136 平方米。此类产品主要集中在 1 号楼内，是项目最西端的楼座,邻近五一路与规划路。“藏珑”以精装修产品入市,是项目中唯一精装修交房的产品且在项目中性价比最高。针对市场行情,其营销概况为:

小户型起势,聚集人气。

策略:小户型+精装修+顶级学区。

目的:降低项目进入门槛,赢得更多的目标客户;提升产品性价比,加强小户型产品竞争力;大连顶级学区,吸引为了解决孩子教育问题的客户。

动作:盘房源、做销控,明确推销房源;确定精装修报价方案对接客户;统一口径,销售代表培训。

目标客户:以1号楼63~136平方米精装修小户型“藏珑公馆”满足刚性需求客户群体。

(3)营销现场活动总结。

活动主旨——造场为主,人气至上,快速扩大项目影响范围。

活动形式——加强现场活动,利用参与性高的客户暖场;充分利用“春展会”,强化现场与展会的互动,今后活动方面应注意以下几点:

第一,现场活动以参与性强的活动为主,如魅力女人节、亲子活动等;或者主打儿童、教育牌,以配合主推房源,如QQ宝贝摄影、儿童教育等。

第二,活动要充分利用现场的展示条件,利用售楼处、小木屋、甲板,在春暖花开之际,给项目带来更多的氛围。

第三,“春展会”期间,来到现场即送好礼,从而吸引客户到场。

本次活动经验总结:

第一,热销期间,对于现场客户的数量要求高于质量要求,女性和儿童成为邀约主体。

第二,小奖品、现场手工制作等成本较低,容易控制,对女性客户、儿童有吸引力,能够延长客户逗留时间。

第三,纯人气活动对于场地要求不高,可依靠室内小场地快速聚集人气;亦可在室外设置互动参与类设施,但受天气影响明显。

(4)现场管理总结。

第一,加强销售培训,针对“藏珑”客户的心理,强调现场销售能力的提升以及销售心态的转变,提高销售代表单兵作战能力;

第二,梳理小户型价值点,明确推销产品的特点,有针对性地进行推荐;

第三,加强团队激励,现场的销售业绩排行榜、淘汰机制以及成交短信都为销售端倾注激情,增添活力;

第四,灵活调整现场价格的策略;

第五,挖掘老客户与公司内部客户,推出“老带新”政策。

(5)营销亮点与不足。

①亮点。最先对此类刚性需求产品进行推广,引爆市场兴奋点;从户外大牌、交通指示牌到每周一次的报纸、杂志、广播、网络全线铺牌,在全城强势释放项目信息,引起市场高度关注;产品形象定位精准,从产品命名到产品形象推广,均给予市场鲜活的诠释;活动以人气为主,适合此类产品客户类型,并坚持每周末活动的持续进行,制造现场卖点。

②不足。线下推广没有给线上推广以良好的支撑:早期的短信发送以业主、意向客户及竞品楼盘客户为主,覆盖面小;推广刚开始时没有及时地进行 DM 单发放,也没有与线上的集中推广保持一致,导致 DM 几乎没有效果。

(四)成交客户分析

1. 客户分析

本次共抽样 94 组客户。其中,“藏珑”客户 18 组,“帝璟”客户 43 组,“玺岳”客户 33 组。

(1)购房决策人的年龄主要集中在 31～45 岁,“帝璟”客户年龄分布最均匀。

在抽样客户中,“藏珑”产品的客户年龄主要分布在 36～45 岁;“帝璟”产品的客户年龄主要分布在 31～45 岁;“玺岳”产品的客户年龄分布较散,在 31～55 岁。具体年龄分布如图 5—3 所示。

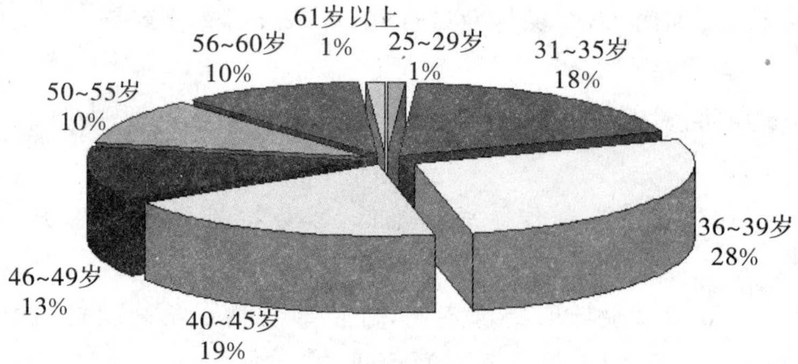

图 5-3 抽样客户年龄分布

(2)购房决策人的职业主要以私营业主、公务员、国企员工为主,“帝璟”客户职业范围最为广泛。

在抽样客户中,“藏珑”产品客户的职业范围较多,除私营业主外,公司职员、公务员、医生均有较大比例;“帝璟”客户的职业分布最为均匀,范围更大;“玺岳”客户的职业以私营业主占绝对比例。具体职业分布如图 5—4 所示。

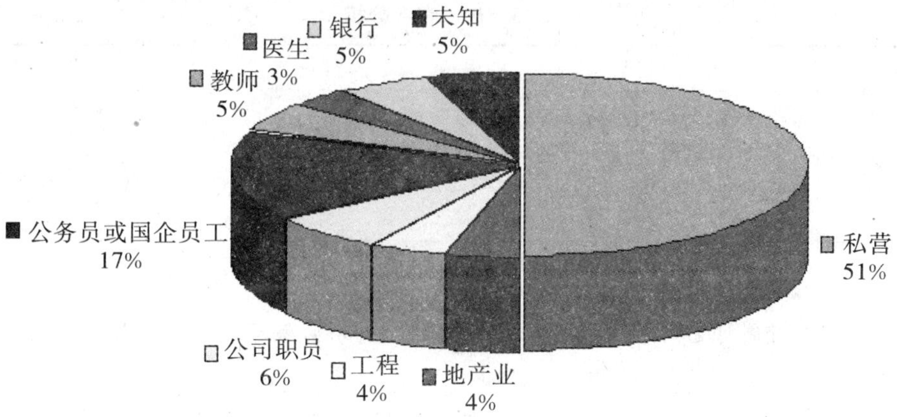

图5-4 抽样客户职业分布

(3)购房者的居住地以沙区、中山最多,“玺岳”客户的居住地分布最广泛,“帝璟”客户中以沙区客户比例最大。

在抽样客户中,“藏珑”产品的客户各区分布比例较均匀,以沙区、西岗、外地为主;“帝璟”客户居住地以沙区为主,外地次之;“玺岳”客户居住地中,中山比例明显增大,分布范围最广。

(4)业主家庭结构以三口之家为主。从“藏珑”到“玺岳”系列,家庭成员人数逐步增多。

在抽样客户中,“藏珑”产品客户的家庭人数相对较少;“帝璟”客户以三口之家比例最高,这也说明大户型三居室以两口、三口之家为主力;“玺岳”客户家庭结构中人口最多,四口以上家庭所占的比例相对较大。

(5)业主认知途径以朋友、业主介绍为主,“帝璟”客户中对各认知途径均有涉及,“玺岳”客户以朋友介绍最多。

在抽样客户中,“藏珑”产品中各认知途径的客户所占比例较均匀,以朋友、业主介绍为主;“帝璟”客户认知范围较大,各个推广途径均有涉及;“玺岳”客户以朋友介绍所占比例最大。

(6)业主购买目的以改善居住环境为主,小户型产品以“刚改”、落户等为主。

在抽样客户中,“藏珑”产品仍以自住、“刚改”及落户为主;“帝璟”系列的购买目的以改善居住环境为主,其次为“刚改”、养老、自住;“玺岳”置业的目的比较集中,以改善居住环境最为突出。

(7)成交周期的长短明显与户型的大小成正比。

在抽样客户中,“藏珑”系列成交周期最短,主要为当天成交及1周内成交;“帝璟”系列成交以1周内所占比例最大,成交周期最长者也出现在“帝璟”系列;“玺岳”系列以1周到3个月成交周期为主,当天成交的比例很小。

2. 客户总结

综上所述,对“藏珑”、“帝璟”、“玺岳”客户总结如表5—10所示。

表 5—10 客户分析

客户	总结内容
藏珑客户	身份：为购婚房的年轻一族、部分投资者。 置业目的：改善居住环境，为子女购房、落户。 成交周期及原因：1～3 天；小户型总房款低，决策难度低，未来变现容易，符合其年龄偏好。
帝璟客户	身份：大连中产（私营业主居多）、外地客户、本地公务员。 置业目的：改善生活硬件、未来养老（或度假）。 成交周期及原因：1 周～1 个月；考虑到资金问题，需要时间，需要通过关系找优惠，人在外地，办理手续不便。
玺岳客户	身份：外地富豪（私营业主居多）、少数本地隐形富豪（公务员为主）。 置业目的：终极升级、三代同住、少数投资。 成交周期及原因：1 周～3 个月；总房款数额大，需要决策时间，人在外地，办理手续不便，其他个人原因。

3. 典型客户还原（注：限于篇幅，只介绍一个典型客户）

典型客户：7 号楼（新 9 号楼）172 平方米

客户特征：两口人。户主为沈阳人，男士，60 多岁，孩子在北京读大学。户主之前是军人，现在自己做生意，在沈阳有 3 套万科的房子，而且都是最好的地段，其中有 1 套是可以看到整个北陵公园的，几年前购买时就已经 6000 多元 1 平方米了，在北京也有 1 套房产。来访前 1 天已经在明秀山庄交了 5 万元的定金。

成交过程还原如下：

来访共两人，一位是身穿军服的军官，大校军衔，非常喜欢这里的环境，但自己还买不起，而另一位就是后来的客户。客户本次来大连就是想购买 1 套大连的房子，本来想多看几天，但有事要提前回去而且也订房子了，跟这位军官朋友一说，朋友非得让他看看“圣荷西”，说那里是大连最好的房子，看完之后再作决定。

来访后询问要购买多大的房子，客户说没想好，但准备作为两口人住，销售人员看客户的举止神态，认为不可能要购买 130 或 140 多平方米的房子，于是说这栋楼上就有样板间，可以去看看。站在 11 楼样板间的客厅里，客户第一句话就说：“这个看海景看得不是特别好啊。”这时，销售人员明白要推销高层房源，于是又带客户到 5 号楼样板间，在进大堂和电梯间时，客户对室内地砖的铺砌非常认可，能感受到好房子的品质，样板间客户感觉也很不错，但又说：“这里就是看海的面积有点小。”于是，销售人员为其推荐说 7 号楼有个 172 平方米的房子，户型很好，尤其是看海效果特别好。到了 27 层的清水房，当时的天气特别好，大海的浩瀚完全展示在眼前，天也是淡蓝色的，时而有快艇将大海划出一道道白色的波浪。当时这两个人面向大海，神情完全不一样。客户的朋友非常感慨地说：“哥，你看这海景，来大连买房子不就是想要这样的房子吗，而且离海不是特别近，住起来也不觉得潮湿，“明秀”却看不见海，明天过去把房子退了。”又说：“这里房子都盖好了，你看到什么买到的就是什么。"销售人员也说:"这里看到的是什么,以后住在这就是什么样",又针对客户只在春冬季节住的情况,向客户说明"冬天水蒸气少,海景更好,想象在暖暖的地热上坐着,而窗前就是广阔的大海,或者早晨醒来,把窗帘打开,大海就在眼前,一天的心情都会很好。"客户也觉得非常满意,并询问价格,当听说是1.7万多元1平方米时,没有什么反应,只是问:"稍微低点的有没有,这里太高了稍微有点晕。"但销售人员知道下面楼层是为领导保留的,于是带客户回到售楼处商议。在路上又跟客户边解释边推荐说:"这栋楼有许多套是为领导保留的,刚开盘时就有些领导在这里买房子,所以可能以后你的邻居就是'亿达'的某位领导呢!"

客户表示:"帮我好好问问保留的能不能卖,如果有稍微低点价格的我现在就能定下来。"了解到客户每次买房子都是当天看当天买,而且都是自己作主,所以在沟通后,价格再让了些,当天订房。

对比竞品:明秀山庄。已经订房,但看不见海,而且是期房,不知道以后住进去会怎样,来这边之后被现场景观打动,以总价超出100万元的价格购买。

关键词:单价再创新高;无敌海景的震撼;现房实景的部分细节;养老居住。

(资料来源:根据中国营销传播网整理)

第六章
营销综合

内容简介

营销策划报告是营销策划的创意、构想见诸文字或图表的物质载体，它是一种书面文本的表达形式。营销策划书是营销策划的创意、构想与营销策划实施方沟通的有效形式，是营销实施的依据。ERP 沙盘模拟对抗是通过仿真模拟手段把企业所处的内外部环境抽象为一系列的规则，从而分组展开模拟对抗。

通过本章两个实训项目的学习，帮助学生了解营销策划报告的内容、熟悉营销策划报告的撰写步骤、掌握营销策划报告撰写的技能，从而提升学生的营销策划能力。同时，将营销策划能力运用到沙盘模拟对抗演练实训中，以提升学生分析市场、组织生产、开展财务管理活动等能力。

训练一　撰写营销策划方案

一、实训任务

（一）市场营销基础策划

任何市场营销活动都必须从市场入手，只有了解市场才能找到目标，制定方案并指导、实施市场营销活动。因此，市场营销策划首先要做的就是市场营销基础策划。这一策划要求学生根据市场调研，明白市场中存在的机会与威胁、企业营销的优势和劣势、市场供求的关系和消费者的行为习惯等为企业战略策划奠定基础。

（二）市场营销战略策划

市场营销战略策划是市场营销策划中至关重要且具有方向性、全局性和综合性的谋划。它主要包括市场定位策划、企业形象策划等。策划要求学生在寻求市场营销机会、选定目标市场后，制定一系列行动方案和措施，树立产品或服务在目标消费者心目中的位置及形象。

（三）市场营销战术策划

市场营销战术策划是为实现企业的营销战略所进行的战术、措施、项目与程序的策划。这一类型的策划要求学生完成两个方面的任务：第一，营销组合的整合策划。根据企业的营销战略，对企业可以控制的市场营销组合进行整合策划，以求达到整体优化的目的；第二，营销项目策划。根据企业营销战略所确定的营销重点进行市场调查策划、品牌策划、产品策划、价格策划、分销渠道策划、促销策划和广告策划等。

（四）撰写营销策划方案

在完成上述任务的基础上，设计营销策划主体的具体要求，最终完成营销策划方案的撰写工作。

二、实训要求

通过对目前市场某一企业新产品的市场调查，探究这些新产品进行市场推广的主要方法和特点，进一步加深学生对市场营销策划原理和方法的理解和掌握，培养学生的市场营销策划能力。同时，增强学生对专业理论知识的掌握程度，提高学生灵活应用理论的实际能力。具体要求如下：

第一，以现实企业或虚拟企业为背景，确定营销策划的具体内容和选题。

第二，学生以小组为单位（8 人左右）完成本次实训，不得抄袭他人成果。

第三，学生要按要求和营销策划的步骤分工撰写营销策划方案，所完成的每一步骤都必须有详细的记录与总结报告。

第四，选用的资料、数据要真实，营销策划方案的内容、格式要符合规范。营销策划方案的字数不得少于 3000 字，用 A4 纸打印。

第五，本课程设计必须在规定时间内完成。

三、理论指导

（一）营销策划的主要内容

营销策划是在对企业内部环境予以准确分析并有效运用经营资源的基础上，对一定时间内企业营销活动的方针、目标、战略以及实施方案与具体措施进行设计和计划。简单来说，市场营销策划就是指导市场营销人员明白消费者需要什么样的商品，再找到他们，然后将商品卖给他们的方案。其主要内容包括：

1. 市场定位策划

市场定位策划就是在市场细分的基础上确定目标市场，通过各种途径和手段为企业的产品及形象确定一个有利的竞争位置，并制定一套详细的方案和措施。其策划内容主要包括产品定位、市场定位和企业定位。市场定位策划的途径主要有产品创新、服务创新和信息传递。

2. 企业形象策划

企业形象俗称"CIS"(Corporate Identity System)，是企业的视觉形象(VI)、理念形象(MI)、行为形象(BI)的统称。企业形象策划是运用统一的视觉识别设计来传达企业特有的经营理念和活动，提升和突出企业形象，形成企业内在的独特个性，最终增强企业整体竞争力的一种展示企业形象的系统方法。

3. 产品策划

产品策划分为两类：一类是产品研发策划，主要针对市场需求，以细分市场为基础，形成一个产品开发的整体思路，以期拓展新的增长点。另一类是产品营销策划，即谋划通畅的销售渠道、持续的销售态势和维持产品设计的理想化售价。通俗讲就是如何能更好地将产品卖掉，并在销售过程中塑造新的品牌形象。

4. 价格策划

价格策划是指企业为了实现既定的营销目标，协调处理各种价格关系的活动。价格策划不仅指价格制定，更重要的是指在一定环境条件下为配合特定的营销目标和营销组合而在实施过程中不断修正价格战略和策略的全过程。

5. 渠道策划

渠道策划就是通过选择、设计和管理营销渠道，使产品从生产者那里顺利转移到消费者或最终用户。渠道策划的内容主要包括：中间商选择策划、分销渠道设计策划、分销渠道管理策划和直复营销策划。

6. 促销策划

促销策划是市场营销策划中不可或缺的重要环节，也是企业完成营销目标的必备工具，其目的就是通过一定的促销手段促进产品的销售。促销策划就是把人员促销、广告促销、公共关系和营业推广等有机结合，最终形成一套整体的促销方案。

7. 整合营销策划

整合营销策划是指企业对将要与消费者沟通的传播行为进行超前的规划和设计，以提供一套统一的、有关企业传播的未来方案。这套方案是把公关、促销、广告集于一身的具体行动措施。

(二)营销策划的主要步骤

1. 营销策划的准备

营销策划的准备是指营销策划进入实质性工作阶段前的准备工作，主要包括寻找合作伙伴、确定策划意向、签订策划合同。

2. 确定策划主题

营销策划主题是营销策划的中心思想和基本观念。确定营销策划的主题主要包括营销策划主题的构成要素、营销策划主题的类型、营销策划主题的标准、营销策划主题的原则、营销策划主题的确定等。

3. 调查和收集资料

信息的调查、收集和分析工作是营销策划成功的关键环节。调查和收集信息的流程主要包括:确定所需信息、确定信息来源、确定信息收集方法、收集所需信息、加工信息等。

4. 形成策划创意

策划人在结合营销策划主题和相关信息分析的基础上,结合自身的经验和灵感形成营销策划的创意。创意是针对要解决的销售问题找到关键的解决方法,是具有创新的想法或建议。创意是营销策划中不可缺少的要素。

5. 撰写策划方案

完成营销策划创意后,营销策划的关键问题就基本确定了。此时,要将已经形成的创意设计成用文字表达的策划方案即营销策划书。营销策划书就是将营销策划的环境、需要解决的问题、行动安排、组织结构、执行方法、控制要点等内容用书面的形式按一定的格式表达出来。

6. 执行策划方案

在策划人与委托人都对营销策划方案表示认可后,在正式执行策划方案前,还要对策划方案进行预演。策划人根据已经拟好的预算表和日程进度表模拟出策划方案的布局和进度,以及最终要达到的效果。模拟结果得到委托人的认可后,就可以正式进入执行策划方案阶段。

7. 总结与分析方案

(1)分析结果。看实际结果与预期结果之间是否存在差异。如果不存在差异,就说明营销策划方案以及执行方案都比较理想;反之,则要找出产生差异的原因。

(2)寻找问题点。如果发现实际结果与预期结果之间存在差异,那么就要找到问题所在。

(3)完成分析报告。策划人要对分析结果写出相应的分析报告,报告应对关键问题进行分析,形成有说服力的分析结论。

四、实训操作

以现实企业或虚拟企业为背景,确定营销策划的选题,以公司高层管理人员或企划人员的身份撰写该公司的营销策划方案。具体操作以小组为单位,分工讨论并完成营销策划方案的撰写工作。具体实训操作指导如下:

（一）设计营销策划书封面

策划书的封面应提供以下信息：策划书的名称；被策划的客户（委托方）；策划机构或策划人的名称；策划完成日期及本策划适用时间段。

（二）撰写正文部分

策划书的正文主要包括以下内容：

1. 策划目的

公司高层管理人员或企划人员要对本营销策划所要达到的目标、宗旨树立明确的观点，作为执行本策划的动力或强调其执行的意义所在。要求全员统一思想、协调行动、共同努力，保证策划高质量完成。

2. 营销环境状况分析

公司高层管理人员或企划人员要清楚地认识同类产品的市场状况、竞争状况及宏观环境，以便制定相应的营销策略，采取正确的营销手段。主要分析内容如下：

（1）当前市场状况及市场前景。包括产品的市场地位、现实市场及潜在市场状况；市场成长状况，产品目前处于产品市场生命周期的阶段；对于不同市场阶段的产品，公司营销的侧重点，相应营销策略效果，需求变化对产品市场的影响；消费者的接受性等。策划者要凭借已掌握的资料分析产品市场的发展前景。

（2）产品市场影响因素。主要是对影响产品市场的不可控因素进行分析，如宏观环境、政治环境、居民经济条件（如消费者收入水平、消费结构的变化、消费心理）等。对一些受科技发展影响较大的产品（如计算机、家用电器等），在其营销策划中还需要考虑技术发展趋势、方向对其造成的影响。

3. 市场机会与问题分析

营销方案是对市场机会的把握和策略的运用。因此，分析市场机会就成了营销策划的关键。只要找准了市场机会，策划就成功了一半。这部分的分析主要如下：

（1）针对产品的营销现状进行问题分析。

（2）分析企业营销中存在的具体问题。

（3）针对产品特点分析优、劣势，从问题中找出劣势并予以克服；从优势中找出机会，发掘其市场潜力；分析各目标市场或根据消费群特点进行市场细分，对不同的消费需求尽量予以满足，抓住主要消费群作为营销重点，找出与竞争对手之间的差距，把握并利用好市场机会。

4. 明确营销目标

营销目标是在前面目的任务的基础上，公司所要实现的具体目标，即营销策划方案执行期间所要达到的经济效益。

5. 制定营销战略（具体营销方案）

（1）营销宗旨。以强有力的广告宣传攻势拓展市场，准确定位产品，突出产品特色，采取差异化营销策略；以产品的主要消费群体作为产品的营销重点；建立点广、面宽的销售渠道，不断拓宽销售区域等。

(2)产品策略。通过前面的产品市场机会与问题分析，提出合理的产品策略和建议，具体包括产品定位、产品质量功能方案、产品品牌、产品包装、产品服务等。

(3)价格策略。拉大批零差价，调动批发商、中间商的积极性；给予适当的数量折扣，鼓励多购；以成本为基础，以同类产品价格为参考，使产品价格更具竞争力。若企业以产品价格为营销优势，则策划中更应注重价格策略的制定。

(4)销售渠道。产品目前销售渠道的状况如何，对销售渠道的拓展有何计划，如何采取一些优惠政策或制定适当的奖励政策刺激中间商、代理商的销售积极性。

(5)广告宣传。策划前期推出产品形象广告；稍后适时推出诚征代理商广告；节假日、重大活动前推出促销广告；把握时机接触消费者，进行公关活动；积极利用新闻媒介，善于创造、利用新闻事件，提高企业产品知名度。

6. 拟订具体行动方案

根据策划期内各时间段的特点，推出各项具体行动方案。行动方案要细致周密，操作性强又不乏灵活性。要考虑费用支出，一切要量力而行，尽量以较低费用取得良好效果。尤其应该注意季节性产品的淡、旺季营销重点，抓住旺季营销优势。

7. 策划方案的各项费用预算

这一部分记载的是整个营销方案推进过程中的费用投入，包括营销过程中的总费用、阶段费用、项目费用等，其原则是以较少投入获得最优效果。

8. 方案调整

这一部分是策划方案的补充部分。在方案执行过程中可能出现与现实情况不相适应的地方，因此，在方案执行过程中必须随时根据市场的反馈及时进行调整。

(三)附件制作

附件是有关本次策划的一些原始材料或文件，主要包括：调查报告及重要调查的原始材料；主要参考文献；专家顾问情况；其他材料(照片、录像带、录音带、实物等)。

五、实训评价

第一，每位学生(或以小组为单位)填写实训报告，内容包括：实训项目、实训目的与要求、实训内容、各自承担的任务和完成情况以及小结。

第二，以小组名义按时上交营销策划方案。

第三，由指导教师和小组长组成项目评审组，评定实训的最终成绩，由指导教师填写。

第四，评定标准。按优秀、良好、中等、及格、不及格五等评定。优秀：按时完成实训课程所规定的操作程序，认真填写实训报告书，策划方案格式规范，内容充实，资料、数据真实，文字准确，语言流畅，创意新颖，有现实意义。良好：按时完成所规定的技能操作程序，认真填写实训报告书，策划方案格式规范，内容充实，资料、数据真实，语言流畅。中等：完成实训课程所规定的技能操作程序，能较认真地填写实训报告书，策划方案格式规范，内容基本充实，资料、数据真实。及格：基本完成实训课程所规定的技能操作程序，有较完整的操作资料存档；填写实训报告书，策划方案格式规范。不及格：没有完成实训课程所规定的操作程序；策划方案的格式不符合基本规范，抄袭严重。

六、实训范例

手机市场营销策划方案

(一)概述

目前，手机市场前景广阔。2003 年，全球市场出货 5.1 亿部，2004 年预计可达 5.6 亿部。国内市场 2003 年出货 1.4 亿部左右，2004 年预计出货达 1.7 亿部。国内实际需求量在 0.8 亿部左右，产量将会出现过剩，各个品牌将会把出口作为一个市场重心。同时，3G 手机呼之欲出，随着国内 3G 网络的快速发展，不少国内外厂商都抢滩 3G 手机市场，以期先发制人，在未来中国 3G 手机市场中赢得一片天下。运营商为了推广更多的新业务，将更频繁地直接参与手机销售。特定群体将受到关注，乡、镇、村一级手机市场将日趋旺盛，针对未成年人和在校学生的专业性手机将会有大的发展空间。

(二)市场现状分析

1. 用户分析

(1)目标市场。市场调查问卷的随机抽查结果显示，产品消费人群大多是追求时尚、处在时尚前沿的人群，主要以青年职工、学生等为主。另外，一些老年人和听力差的人群也会成为我们的客户。

青年职工购买我们的手机是为了追逐时尚，他们消费能力较低，一般承受能力在 1000 元左右。老年人和听力差的人群主要是看重产品音量大、音质好、字体清晰的特点，老年人虽有购买能力，可是却不会轻易购买，但可以礼品的方式打入市场。在性别比重方面，青年人以男性为主，老年人则无须考虑性别。

(2)消费偏好。在市场调查中发现：消费者普遍容易接受中低档产品；喜欢进口的品牌机或质量好的国产手机；希望手机能体现个性化，期待有量身定做的手机；消费者购买手机的主要用途是与人联络、工作需要和顺应流行趋势；最常使用的手机功能是打电话和发短信。

(3)购买模式。在市场调查中发现：普通大众更换手机的时间是 2 年左右；价位在 1000～2000 元；通常在专卖店或大卖场购买手机；最注重手机的功能、品牌和款式。

(4)信息渠道。在市场调查中发现：消费者了解一款新上市的手机主要是通过电视、网络、宣传单以及和同学、朋友之间的交流。其中，宣传单起到了很好的宣传作用，扩大了手机推广的消息覆盖面；电视与网络能够加大手机在消费者之间的知名度，而消费者接触最多的媒体是CCTV5、CCTV8、CCTV3和本地电视台以及报纸杂志等，他们最信任的媒体是中央电视台。

2. 竞争情况分析

目前，市场上的国外品牌有：诺基亚、摩托罗拉、三星、西门子、飞利浦、松下；国内的品牌有：夏新、天宇、金立、联想、波导、明基、TCL、CECT、中兴、康佳等。

在这些品牌手机中，比较受欢迎的国外品牌有：诺基亚、摩托罗拉、三星；比较受欢迎的国内品牌有：金立、联想、波导等。这些比较受欢迎的国内品牌只是和国内其他品牌相比要受欢迎一点，但是，远比不上国外品牌。市场上的主流品牌基本上都是国外品牌，如诺基亚、摩托罗拉、三星。尤其是诺基亚，它的价格较低，很受大众喜爱。这些品牌的手机在大多数连锁店均有出售。

（三）市场机会与问题分析

优势(Strength)：特色服务。我们的手机附加有娱乐、学习、理财等应用软件功能且价格低，这很符合消费群体的要求；手机还有照相、MP3、MP4、游戏、看电视、上网等基本功能，手写、按键两用。此外，还赠送一些特别的手机保养，如：手机贴膜、手机美容。

劣势(Weakness)：知名度底，消费者担心售后问题。

机会(Opportunity)：手机市场日益饱和，但客户的需求逐渐多样化，消费者的需求以手机附加功能为主。手机的用途改变了通信市场的产品结构、人们的生活方式。中国人口基数大，人们的收入水平也不断提高，而技术的成熟使得手机的价格不再是天价。人们有时也是怀旧的，因此，复古的款式甚至也可以成为时尚的潮流。但是，各连锁企业根据市场竞争情况，纷纷转向手机的销售服务，手机增值方面的服务却尚未涉足。竞争企业手机品牌虽然价低、功能多，待机时间长，却没有了解客户的真正需要，不能让客户在所需功能上有所选择，这为享有增值业务的连锁企业带来竞争机会。

威胁(Threats)：就目前市场情况而言，因为大品牌的手机连锁企业(如苏宁、国美等)占有相当大的市场份额，所以我们面对的压力还是相当大的。根据对市场潜力、居民消费水平的分析可知，我们的消费群体是有限的，因此，必须以一种独特的服务方式来打动更多的潜在客户。

（四）营销目标

根据市场调查的结果，我们的连锁店在打入市场前3个月应达到的销售额多由潜在客户群体决定。市场占有率应达3.3%～5%，并提高了企业的知名度。具体调查分析如下：

对一个大卖场（如国美等）而言，其员工一般为30人左右，他们每人1个月的销售目标一般为100部。所以，一个大卖场1个月大约可以卖掉3000部手机。目前，市场上的手机种类大约为20种，因此，平均每种手机的月平均销售量为100～200部。但每种手机又有多种类型，对于一部新款手机，其月销售量大约为80～160部。通过市场分析，诺基亚、摩托罗拉、三星等知名品牌销售量偏高。

例如，一城市的大卖场约有30个，1个月的销售总量M＝100×30＝3000部，3个月的销售额Y＝900×3000×3＝810万元，市场占有率Q＝100÷3000＝3.3%。根据市场上手机总数和入市以后要进行的促销和宣传，我们的市场占有率在这3个月内将会达到3.3%～5%。随着品牌的推广和大众认可的提升，市场占有率将会达到一个新的高度。

（五）营销战略

1. 销售渠道

（1）根据对一城市市场的调查、研究了解后发现，由于手机专营店和家电连锁（如国美、苏宁等）这两种销售模式在消费者中占大多数，所以我们可以以上述两种渠道为主要模式。

（2）渠道开发。

①在手机专营店设立我们的展柜，有专人销售，穿我们提供的统一制服，接受专业培训，实行提成制（销售1台提2个点）。

铺货：因为此类卖场多集中在城市中心地带，所以可以以相同数量进行铺货，每个连锁系统100台，店面可根据情况增减铺货。资料显示，卖场大约有40家，因此，我们大约需要公司提供4000部手机。

②在连销店建立自己的专人专柜，由我们的销售代表进行销售，促销人员的提成如上。

铺货：进驻市中心繁华大街的门店。

2. 促销策略

在产品导入期，可以根据消费者的喜好，用以下方法来进行宣传：

（1）路牌广告。

（2）传单广告。

（3）电视广告。广告策划文案如下：

①广告目标：提高连锁店的知名度。

②广告主题：时尚、具有朝气，激情，充满生命力。

（4）报纸：运用漫画形式介绍我们的手机。

(5)网络：与商业网站(如阿里巴巴、淘宝等)结成商业联盟关系，在实体店铺进行销售的同时开展网上销售。可以接受网上预订，使顾客能预订自己喜欢的颜色。

(6)现场活动。在活动中可采用多种方法进行宣传和销售，如赠送电脑包、酷夏太阳眼镜、T恤、手表、台历、剃须刀、手机话费、上网费、增值服务等。此外，还可以举行抽奖、展示等活动。

3. 产品策略(售后服务)

产品要形成一定的知名度、美誉度，在消费者心目中树立知名品牌形象，必须建立优质的售后服务。(附：《售后服务指南》，供渠道成员培训和内部员工使用。)

4. 价格策略

当前市场零售价格为938元。

(1)对消费者：价格为938元，配合促销活动随赠礼品。

(2)对渠道成员：让利8%，价格为863元。如果各渠道成员达成销售目标，则返2个点以示鼓励。

(六)费用预算(主要内容略)

(七)方案调整

1.若时机成熟可建立自己的专卖店，并进行相关的促销活动。

2.根据市场动态与实际情况随机应变。

(八)附件(略)

(资料来源：中国营销传播网)

训练二 ERP沙盘模拟对抗训练

一、实训任务

(一)认识ERP沙盘

通过教师演示，帮助学生认识各中心的任务，熟悉各岗位的职责，掌握ERP沙盘的构成。具体内容如下：其一，战略规划市场营销：市场开拓、产品研发和ISO认证规划；其二，生产组织：厂房类型、生产线标志和产品标志；其三，采购与库存管理：采购提前期、原材料库、原料订单和成品库；其四，会计核算与财务管理：现金库、银行贷款、应收与应付款和综合费用；其五，岗位职责：CEO、CFO、CPO、COO和CMO的职责等。

(二)熟悉 ERP 沙盘的模拟经营和对抗规则

通过演示和讲解,帮助学生进一步认识沙盘,熟悉沙盘模拟经营的规则。其一,市场划分与市场准入:市场类型、市场准入认证;其二,参加订货会与选单:参加订货的方式、选单规则;其三,厂房:购买、出售与租赁、生产线购买、转产与维修、出售规则;其四,原材料采购与产品研发:原材料种类、产品种类与构成、研发投资规则;其五,ISO 认证:ISO 认证时间与投资注意事项等;其六,企业筹资:各种贷款时间、利息支付与偿还方式、应收账款贴现等;其七,公司竞争评比规则:违规与扣分、破产清算、评分标准等。

(三)设定公司(企业)初始状态

通过演示和讲解,帮助学生进一步认识沙盘的四大中心,熟悉沙盘模拟经营的规则,掌控企业的固定资产、流动资产、负债和所有者权益等。具体实验内容如下:其一,设定财务中心初始状态;其二,设定生产中心初始状态;其三,设定物流中心初始状态;其四,设定营销与规划中心初始状态;其五,填写资产负债表。

(四)模拟沙盘运营流程并填写表格

通过模拟某年的经营,帮助学生进一步熟悉沙盘模拟经营的规则,让学生熟悉和掌握沙盘模拟运营的全部过程,并学会填写综合费用表和利润表。具体实验内容如下:其一,模拟运营年初的 5 项工作;其二,模拟运营每季度的 18 项工作;其三,模拟运营年末的 5 项工作;其四,填写综合费用表和利润表等。

(五)沙盘模拟对抗演练

分组进行沙盘模拟对抗演练,每组 5~6 人,分别担任总裁、财务总监、采购总监、营销总监、运营总监、财务助手等职务,以帮助学生进一步熟悉沙盘模拟经营的规则,并通过沙盘熟悉运营制造型企业经营管理的全过程。具体实验内容如下:其一,第 1~6 年的对抗模拟运营;其二,各年综合费用表、资产负债表和利润表的填写;其三,岗位心得与总结。

(六)撰写实训报告

在完成上述任务的基础上,分工撰写沙盘模拟对抗演练实训报告。

二、实训要求

ERP 沙盘模拟对抗训练旨在培养学生解决实际问题的技能,要求每个学生必须参与对抗演练,并能结合经营成果进行综合分析,以体验式教学或感悟式教学的方式让学生认知和理解企业经营管理的本质。以学生动手实践为主,教师讲授、指导、点评为辅。

具体要求如下：

第一，通过演示，在ERP沙盘模拟实验室中集中面授。学生在教师演示和指导基础上认识ERP沙盘。

第二，通过演示与操作，使学生熟悉市场规则、企业运营规则、公司竞争评比规则。进一步从感性和理性两方面认识沙盘，为初始状态的设定和模拟企业实际运营奠定基础。

第三，通过演示与操作，使学生学会财务中心初始状态设定、生产中心初始状态设定、物流中心初始状态设定、营销与规划中心初始状态设定。该实验在帮助学生进一步认识沙盘"四大中心"的基础上，能够让学生熟悉企业拥有的固定资产、流动资产、负债和所有者权益，为下一步的实际模拟运营奠定基础。

第四，通过演示与操作，使学生学会年初的5项工作、学会每季度的18项工作、学会年末的5项工作、学会填写综合费用表和利润表等。该实验旨在帮助学生熟悉和掌握沙盘模拟运营的全部过程，让学生在填写资产负债表的基础上，进一步学会填写综合费用表和利润表，为各公司开展对抗模拟演练打下基础。

第五，通过演示与操作，使学生了解ERP沙盘模拟对抗规则；能够熟练模拟企业第1～6年的运营；能够配合本公司（各小组）成员制定和完成以下表格：销售计划、设备投资与改造、生产计划、采购计划、资金计划、订单登记表、综合管理费用明细表、利润表、资产负债表等。

该实训通过模拟一个制造型企业的全部流程，旨在帮助学生熟悉和掌握沙盘模拟运营的全部规则，了解制造型企业的经营管理全过程，领会企业中各岗位的基本职责，弥补学生实际工作经验的缺失，从而提高学生的就业竞争力。

学生以小组为单位（5～6人）完成本次实训，不得抄袭他人成果，按照ERP沙盘模拟对抗演练规则走盘并填写运营表，分工合作完成本次实训并提交个人岗位心得。本实训必须在ERP沙盘演练实训室完成。

三、理论指导

（一）什么是ERP

ERP是企业资源计划（Enterprise Resource Planning）的简称，它是利用计算机技术，把企业的物流、人流、资金流、信息流统一起来进行管理，把客户的需要、企业内部的生产经营活动以及供应商的资源整合在一起，帮助企业决策层解决产品成本问题、提高作业效率及合理运用资金，使之成为能完全按用户需求进行经营管理的一种全新的、行之有效的管理方法。它是一个以管理会计为核心的信息系统，能够识别和规划企业资源，从而获取客户订单，完成加工和交付，最后收到客户付款。它是综合客户机和服务系统、关系数据库结构、面向对象技术、图形用户界面、第四代语言、网络通讯等信息产业成果，以 ERP 为管理思想的软件产品。

（二）认识 ERP

下面以请客吃饭的例子让大家认识 ERP 的功能及其工作流程。

1. 丈夫请客吃饭（签订合同订单）

一天中午，丈夫在外给家里打电话："亲爱的老婆，晚上我想带几个同事回家吃饭，可以吗?"（订货意向）。

妻子："当然可以，来几个人，几点来，想吃什么菜?"（了解客户需求）

丈夫："6 个人，我们 7 点左右回来，准备些酒、烤鸭、番茄炒蛋、凉菜、蛋花汤……你看可以吗?"（商务沟通，发出订单）

妻子："没问题，我会准备好的。"（订单确认）

2. 安排晚饭计划（ERP 中的计划层次）

（1）确定菜谱。妻子记录下需要做的菜名（MPS 计划），具体要准备的菜有鸭、酒、番茄、鸡蛋……（BOM 物料清单）。

（2）买什么菜？买多少？（ERP 中的 MRP，即物料需求计划）

发现需要：1 只鸭、5 瓶酒、4 个番茄……（BOM 展开），炒蛋需要 6 个鸡蛋，蛋花汤需要 4 个鸡蛋（共用物料）。打开冰箱一看（库房查询），只剩下 2 个鸡蛋（缺料）。

3. 买菜（ERP 中的采购与库存管理）

来到自由市场，妻子："请问鸡蛋怎么卖?"（ERP 中的采购询价）

小贩："1 个 1 元，半打 5 元，1 打 9.5 元。"（报价）

妻子："我只需要 8 个，但这次买 1 打。"（经济批量采购）

妻子："这有一个坏的，换一个。"（验收、退料、换料）

4. 做饭（ERP 中的生产管理）

回到家中，妻子准备洗菜、切菜、炒菜……（工艺路线），厨房里有燃气灶、微波炉、电饭煲……（工作中心），妻子发现拔鸭毛最费时间（瓶颈工序，关键工艺路线），用微波炉自己做烤鸭可能就来不及（产能不足），于是决定在楼下的餐厅里买现成的（产品委外）。

下午 4 点，儿子给家里打电话："妈妈，晚上几个同学想来家里吃饭，你帮准备一下。"（紧急订单）

"好的，儿子，你们想吃什么，爸爸晚上也有客人，你愿意和他们一起吃吗?"（了解客户需求）

"菜你看着办吧，但一定要有番茄炒鸡蛋。我们不和大人一起吃，6:30 左右回来。"（不能合并订单，需单独处理）

"好的，肯定让你们满意。"（订单确认）

鸡蛋又不够了，打电话叫小贩送来。（紧急采购）

6:30，一切准备就绪，可烤鸭还没送来，妻子急忙打电话询问："我是李太太，怎么订

的烤鸭还没送来。”(采购委外单跟催)

“不好意思,送货的人已经走了,可能是堵车吧,马上就会到的。”

门铃响了,“李太太,这是您要的烤鸭,请在单上签一个字。”(验收、入库转应付账款)

6:45,女儿的电话:“妈妈,我想现在带几个朋友回家吃饭可以吗?”(又是紧急订购意向,要求现货)

“不行呀,女儿,今天妈妈已经需要准备两桌饭了,时间实在是来不及了,真的非常抱歉,下次早点说,一定给你们准备好。”(这就是 ERP 的使用局限,它要有稳定的外部环境,要有一个起码的提前期。)

5. 算账(ERP 中的财务系统)

送走了所有客人,疲惫的妻子坐在沙发上对丈夫说:“亲爱的,现在咱们家请客的频率非常高,应该要买些厨房用品了(设备采购),最好能再雇个小保姆(人力资源系统)。”

丈夫:“家里你作主,需要什么你就去办吧。”(通过审核)

妻子:“还有,最近家里花销太大,用你的私房钱来补贴一下,好吗?”(资金预算,最后就是应收货款的催要)

妻子拿着计算器准确算出今天的各项成本(成本核算)和节余原材料(车间退料),并记入了日记账(总账),把结果念给丈夫听(给领导汇报)。

丈夫说:“值得,花了 145.59 元,请了几个好朋友,“感情储蓄账户”增加了若干(经济效益分析)。今后这样的感情投资宴要经常举办……可以考虑,你就全权处理吧!”(预测公司未来发展)

现在,你对 ERP 有大致的理解和认识了吗?

(三)ERP 沙盘模拟对抗

ERP 沙盘模拟对抗是针对代表先进的现代企业经营与管理技术的企业资源计划系统而设计的角色体验模拟实训。模拟沙盘按照制造企业的职能部门划分职能中心,包括营销与规划中心、生产中心、物流中心和财务中心。各职能中心涵盖了企业运营的所有关键环节,以战略规划、资金筹集、市场营销、产品研发、生产组织、物资采购、设备投资与改造、财务核算与管理等部分为设计主线,从而把企业运营所处的内外环境抽象为一系列的规则,由受训者组成 6 个相互竞争的模拟企业,模拟企业 5～6 年的经营,通过学生参与——沙盘载体——模拟经营——对抗演练——教师点评——学生感悟等一系列的实训环节,加上其融合理论、实践于一体,集角色扮演与岗位体验于一身的设计思想,使受训者在分析市场、制定战略、营销策划、组织生产、财务管理等一系列活动中领悟科学的管理规律,培养团队精神,全面提升管理能力,同时,也对企业资源的管理过程有一个生动的体验。

(四)ERP 沙盘教具

ERP 沙盘模拟教学以一套沙盘教具为载体。沙盘教具主要包括:沙盘盘面 6 张,代

表 6 个相互竞争的模拟企业。图 6—1 就是沙盘盘面全图。

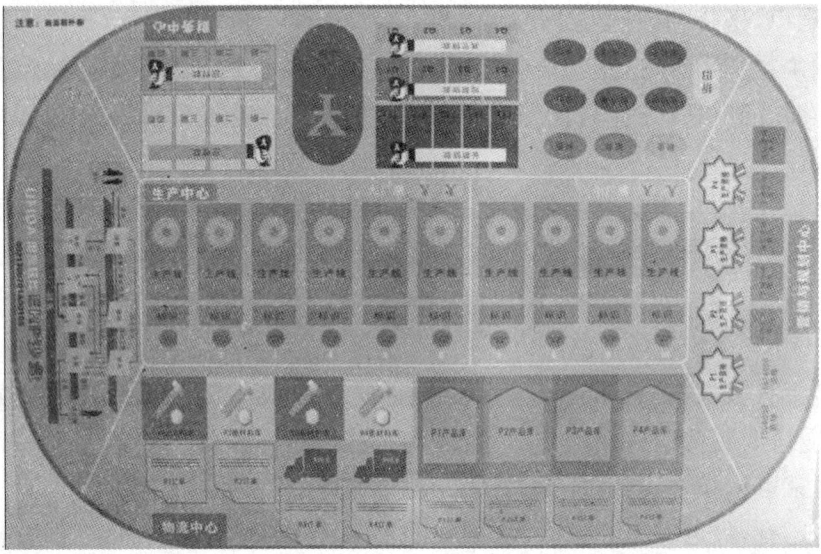

图 6－1　沙盘盘面

沙盘盘面按照制造企业的职能部门划分为 4 个职能中心，分别是营销与规划中心、生产中心、物流中心和财务中心。各职能中心覆盖了企业运营的所有关键环节，如战略规划、市场营销、生产组织、采购管理、库存管理、财务管理等，是一个制造企业的缩影。

（五）ERP 沙盘模拟对抗环节

1. 组织准备工作

组织准备工作是 ERP 沙盘模拟的首要环节。主要内容包括：一是学员分组，将全部学员分 6 个相互竞争的模拟企业（为简化起见，可将 6 个模拟企业依次命名为 A 组、B 组、C 组、D 组、E 组、F 组）。二是进行角色的职能定位，明确企业组织内每个角色的岗位责任。角色有 CEO、营销总监、运营总监、采购总监、财务总监等，当人数较多时，还可以适当增加商业间谍、财务助理等辅助角色。在模拟经营过程中，可以进行角色互换，从而体验角色转换后应考虑问题的出发点及相应变化，也就是学会换位思考。特别需要提醒的是，要有诚信并亲力亲为。诚信是企业的生命、是企业生存之本。在企业经营模拟过程中，不要怕犯错误。学习的目的就是为了发现问题，寻求解决问题的手段。在学习过程中，谁犯的错误越多，谁的收获也就越大。

2. 基本情况描述

对企业经营者来说，接手一个企业时，需要对企业有一个基本的了解，包括股东期望、企业目前的财务状况、市场占有率、产品、生产设施、盈利能力等。基本情况描述以企业起始年的两张财务报表（资产负债表和利润表）为基础，逐项描述企业目前的财务状况和经营成果，并对其他相关方面进行补充说明。

3. 市场规则与企业运营规则

企业在一个开放的市场环境中生存，企业之间的竞争需要遵循一定的规则。综合考虑市场竞争及企业运营所涉及的事项，可以简化为以下8个方面的约定：

(1)市场划分与市场准入。

(2)销售会议与订单争取。

(3)厂房购买、出售与租赁。

(4)生产线购买、转产与维修、出售。

(5)产品生产。

(6)产品研发与ISO认证。

(7)市场开拓。

(8)融资贷款与贴现。

4. 初始状态

ERP沙盘模拟不是从企业创建开始的，而是接手一个已经运营了3年的企业。虽然已经从基本情况描述中获得了企业运营的基本信息，但还需要把这些枯燥的数字再现到沙盘盘面上，为下一步的企业运营做好铺垫。通过初始状态设定，可以使学员深刻地感觉到财务数据与企业业务的直接相关性，理解财务数据是对企业运营情况的一种总结提炼，为今后"透过财务看经营"做好观念上的准备。

5. 企业经营竞争模拟

企业经营竞争模拟是ERP沙盘模拟的主体部分，按企业经营年度展开。经营伊始，企业通过商务周刊发布市场预测资料，对市场中每个产品的总体需求量、单价、发展趋势作出有效预测。每一个企业组织在市场预测的基础上讨论企业战略和业务策略，在CEO的领导下按一定程序开展经营，作出所有重要事项的经营决策，决策的结果在企业经营结果中得到直接体现。

6. 现场案例解析

现场案例解析是沙盘模拟课程的精华。每一年经营下来，企业管理者都要对企业的经营结果进行分析，深刻反思：成在哪里？败在哪里？竞争对手情况如何？是否需要对企业战略进行调整？结合课堂整体情况，找出大家普遍感到困惑的情况，对现场案例进行深层剖析，用数字说话，可以让学员感悟到管理知识与管理实践之间的距离。

四、实训操作

(一)认识ERP沙盘

该操作主要以幻灯片投影的形式，让学生熟悉沙盘构成及其虚拟公司各成员岗位职责。具体操作步骤如下：其一，展示沙盘盘面；其二，教师介绍盘面，学生对照沙盘熟悉其构成及各中心的具体任务；其三，介绍成员构成及其岗位职责，教师讲解岗位职责及其今后在虚拟公司运营中的相关注意事项。

（二）沙盘模拟经营规则

该操作主要以幻灯片投影的形式，让学生熟悉沙盘模拟市场规则、企业运营规则和公司竞争评比规则，具体演示和操作步骤如下：

1. 投影一

演示和操作市场准入，教师同时出示各种市场的认证标志。

2. 投影二

演示和操作厂房获取，教师讲解厂房折旧规则，在沙盘上演示厂房的购买、租赁、转让等过程。

3. 投影三

操作与演示生产线购买、维护和转产，教师在讲解生产线的购买、安装、维护与转产、出售、折旧等规则的同时，出示 4 种类型生产线的标志，利用 ERP 教具演示其购买、安装、维护与转产、出售、折旧等过程。

4. 投影四

演示和操作产品构成，教师在讲解原材料种类的同时，利用 ERP 教具演示 P1、P2、P3、P4 产品的构成。

5. 投影五

演示和操作 ISO 认证，教师讲解 ISO 认证和市场开拓，同时利用 ERP 教具进行演示、操作。

6. 投影六

演示和操作融资与贴现，教师讲解企业融资规则，并演示企业贷款和贴现的过程。

（三）设定公司（企业）初始状态

该操作主要以幻灯片投影和教师讲解的形式来完成，让学生设定企业初始状态。具体演示和操作步骤如下：

1. 投影一

设定财务中心。学生根据投影自行设定财务中心，教师根据学生设定的盘面对财务中心的现金、长期贷款、短期贷款、其他贷款、应收账款和应付账款进行现场讲解。

2. 投影二

设定生产中心。学生根据投影自行设定生产中心，教师根据学生设定的盘面对生产中心的厂房价值、生产线、在制品、产品标志、设备价值等进行现场讲解。

3. 投影三

设定物流中心。学生根据投影自行设定物流中心，教师根据学生设定的盘面对物流中心的原材料库、成品库、订单等进行现场讲解。

4. 投影四

设定营销与规划中心。学生根据投影自行设定营销与规划中心，教师根据学生设定的盘面对营销与规划中心的生产资格认证、ISO 认证和市场准入进行现场讲解。

5. 填写资产负债表

教师讲解资产负债表的格式、构成和填写规范，详细解释资产负债表中各项目的具体含义，学生根据设定的盘面填写表格。

（四）模拟沙盘运营流程并填写表格的操作

该操作主要以幻灯片投影和教师讲解的形式来完成，让学生设定企业初始状态，具体演示和操作步骤如下：

其一，演示操作年初的 4 项工作：新年度规划会议、参加订货会（登记销售订单）、拟订新年计划、支付应付税；

其二，演示操作每个季度的工作：季初现金盘点、更新短期贷款、还本付息、申请短期贷款、更新应付款、归还应付款、原材料入库、更新原材料订单、下原料订单、更新生产、完工入库、投资生产线、变卖生产线、生产线转产、向其他企业购买原材料、出售原材料、开始下一批生产、更新应收款、应收款收现、出售厂房、向其他企业购买成品、出售成品、按订单交货、产品研发投资、支付行政管理费用、其他现金收支情况登记、现金收入合计、现金支出合计、期末现金对账；

其三，演示操作年末的 6 项工作：更新长期贷款、支付利息、获得新贷款、支付设备维修费、支付租金或购买厂房、计提折旧、新市场开拓投资、ISO 资格认证投资，结账；

其四，完成综合费用表和利润表。教师讲解综合费用和利润表的格式、构成和填写规范，详细解释利润表中各项目的具体含义，学生根据本公司的实际运营结果完成相应的表格。学生根据投影自行设定生产中心，教师根据学生设定的盘面对生产中心的厂房价值、生产线、在制品、产品标志、设备价值等进行现场讲解。

（五）沙盘模拟对抗演练实训操作

在每一个模拟沙盘上，将学生进行分组。分组原则以自愿为主；每组人数以 6 人为宜（也可以增加）；每组代表一个公司，给公司命名。具体操作如下：每个公司通过推选，确定本公司的 CEO，再依次确定 CFO、CMO、COO、CPO 等；向每个公司提供完全相同的初始状态；各组依次模拟第 1～6 年的经营状况（注：每年运营时间为 2 学时）；填写综合费用表、利润表和资产负债表等；指导教师对各小组的经营业绩进行盘点，并按资产、资金、市场、设备等状况决定各小组经营的优劣并进行排序；学生谈自己的心得体会；教师对各公司的经营结果进行评价、总结。

（六）撰写实训报告

在上述工作的基础上，各小组分工完成实训报告的撰写工作，并提交个人岗位心得。

五、实训评价

第一，每位学生(或以小组为单位)填写实训报告，内容包括：实训项目、实训目的、实训内容、各自承担的任务和完成情况以及个人岗位小结。

第二，以小组名义按时上交实训报告，个人上交岗位心得。

第三，由指导教师和小组长组成项目评审组，评定实训最终成绩。其中，实训报告成绩占 80%，个人岗位心得成绩占 20%，加权得到个人实训成绩。由指导教师填写成绩。

第四，评定标准。按优秀、良好、中等、及格、不及格五等评定。优秀：按时完成实训课程所规定的操作程序，认真填写实训报告书，报告格式规范，内容充实，资料、数据真实，文字准确，语言流畅，创意新颖，有现实意义，符合计划书的格式规范。良好：按时完成所规定的技能操作程序，认真填写实训报告书，报告格式规范，内容充实，资料、数据真实，语言流畅。中等：完成实训课程所规定的技能操作程序，能较认真地填写实训报告书，报告格式规范，内容基本充实，资料、数据真实。及格：基本完成实训课程所规定的技能操作程序，有较完整的操作资料存档；填写了实训报告书，营销总结报告格式规范。不及格：没有完成实训课程所规定的操作程序；报告格式不符合基本规范，抄袭严重。

六、实训范例

(一)封面设计

ERP 沙盘模拟对抗分析报告

专业班级：____________________

姓　　名：____________________

学　　号：____________________

组　　别：____________________

角　　色：____________________

指导教师：____________________

实训时间：____________________

年　月　日

（二）表格填写

表 6－1　综合费用表　　　　（单位：万元）

年份	管理费	广告费	设备维护	厂房租金	转产费	市场开拓	ISO认证	产品研发	其他	合计
1										
2										
3										
4										
5										
6										

表 6－2　利润表　　　　（单位：万元）

项目＼年份	1	2	3	4	5	6
销售收入						
直接成本						
毛利						
综合费用						
折旧前利润						
折旧						
息前利润						
财务费用						
额外收支						
税前利润						
所得税						
净利润						

表 6—3　资产负债表　(单位:万元)

资产							负债和所有者权益						
	1	2	3	4	5	6		1	2	3	4	5	6
流动资产							负债						
现金							长期负债						
应收款							短期负债						
在制品							应付款						
产成品							应缴款						
原材料							1年长贷						
流动合计							负债合计						
固定资产							所有者权益						
土地建筑							股东资本						
机器设备							利润留存						
在建工程							年度利润						
固定合计							权益合计						
资产合计							负债和所有者权益合计						

(三)综合分析

经营成果简介(企业在对抗模拟期间取得的主要成果,如综合排名、市场地位、产品研发、产能、ISO认证等)

表 6—4　主要指标完成情况(分年度)

经营目标	年度计划(赢利、权益、"五力"分析等)
	完成情况
	差异分析
产品与市场	年度计划(产品与市场开发、ISO认证、产品盈利等)
	完成情况
	差异分析
产能建设及生产管理	年度计划(生产线与厂房安排、物料计划等)
	完成情况
	差异分析
市场竞争策略	年度计划(各市场、各产品广告投放及销售目标;广告投入产出比、综合市场占有率、产品市场占有率等)
	完成情况
	差异分析
融资	年度计划(长期贷款、短期贷款、应收款贴现、厂房和生产线变卖等)
	完成情况
	差异分析
成本费用	年度计划(各项成本费用发生额及销售比例)
	完成情况
	差异分析

（四）总结与感悟

表 6—5 ERP 沙盘模拟对抗运营情况

企业经营流程：每执行完一项操作，CEO 就在相应的方格内打钩，财务总监（助理）在方格中填写现金收支情况。请按顺序执行下列各项操作。				
新年度规划会议				
参加订货会/登记销售订单				
拟订新年度计划				
支付应付税				
季初现金盘点（请填余额）				
更新短期贷款/还本付息/申请短期贷款（包括高利贷）				
更新应付款/归还应付款				
原材料入库/更新原料订单				
下原料订单				
更新生产/完工入库				
投资新生产线/变卖生产线/生产线转产				
向其他企业购买原材料/出售原材料				
开始下一批生产				
更新应收款/应收款收现				
出售厂房				
向其他企业购买成品/出售成品				
按订单交货				
产品研发投资				
支付行政管理费				
其他现金收支情况登记				
支付利息/更新长期贷款/申请长期贷款				
支付设备维护费				
支付租金/购买厂房				
计提折旧				（ ）
新市场开拓/ISO 资格认证投资				
结账				
现金收入合计				
现金支出合计				
期末现金对账（请填余额）				

（注：表中阴影部分不必填写）

表 6—6 现金预算表 (单位:万元)

	1	2	3	4
期初库存现金				
支付上年应交税				
市场广告投入				
贴现费用				
利息(短期贷款)				
支付到期短期贷款				
原料采购支付现金				
转产费用				
生产线投资				
工人工资				
产品研发投资				
收到现金前的所有支出				
应收款到期				
支付管理费用				
利息(长期贷款)				
支付到期长期贷款				
设备维护费用				
租金				
购买新建筑				
市场开拓投资				
ISO 认证投资				
其他				
库存现金余额				

(注:表中阴影部分不必填写)

要点记录

第一季度:________________

第二季度:________________

第三季度:________________

第四季度:________________

年底小结:________________

表 6—7　订单登记表

订单号											合计
市场											
产品											
数量											
账期											
销售额											
成本											
毛利											
未售											

（注：表中阴影部分不必填写）

表 6—8　产品核算统计表

	P1	P2	P3	P4	合计
数量					
销售额					
成本					
毛利					

表 6—9　综合管理费用明细表　　**（单位：万元）**

项　目	金　额	备　　注
管理费		
广告费		
保养费		
租　金		
转产费		
市场准入开拓		□区域　□国内　□亚洲　□国际
ISO 资格认证		□ISO9000　　□ISO14000
产品研发		P2(　　)　P3(　　)　P4(　　)
其　他		
合　计		

表 6—10　利润表　　(单位:万元)

项　目	上年数	本年数
销售收入		
直接成本		
毛利		
综合费用		
折旧前利润		
折旧		
支付利息前利润		
财务收入/支出		
其他收入/支出		
税前利润		
所得税		
净利润		

表 6—11　资产负债表　　(单位:万元)

资　产	期初数	期末数	负债和所有者权益	期初数	期末数
流动资产:			负债:		
现金			长期负债		
应收款			短期负债		
在制品			应付账款		
成品			应交税金		
原料			一年内到期的长期负债		
流动资产合计			负债合计		
固定资产:			所有者权益:		
土地和建筑			股东资本		
机器与设备			利润留存		
在建工程			年度净利		
固定资产合计			所有者权益合计		
资产总计			负债和所有者权益总计		

参考文献

[1]卢泰宏,朱翊敏.实效促销SP[M].北京:清华大学出版社,2003.

[2]傅慧芬.当代营销学案例集[M].北京:对外经济贸易大学出版社,2001.

[3]周培玉.商务策划管理教程[M].北京:中国经济出版社,2006.

[4]郭国庆,钱明辉.市场营销学通论(第4版)[M].北京:中国人民大学出版社,2011.

[5]郭国庆,汪晓凡.市场营销学通论(第4版)[M].北京:中国人民大学出版社,2009.

[6]郭国庆.营销理论发展史[M].北京:中国人民大学出版社,2009.

[7][美]菲利普·科特勒著:《营销管理》(第10版)[M],梅汝和、梅清豪、周安柱译,北京:中国人民大学出版社,2001.

[8]李仉辉,项巨力.市场营销学[M].上海:立信会计出版社,2006.

[9]梁士伦,李懋.市场营销学[M].武汉:武汉理工大学出版社,2006.

[10]韩光军.现代广告学(第2版)[M].北京:首都经济贸易大学出版社,2000.

[11]傅浙铭,吴晓灵.营销八段:企业广告管理[M].广州:广东经济出版社,2000.

[12]郑明珍.现代公共关系学[M].合肥:安徽人民出版社,2004.

[13]叶万春,宋先道.市场营销案例荟萃[M].武汉:武汉工业大学出版社,1999.

[14]吴健安,郭国庆,钟育赣.市场营销学(第3版)[M].北京:高等教育出版社,2007.

[15]李志敏.跟大师学营销[M].北京:中国经济出版社,2004.

[16]罗绍明.市场营销实训教程[M].北京:对外经济贸易大学出版社,2006.

[17]王妙,冯伟国.市场营销学实训(实践课业指导)[M].上海:复旦大学出版社,2007.

[18]陈子清,喻昊.市场营销实训教程[M].武汉:华中科技大学出版社,2006.

[19]罗农.市场营销实训[M].北京:对外经济大学出版社,2005.

[20]刘志迎.现代市场营销学[M].合肥:安徽人民出版社,2008.

[21]陈贤群.熊猫他爸的消费者分析[J].中国洗涤化妆品周报,2008.

[22]谢琳洁.SPSS软件在高校教学质量影响因素调查分析中的应用[J].安徽农业科学,2010.

[23]吴杨,王涛.统计学[M].合肥:中国科技大学出版社,2008.

[24]郝渊晓.市场营销调研[M].北京:科学出版社,2010.

[25]吴健安. 市场营销学(第 4 版)[M]. 北京:高等教育出版社,2011.

[26]李勇,钱大可,翁胜斌. 市场营销专业实验(实训)指导教程[M]. 北京:高等教育出版社,2012.

[27]刘莉,尚会英,陶晓波. 市场营销管理实训教程[M]. 北京:清华大学出版社、北京交通大学出版社,2010.

[28]吴宪和,任毅沁. 市场营销实验实训教程[M]. 南京:东南大学出版社,2007.

[29]张雁白. 营销模拟实验教程[M]. 北京:中国经济出版社,2010.

[30]李海琼. 市场营销实训教程[M]. 北京:清华大学出版社,2005.

[31]Karen Holems,Corinne Leech. 个人与团队管理(第 2 版)[M]. 北京:清华大学出版社,2008.

[32]吴姗娜. 市场营销策划[M]. 北京:北京理工大学出版社,2010.

[33]董新春,谢芳,涂宇胜. 市场营销策划实务[M]. 北京:北京理工大学出版社,2010.

后　记

在长期的市场营销实践教学中，我们深切地感受到，系统、全面地学习市场营销技能，对于学生奔赴职场、开创事业有至关重要的作用。然而，目前适用于应用型本科院校学生的、实验和实训相结合、能够覆盖市场营销实践全貌的教材甚少。北师大出版集团安徽大学出版社为安徽省应用型高校联盟相关教师的学术交流和探讨提供了良好的平台，本教材在这样的时代背景和知识交汇下呼之而出。

教材由王亮担任主编，雷勋平、陈兆荣、欧海燕担任副主编。王亮总体策划，并提出教材编写体例及编写原则，统校全书。撰稿分工如下：铜陵学院王亮执笔第四章的训练一、训练四及训练五，铜陵学院雷勋平执笔第五章及第六章，铜陵学院陈兆荣执笔第二章的训练三和训练四，蚌埠学院欧海燕执笔第三章，池州学院赵娣执笔第一章，铜陵学院陈忠明执笔第四章的训练二和训练三，铜陵学院王翠翠执笔第二章的训练一和训练二，铜陵学院华欢欢执笔第二章的训练五。

在编写过程中，我们参阅了大量的相关著作、教材和案例资料，谨向这些作者、译者表示由衷的感谢，同时也要感谢北师大出版集团安徽大学出版社的龚婧瑶编辑，她对初稿、定稿进行了认真的审阅，并对出版事宜作了大量的沟通工作。希望我们出版的这本教材能得到大学生和其他读者的喜爱，同时，书中的不足之处，还请各界人士多多批评指正。

编　者

2013 年 5 月